JN087446

内定勝者

\ ChatGPTを
最大限に活用 /

すごい就活術

エントリーシート 編

キャリアデザインプロジェクト 編著

2026年度版

実務教育出版

本書「エントリーシート編」に登場する,
就活攻略キーワード

ChatGPT	文章を生成するAI。知りたいことにAIが答えてくれる。
PDCA	計画(plan),実行(do),評価(check),改善(act)の順に考え,実行する,行動サイクルのこと。
SNS	ソーシャルネットワークサービス。Facebook,Twitter,LINE,YouTubeなど。企業も採用活動で利用している。
アピールマップ	本書が考案した,応募者が就活でアピールする経験や強みを一覧化できるシートのこと。
イノベーション	企業が求める能力の一つ。新たな考え方や技術,ノウハウにより起こす,斬新な取り組み,構想のこと。
インターンシップ	学生が企業で経験する職業体験のこと。期間は1日,5日間,長期がある。また無償のものと有償のものがある。
エピソード	エントリーシートや面接で応募者が自分のことを説明するために伝える過去の経験。
エンゲージメント	企業が求める能力の一つ。企業に対する愛着心や思い入れ。困難にも,前向きな気持ちで行動できる姿勢。
エントリーシート(ES)	企業の採用試験に応募する際に提出を求められる書類。たいてい,自己PRと志望動機の記述を求められる。
ガクチカ	「学生時代に頑張ったこと」の略語。エントリーシートや面接で必ず質問されること。
キャリアプラン	入社後の仕事人生計画。どんな能力を身につけて,どんな大人になりたいか,など。
コミュニケーション	対人間でスムーズに意思疎通をはかること。
コンピテンシー	仕事で成果を上げるために,企業が重視する資質(思考・行動特性)。本書でも重要視している。Part7参照。
サービスマインド	企業が求める能力の一つ。相手のことを考え,相手に満足してもらう接し方,行動をとろうとする姿勢。
シナリオ	台本のこと。自己PR動画を作成するために伝えたいことを整理するために作成するケースが増えている。

スキル	仕事で成果を上げるための専門技術, 専門ノウハウ。
セールスポイント	自分の強み, 長所, アピールできるところ。
タスク	期間内に, 達成する必要がある個々の作業のこと。
チームプレー／ **チームワーク**	企業が求める能力の一つ。チームの成功とチームのメンバーのために自ら貢献できる行動をとれること。
テンプレート	成功に導くためのひな形。本書ではエントリーシートの書き方のテンプレート(ひな形)を用意している。
ノウハウ	物事を上手く行うための秘訣, コツ。
パーソナリティ	企業がチェックする応募者の人柄や基礎学力, 性格など。仕事で求められる能力と対比して用いられる。
ハイスペック (ハイスペ)	採用選考でアピールできる材料(学歴, 実績, 専門スキル, 経験)が多くあり, かつレベルが高いこと。ハイスペと略される。
バリュー	働く人が仕事で生み出せる成果。
ビジョン	将来の目標, 夢, 構想, やりたいことなど。
フィット／ **フィッティング**	応募者の考え, 行動, 価値観を, 企業や仕事の実情に重ねていくこと。
プロモーションシート	本書が考案した, 応募者が企業に伝えたいこと(自己PRと志望動機)の筋立てを作成するためのシート。
プロンプト	ChatGPTに入力するテキスト(質問や指示)
マーケティング	売れる仕組みづくりのこと。調査, 分析, 企画, CM, 営業戦略など全般を指す。
メンタルタフネス	企業が求める能力の一つ。精神力の強さ。逆境時でも, 慌てず, 落ち込まず, 意欲的に行動できる気持ちの強さ。
モチベーション	企業がチェックする応募者の志望意欲, 入社意欲を指す。
ロジカル	論理的であること。

ChatGPTで就活が劇的に変わった

はじめに

◆ 『内定勝者』が解説する就活の勝ちパターンと攻略法について

　本書を制作するキャリアデザインプロジェクト（CDP）は，学生の「就活力向上」のための企業と学生の共同プロジェクトです。「就活力向上」とは，企業が求める能力，人物像を理解し，自らを強化すること。そして，自分の「強み」を企業に伝える技術を身につけることです。「就活力向上」が学生にとって重要なのはもちろん，良い人材を採用したい企業にも重要な問題です。なぜなら，企業に入れば十分活躍できる人材が，自分の「強み」に気づかなかったり，伝え方が下手で企業に伝わらずに不採用になれば企業にも損失です。

　そこで人事やビジネスのプロが中心となり，企業が求める能力を強化する方法や，自分の「強み」を企業に伝える技術，また，課題解決や企業分析の仕方，キャリアデザイン術など，就活対策の勝ちパターンと攻略法（CDPメソッド）を学生に提供しています。このCDPメソッドをもとに作られたのが，本書『内定勝者』です。

◆ 自信のなかった人が人気企業に続々内定する理由

　ちなみに大学関係者によると，CDPメソッドは，就活生の間で「一発逆転メソッド」と呼ばれているそうです。偏差値が特に高くない学校で"自信のなかった学生"でも，三井物産，リクルート，東京海上日動火災保険，DeNAなど，続々と人気企業の内定を獲得しているからです。CDP主催の就活セミナーでも，やはり"自信のなかった受講生たち"が「就活のコツをつかんだ！自信がわいた！」と口を揃え，多くの人気企業の内定を獲得しています。

　では，なぜ「一発逆転内定」が起こるのか？　それは，就活とは「正解」がある試験だからです。偏差値や学生時代の経験・実績より，この「正解」

を知り，「正解」を伝える「攻略法」を持つ就活生には，採用者も思わず「内定！」を出してしまう，そんな試験なのです。本書では，その「正解」と「攻略法」を解説していきます。

◆ **ChatGPT で就活の何が変わったのか？**

本書『内定勝者』は，2004 年に「2005 年度版」が発行されて今年で 20 年目になります。20 年目の「2026 年度版」から，エントリーシート編も，面接編も，ChatGPT の活用を踏まえた「攻略法」に大きく改変しております。前述の CDP メソッドによる実際の就活対策講座でも，ChatGPT の活用を推奨しています。それほど，ChatGPT は就活対策をするうえで，非常にインパクトがありました。

巷では，「ChatGPT を使うと企業にバレるから使いたくない」「自分らしい文章を書かないと落ちる」という意見も聞かれますが，重要なのは「ChatGPT」に何をさせるか？です。要は「活用法」です。

ChatGPT を活用する最大のメリットは「作業効率が上がる」ことです。これまで CDP メソッドの就活対策講座で，就活生が 2 週間かけて準備してきたことが 1 日で準備できるようになりました。使いこなすまで 2 週間かかっていたテクニックも，1 日で使いこなせるようになりました。就活時期の早期化，就活期間の短期化が必至の昨今の新卒採用選考では，就活対策を効率よく，短期間で行うことは必須条件です。その最大の見方が ChatGPT です。

本書『内定勝者 2026 年度版』では，エントリーシート編も，面接編も，作業効率が上がる独自のプロンプト（ChatGPT）を多数用意していますので，ぜひ，活用して，就活対策を超短期間で完了させましょう。

（本書で紹介するプロンプトはダウンロードしてそのままコピーして使えます。ダウロードの仕方は 14 ページ参照）

◆ **勝ちパターンを身につけて確実に内定を取れる人が「内定勝者」**

なお，ChatGPT を活用したとしても，就活の「本質」や「正解」は何も変わりません。受かるエントリーシートの条件も，受かる面接の条件も何も変

わりません。重要なことは，就活の「本質」や「正解」が何かを見誤らないことです。

　本書は，その「正解」と「攻略法」を解説していきます。そして，その攻略法を効率よく実践するために「ChatGPT」を活用します。さらに，内定者たちから寄せられた多くの内定実例も紹介しながら，実際に受かる文章のポイントも解説していきます。本書で「攻略するための考え方」「ChatGPT」「内定実例」の３点を使いこなせば，必ず，短期間で合格を獲得できます。

　最後になりますが，就活で応募を繰り返せば，どこかの企業の内定はとれるかもしれません。そうではなく，就活の「本質」を知り，狙いを定めた企業の内定を確実に勝ち取れる人を人事のプロたちは「内定勝者」と呼びます。本書を活用した読者の方が，一人でも多く「内定勝者」になれるよう応援しています。

キャリアデザインプロジェクト責任者　松永夏幸

内定勝者
みんなの合格実例＆最強セオリー

エントリーシート編

はじめに

ChatGPTで就活が劇的に変わった

Part 1

内定勝者に共通する4つの特徴とChatGPTの使いどころ

Part 2
ChatGPTを使って効率UP
最強のエントリーシート攻略法

Part 3
ChatGPTで一気に下書き作成
エントリーシート設問別回答法

Part 4

平凡な経験でも内定に近づく
即効！大逆転テクニック10

Part 5

実例を参考にESを総仕上げ！
みんなの内定実例―自己PR編

Part 6

実例を参考にESを総仕上げ!
みんなの内定実例─志望動機編

Part 7

特別資料 企業が評価する「経験談・強み」一覧

装丁／西垂水敦・市川さつき(krran)　イラスト／鈴木智子

企業名一覧

PART5,6に掲載している内定実例(合格実例)について

- 内定実例は基本的に原文のまま掲載していますが,固有名詞等若干書き換えた箇所があります。
- CDPメンバーがよく書けていると判断したものや,過去の優れた内定実例も一部掲載しており,文章の内容が本書発売時の実情と異なる場合があります。
- 合併などにより,内定取得時と現在の企業名が違う場合は,原則として現在の企業名に合わせています。
- **人事の目**でESを解説しているのはCDPメンバーであり,内定企業の採用者ではありません。
- 各実例に記載の以下のアイコンの評価は,内定者の特徴を表します。

ハイスペ	ハイスペ	本書では,多くのコンピテンシーを有している優秀な人。就活で企業から評価されやすく,学校もトップレベルなことが多い。
バランス	バランス型	欠点も目立たずバランスよくコンピテンシーを備えている人。
努力型	努力型	学校のレベルはそれほど高くないが本人の努力とコンピテンシーで評価が期待できる人。
体育会	体育会系	体育会に所属した経験がコンピテンシーの獲得につながり,採用でも一定の評価が期待できる人。
ユニーク	ユニーク系	ビジョン,考え方や,備えているコンピテンシー,経験,特技の組み合わせがユニークで印象に残る人。

ES攻略に役立つテンプレート・シート無料ダウンロード方法

誌面の各種テンプレート・シートを以下からダウンロードできます。
https://cdproject.jp/book2026.html

ダウンロードして頂いた「es2026.Zip」フォルダ内の素材

ファイル名	利用ページ
w ES編PART2_プロンプト一覧.docx	49ページ～61ページ
w ES編PART3_プロンプト一覧.docx	72ページ～87ページ
w ES編PART4_プロンプト一覧.docx	93ページ～109ページ
x ES編PART2_プロモーションシート.xlsx	59ページ

ChatGPTのプロンプトについて

　本書で紹介するChatGPTのプロンプトは，すべて上記の各PARTごとの「プロンプト一覧」シートに収納されています。本書内の各プロンプトの左上についている「プロンプト ○-○」番号を，上記の「プロンプト一覧」シートでご確認のうえ，ご利用ください。

> **プロンプト 2-1**　企業が求める人物像の確認
>
>
> **#命令：**
> あなたは広告業界の新卒採用担当者です。
> 広告業界で活躍するために必要な人材像を**10個**、理由とともに教えてください。

ダウンロード手順と注意点

- 上記のURLにアクセスし，ダウンロードマークをクリックしてください（パソコンからのダウンロードを推奨します）。
- ダウンロードされたフォルダ「es2026.Zip」は，ZIP形式で圧縮されています。圧縮フォルダを解凍（右クリックして「すべて展開」を選択）してお使いください。ご不明な場合は，ZIPフォルダの解凍方法を解説した専門サイトなどをご参照ください。
- 解凍されたフォルダには，上記のWordファイルとExcelファイルが入っています。マイクロソフトのOfficeなど，WordファイルやExcelファイルを開ける環境が必要です。Officeの入っていないPCでファイルを開くには，WordファイルはGoogleドキュメントで，ExcelファイルはGoogleスプレッドシートに変換して開くことが可能です。その場合，Googleドライブを開き，WordファイルやExcelファイルをダブルクリックしてファイルのプレビューを表示してください。そしてWordファイルの場合は上部の「Googleドキュメントで開く」を，Excelファイルの場合は上部の「Googleスプレッドシートで開く」をクリックしてください。
- PCによってファイルのレイアウトが若干崩れて表示される場合がありますが，特に支障なくお使いいただけます。
- なお，ダウンロードサービスは予告なく終了する場合があります。

まずは就活の本質を知ろう

内定勝者に共通する
4つの特徴と
ChatGPTの使いどころ

　就活に挑む前に，またChatGPTに頼る前にぜひ知ってお
いてもらいたい「就活のツボ」があります。
　このツボを知るのと知らないのとでは，今後の就活に大きな
差が生じます。
　PART1では，「就活のツボ」を理解するとともに，「ES」
や「面接」の対策で準備すべき「本当に大切なこと」を解
説します。

内定勝者に共通する4つの特徴

採用選考で企業が評価する「正解」はたった1つ

新卒採用選考とは，何を試される試験なのか？

新卒採用選考では，筆記試験，エントリーシート（以下, ES）選考，自己PR動画選考，面接選考など，さまざまな試験を課されます。その過程で，さまざまな質問（学生時代に頑張ったことは？　志望動機は？　リーダー経験は？　逆境を乗り越えた経験は？　この業界の課題は？　など）を受け，**「何を試されているのか？」「何を答えれば正解なのか？」** と不安になることでしょう。実は企業が採用選考で試していること，知りたいことはたった1つです。それは**「あなたが会社で活躍できるか，その能力・資質があるか」**。それだけです。したがって，採用選考で答えて正解なのは**「活躍できることを企業に期待させる回答」**，その1点につきます。

企業が応募者を見抜く3つのポイント

では，どうすれば企業に「活躍できそうだ」と感じてもらえるのか？　そのためには，まずは企業の「採用基準」を理解しましょう。

採用選考では，企業は応募者を3つのポイントで「活躍できるかどうか」をチェックします。それは右ページの①**パーソナリティ（人柄と基礎学力）**，②**コンピテンシー（ビジネス能力）**，③**モチベーション（志望意欲とキャリアプラン）**の3つ。つまり，企業は，ESや面接で学生生活について尋ねながらも，本当に知りたいのは学生生活の内容ではなく，（その話を通じて）優れた「パーソナリティ」「コンピテンシー」「モチベーション」が備わっているかどうかなのです。それら3つが備わっていると確信できれば「この応募者は活躍できる！　採用！」となるのです。

企業が知りたいこと

▼

「君は活躍できるの？　成果を上げられるの？」

そのために企業がチェックすること

▼

企業の３つの評価基準

①　パーソナリティ（人柄と基礎学力）

学歴や地アタマの良さ。人柄, 品格, 第一印象のよさ。優しさ, 明るさ, 協調性, 信頼感があり, ビジネスマナーが身についていて, 社会人としての適切な言葉遣いと, スムーズな会話のキャッチボールができること。自社の社員, クライアントと良好な関係が築ける人物かどうかを確認する。

②　コンピテンシー（仕事で重視される能力）

仕事で成果を上げるために, 企業が重視する能力（思考・行動特性）のこと。たとえば, 「自己向上意欲」「チームを動かす力」「チャレンジ精神」「成果達成力」「リーダーシップ」など。求められるコンピテンシーは業界・企業・職種によって, また採用年度によっても異なる（19 ～ 21 ページ参照）。
また, 強みや能力を活かして仕事でどんな貢献ができるかもチェックされる。

③　モチベーション（志望意欲とキャリアプラン）

やりたいこと（ビジョン）とキャリアプラン。また, 他社ではなくこの企業を選ぶ理由。それをやりたい「理由」や, やりたいことの「具体性」, また企業選びの「理由」などから, 企業は応募者の「モチベーション」の本気度, 方向性を探る。

2 採用基準の「コンピテンシー」「モチベーション」とは?

◆ 仕事で成果を出すために必要な「コンピテンシー」

　採用選考で応募者が徹底的にチェックされるのが「**コンピテンシー**」です。これは,各企業が自社の仕事で成果を出すために必須と考える**能力や資質（思考・行動特性）**のこと。当然,企業によって重視するコンピテンシーは異なります（右ページ）。たとえば,コンサルティング会社をめざすなら,「戦略的思考力」というコンピテンシーは必須。これは問題点を整理・分解して,論理的に最善の解決策を導き出す力です。広告代理店をめざすなら「チームマネジメント力」が必須。これは,目標達成のためにチームメンバー個々が果たすべき役割・行動計画を策定し,チームを統率し,マネジメントする力です。

　20〜21ページに,企業が特に求めるコンピテンシーを整理しました。企業はこれらすべてを求めているわけではありません。自社で成果を上げるための能力を数点絞り,採用選考でのチェック項目とするのです。

◆ 企業は志望動機を通じてモチベーション（意欲）をチェックする

　企業が志望動機を質問する本当の理由をご存じですか？　それは,志望動機を通じて応募者の**モチベーション（意欲）**をチェックしているのです。モチベーションが低いと入社しても言われたことしかやらない,スキルアップも怠り,ビジネスの変化にもついていけないダメ社員になると企業は懸念します。したがってモチベーションを非常に重視します。

　特に,志望動機で伝える"やりたいことが曖昧""企業選びの理由が曖昧""企業理解が浅い"応募者は,モチベーションがまったく伝わらず,すぐに不採用になります。

注意！ 企業でこんなに違う！
「求めるコンピテンシー＆人物像」

●総合商社 A

目標達成力	★★★★★
組織・チームを動かす力	★★★★★
構想を打ち出す力	★★★★
論理的思考力・戦略的思考力	★★★★
ビジネス・事業センス	★★★★
メンタルタフネス	★★★★
国際感覚	★★★★
多様な視点	★★★★

●外資系コンサルティング会社 E

学習の速さ	★★★★★
分析力・情報収集力	★★★★★
論理的思考力・戦略的思考力	★★★★★
問題を構造化する力	★★★★★
人間関係構築力・対人感受性	★★★★★
ビジネス理解・事業センス	★★★★
多様な視点	★★★★★

●大手電機メーカー B

理解力・学習の速さ	★★★★
コミュニケーション力	★★★★
人間関係構築力・対人感受性	★★★★★
論理的思考力・問題解決力	★★★★
チームマネジメント力	★★★★★
自己向上力・順応力	★★★★

●大手広告代理店 F

コミュニケーション力・プレゼン力	★★★★★
論理的思考力・戦略的思考力	★★★★
メンタルタフネス	★★★★
情報収集力・好奇心	★★★★
構想を打ち出す力	★★★★
チームマネジメント力	★★★★

●化粧品メーカー C

人間関係構築力・対人感受性	★★★★
コミュニケーション力	★★★★★
サービスマインド	★★★★★
情報収集力・情報感受性	★★★★★
目標達成力	★★★★

●都市銀行 G

人間関係構築力	★★★★
メンタルタフネス	★★★★★
事務処理能力・几帳面さ	★★★★★
自己向上力・順応力	★★★★★
チャレンジ精神	★★★★

●旅行サービス会社 D

コミュニケーション力	★★★★
目標達成力・自己向上力	★★★★
サービスマインド	★★★★★
分析力・戦略的思考力	★★★
構想を打ち出す力	★★★

●IT企業 H

分析力・論理的思考	★★★★★
チャレンジ精神	★★★★★
成果への執着心	★★★★★
イノベーション力	★★★★
学習の速さ	★★★★★

© キャリアデザインプロジェクト

人気企業の採用者に，採用選考での評価項目を示してもらった。ただし，これはあくまで，本書制作時の採用者の私見である。今回の採用選考の評価項目がこの通りになる保証はない。実際の採用選考の評価項目は，各社の経営戦略，事業戦略や，さまざまな立場の責任者たちの意見を参考にしながら決定する。

企業が期待するコンピテンシー一覧

分類	コンピテンシー	内容
自己追求	①自分を変える力／順応力	●状況に応じて，自分の考え方・やり方を変えられる力 ●過去のやり方を捨て，新しいやり方に順応できる
	②自己向上力	●より高い目標に向けて努力・挑戦できる力 ●自分の弱みや課題克服に向けて，努力・挑戦できる力
	③チャレンジ精神	●困難な状況，高い目標に挑戦できる力 ●失敗・挫折しても，その理由を反省し，次に活かせる
成果志向	④成果への執着心／限界突破力	●困難が多くても，成果達成まで絶対に諦めない ●不可能を可能にするための方法を見つけ，成果を上げる
	⑤イノベーション力／変革力	●既存のやり方，仕組みの問題点を変革・改善する力 ●既存のやり方，仕組みを刷新し，成果を上げられる力
	⑥課題解決力／戦略的思考力	●課題解決に向けて状況を俯瞰し，最善の策を立案する力 ●何をすべきか，どうやってすべきかを論理的に考えられる力
	⑦情報収集力／多様な視点	●質・量ともに十分な情報を集めたうえで，判断を下す ●独自の情報収集術を持っている
思考力／メンタル	⑧学習の速さ／立ち上がりの速さ	●新たな分野のこともすぐに理解し，短期間で習得できる力 ●初めての分野でも吸収が速く，早急に期待に応えられる
	⑨分析力／計数感覚	●各種計数指標の分析に慣れている ●社会や仕事など，身の回りの状況や変化を数字で語れる
	⑩発想転換力／柔軟性	●思い込みにとらわれず，発想を転換してアイデアを出せる ●1つの課題に対して，解決策をいくつも考えられる
	⑪事務処理能力／几帳面さ	●ミス，ムラなく業務を効率良く安定して行える ●整理整頓が得意で，細かい作業や単調な作業もミスがない
	⑫メンタルタフネス／逆境力	●逆境や困難に陥ってもへこたれずに克服できる ●ストレスや重圧の中でも成果を上げるコツを心得ている

※各コンピテンシーの詳しい解説は本書PART7参照

ポイント

自分の持つ経験や能力を，どのコンピテンシーとして強調すればいいのか，「内容」の欄を参考にしながら考えてみてください。業界・業種・企業によって，また，採用年度によっても重視されるコンピテンシーは異なりますので，19ページも併せてチェックしてください。

分類	コンピテンシー	内容
創造性	⑬旺盛な好奇心	●経験，学習，吸収してきたことが多岐にわたる ●博識であり，かつ自分の足で確かめようという姿勢がある
	⑭クリエイティビティ	●ユニークなアイデア，作品，企画を創造できる ●創作時は常にオリジナリティを追求しようとする姿勢がある
	⑮新たな構想を打ち出す力	●自ら新しい構想，仕組み，組織を立案，実行できる ●構想を形にするために周囲の人を巻き込み統率できる
対人系	⑯コミュニケーション力	●立場，世代，価値観の異なる人と相互理解できる ●円滑なコミュニケーションを図るためのコツを備えている
	⑰人間関係構築力／対人感受性	●利害や考え方が異なる人とWin－Winな関係を構築できる ●組織をまとめながら，イニシアチブを発揮できる
	⑱交渉力／調整能力	●利害の対立する相手に，自分の主張を受け入れさせられる ●メンバー間の異なる意見を取りまとめながら統率できる
	⑲サービスマインド	●ホスピタリティマインドを発揮できる ●自分と関わる人たちの満足度を高めるような対応ができる
組織感覚	⑳チームプレー力	●チーム内での自分の役割を理解し，チームに貢献できる ●チームに貢献しながらチーム全体の生産性を高めていける
	㉑指導力／人材育成力	●他人の長所を伸ばし，短所を克服できるコツを知っている ●相手が自分の指示に素直に従うような信頼関係を構築できる
	㉒リーダーシップ／組織を動かす力	●チームを統率し，チームの生産性を上げられる ●チームを動かすポイントを理解している
ビジネス	㉓営業力／商売センス	●顧客第一主義を理解し，実践し，営業成果を上げられる ●何よりビジネス，商売が大好きで，実体験も豊富
	㉔起業家マインド／事業家マインド	●新たな事業，サービスを立ち上げようという開拓者精神 ●起業意欲を持ち，そのための準備・勉強をすでにしている

©キャリアデザインプロジェクト

落ちる人と決定的に違う 「内定勝者だけが持つ4つの特徴」

◆ 落ちる人と受かる人は，学歴・経験に大差なし

　企業が応募者を見抜く3つのポイントを説明してきましたが，では，どんな人が採用されるのでしょうか？ 学歴，経験が秀でた人？ いえ，違います。人気企業には偏差値レベルも，学生時代に頑張った経験も似たような応募者が殺到し，内定者が突出して"凄い"わけではありません。学歴も経験も，他人より突出していれば確かに有利ですが，それだけで内定の決め手にはなりません。では，内定者は何が違うのでしょうか？　それは**「伝え方」**と**「就活の進め方」**です。

◆ 差がつくのは「伝え方」と「就活の進め方」

　落ちる人は**"自分が頑張ったこと"**を伝える**「自分軸」**のアピールですが，受かる人は**"仕事でどう活躍できるか"**を伝える**「仕事軸」**のアピールです。また，落ちる人は企業が求める能力を理解せずに自分の強みを一方的に伝えますが，受かる人は**「企業が求める能力・コンピテンシー」**が自分に備わっていることを伝えます。また，落ちる人は自己PRも志望動機も自分が伝えたいことを一方的に伝えますが，受かる人は企業が求める人物像や企業の特徴を理解し，それと自分を**「フィット」**するように工夫して伝えているのです。

　つまり，受かる人はありふれた経験の中から，企業が評価する**「パーソナリティ」「コンピテンシー」「モチベーション」**を感じさせるエピソードを切り取って伝えるのが上手いのです。そんな伝え方が短期間で上達するような要領の良い**「就活の進め方」**を実はしているのです。その結果，企業から「この応募者は活躍しそうだ」と期待され，内定を次々と獲得するのです。

どんどん内定を取る内定勝者の４つの特徴

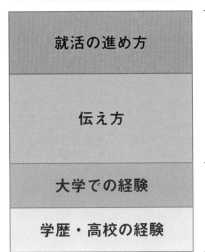

苦戦する就活生

就活の進め方
伝え方
大学での経験
学歴・高校の経験

内定勝者

就活の進め方
伝え方
大学での経験
学歴・高校の経験

差がつく部分

大差なし

苦戦する就活生		内定勝者
「自分軸」でアピール		「仕事軸」でアピール
自分の強みだけをアピール		企業が求める能力をアピール
自分の想いを一方的に伝える		企業とフィットさせて伝える
要領の悪い就活の進め方		要領の良い就活の進め方

4

特徴1 「自分軸」ではなく
「仕事軸」でアピール

◆「あなたのバリューは何?」に自信を持って答えられるか?

落ちる人と受かる人で最も差がつくのが,次の質問です。

Do you think you're really giving value to our team?
(あなたは私たちと働いて本当に役立てると思ってる?)

　採用選考で,あなたは何度もこの質問を投げかけられます。自信と根拠を
もってスラスラと答えられれば,あなたはかなり内定に近づいています。し
かし,実際は大半の応募者が回答に苦戦します。なぜか? それは,自己分
析もESも面接も,自分が何をしたか,何を頑張ったか,何を成し遂げたかと,
「自分軸」で過去の経験を伝えることしかできないからです。しかし,企業
が本当に知りたいのは応募者が活躍できるかどうかです。そのためには過去
の話だけでなく,自分が**「企業で何ができるか,どう活躍できるか」**と**「仕
事軸」**でアピールすることが重要です。

◆ 自己分析で一番重要な問いは「自分が企業で何ができるか」

　どんどん内定が取れる人は,ESでも面接でも,「I did(したこと)」ではなく「I
can(できること)」,つまり**「仕事で何ができるか」「企業でどう貢献できるか」**
を具体的に「仕事軸で」アピールできる人たちです。自己分析も,過去の自
分を振り返ることよりも未来に目を向け,そして仕事に目を向け,**「自分が"仕
事・企業"で何ができるか」**を自問自答することが重要なのです。では,ど
うすれば,「仕事軸」で伝えられるようになるのか? 詳細はPART2で解説
します。

「内定勝者」は仕事軸でアピールできる

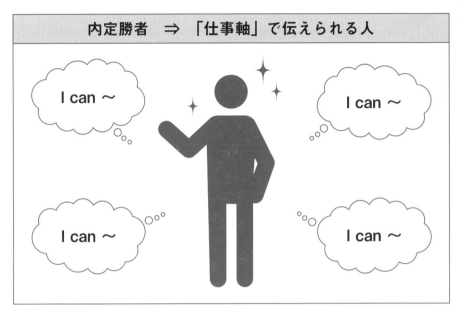

特徴 2 「経験」より「コンピテンシー」を 上手にアピール

◆ 企業は「コンピテンシー」をこうしてチェックする

企業はESや面接で「成果志向はあるか?」「問題解決力はあるか?」と,直接,コンピテンシーの有無を尋ねません。「学生時代に頑張ったことは?」「逆境を乗り越えた経験は?」など,答えやすい質問を投げて回答を求めます。それに対して応募者は自分が誇れる経験をアピールしますが,採用者は経験談に興味はないのです。探っているのは経験の中に**「コンピテンシーを発揮した思考・行動」**があるかであり,そのコンピテンシーが自社の仕事で再現できて成果を生めそうかを確認しているのです。

◆ 求められるコンピテンシーを理解し,上手に伝えることが重要

右ページは,国内メーカーA社が新卒採用で資料する「評価シート」です。「コミュニケーション力」「成果志向」「構想力」「問題解決力」「対人影響力」がA社が重視するコンピテンシーのようです。A社に落ちる人というのは,頑張ったことや実績をアピールしても,これらの「コンピテンシー」が伝わってこない人です。あるいはA社が重視しない能力やコンピテンシーをアピールしてしまう人です。

一方,内定を取る人はA社が重視するコンピテンシーを理解し,それを**自分が発揮したエピソードを交えながら自己アピールする**のです。一見平凡なサークルの経験でも,ただ単に頑張ったことを伝えるのではなく,「成果志向」や「問題解決力」などを発揮しながら,いかに問題を乗り越えたかをアピールするのです。さらに,ESの随所に**さまざまなコンピテンシーを発揮した複数のエピソードを散りばめる**のです。そうやってA社の採用者に「この人は活躍できそうだ」と思わせるのです。つまり,伝え方が上手いのです。

「採用評定シート」はこうなっている
（大手国内メーカーＡ社の場合）

大学	学部学科	氏名
○○大学	○○学部○○学科	○○○○

評定項目	着眼点	評定尺度
1　印　象	・表情，身だしなみ，立ち居振る舞いに好印象を受けるか？ ・ストレス耐性はあるか？ ・存在感はあるか？	Ａ　Ｂ　Ｃ　Ｄ　Ｅ
2　入社意欲	・志望動機に説得力はあるか？ ・当社の仕事について勘所は掴んでいるか？ ・仕事で活躍しそうか？	Ａ　Ｂ　Ｃ　Ｄ　Ｅ
3　コミュニケーション力	・頭の回転は速く，理解力はあるか？ ・言葉遣いが適切で内容はあるか？ ・場の空気は読めるか？	Ａ　Ｂ　Ｃ　Ｄ　Ｅ
4　成果志向	・最後までやり遂げる責任感はあるか？ ・目的・成果達成に対する執着心は感じられるか？ ・目的意識を持っているか？	Ａ　Ｂ　Ｃ　Ｄ　Ｅ
5　構想力	・発想力はあるか？ ・仕組みを打ち出せるか？ ・独自性はあるか？	Ａ　Ｂ　Ｃ　Ｄ　Ｅ
6　問題解決力	・全体を捉える力はあるか？ ・手順を考え出す力はあるか？ ・分析力はあるか？	Ａ　Ｂ　Ｃ　Ｄ　Ｅ
7　インテリジェンス	・価値観に深みはあるか？ ・多様な視点はあるか？ ・判断力に冴えはあるか？	Ａ　Ｂ　Ｃ　Ｄ　Ｅ
8　対人影響力	・組織感覚はあるか？ ・誰とでも打ちとけられるか？ ・順応性，傾聴力はあるか？	Ａ　Ｂ　Ｃ　Ｄ　Ｅ

備考欄　特筆すべき点，次の面接官に伝えたい点など

総合判定：この学生を——
　　　ぜひ採用したい／採用したい／要再検討／採用したくない／絶対採用したくない

©キャリアデザインプロジェクト

6

特徴3 伝える内容が企業に「フィット」するようにアピール

◆ 自分を企業とフィットさせる努力が重要

　就活で苦戦する人は,「私の強みは○○だ」「私が頑張ったことは○○だ」と,自分の強み,セールスポイントを一方的に伝える人です。しかし,前述のとおり,企業が求めるコンピテンシーは複数あるため,「確かにAのコンピテンシーはあるが,BとCがないので不採用」となるケースは多いのです。

　しかし,どんどん内定を取る内定勝者は違います。**企業が求める能力は何と何か？　その能力をどうすれば伝えられるか？**と考えます。志望動機も同様。自分がやりたいことを一方的に伝えるのではなく,自分がやりたいことが,企業の事情や実態とズレていないか？と考えます。つまり,「企業」が求める人物像,能力や事業内容,企業の特徴を理解し,自分が伝える内容を,企業の実態と「フィット」（合致）するように工夫しながら伝えられる人なのです。

◆ 就活で唯一他人をマネできないもの。それは「就活の軸」

　内定勝者は,OB・OGやインターンシップで出会う社員にも「御社が求める能力は何ですか？」と積極的に質問できる人たちです。ネット検索でも志望企業で活躍する社員や事業の情報をリサーチし,自分に足りないものがあれば克服する努力もします。そうやって志望企業で活躍できる人物像に自分をフィットさせていきます。実は「フィット」させることは,コンピテンシーの「自己向上意欲」「自己変革力」そのものです。就活を「自己向上」「自己変革」のチャンスと捉え,自己ＰＲも志望動機も志望企業にフィットするように成長できる人が内定勝者なのです。

「内定勝者」は仕事軸でアピールできる

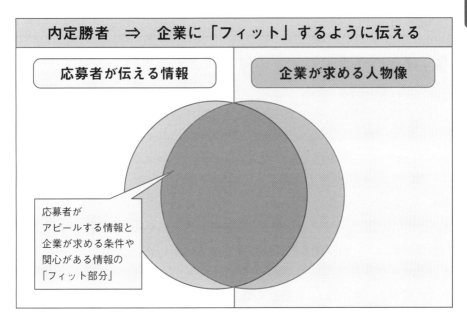

内定勝者 ⇒ 企業に「フィット」するように伝える

応募者が伝える情報

企業が求める人物像

応募者が
アピールする情報と
企業が求める条件や
関心がある情報の
「フィット部分」

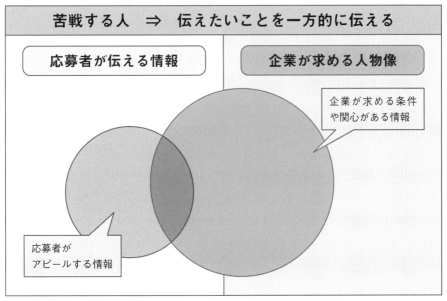

苦戦する人 ⇒ 伝えたいことを一方的に伝える

応募者が伝える情報

企業が求める人物像

企業が求める条件
や関心がある情報

応募者が
アピールする情報

Part1

7

内定勝者に共通する4つの特徴

特徴 **4** 結局受かる人は「就活を要領よく進められる人」

◆「就活の仕方」ですでに勝負が決まっている

最後に，最も重要な話をします。

毎年，採用選考が本格化すると，どんどん内定が取れる人と苦戦する人に二極化します。両者の違いは何か。1つは特徴1〜3で説明した「伝え方」，もう1つは「就活の仕方」です。どんどん内定が取れる人たちは最初から「伝え方」が上手いわけではありません。「伝え方」が上達するような「就活の仕方」をしているのです。実は，人事のプロなら，就活生たちの日々の「就活の仕方」を見るだけで，内定が取れる人と苦戦する人を見抜けるのです。

内定が取れずに苦戦する就活生に共通する就活の仕方を，人事のプロは「**負の就活サイクル**」（32〜33ページ）と呼んでいます。逆に，内定を取れる就活生に共通する就活の仕方を「**勝利の就活サイクル**」（34〜35ページ）と呼びます。両者を比べると，就活に対する考え方，取り組み方がまったく異なるのがおわかりでしょう。

◆ 内定が取れない人の「負の就活サイクル」とは？

前者の「**負の就活サイクル**」に陥る就活生は，就活初期はまず自己分析をし，「ガクチカ」をアピールしようとします。その後，就活とはガクチカを語ることではなく「自分の強みは〜」という文脈で語ることだと気づきます。

しかし，「企業が求める能力が自分にあるか？」「自分が企業でどんな貢献ができるか？」「自分が企業に貢献するためにどんな努力が必要か？」といった企業視点(仕事軸)がありません。就活中ずっと「自分が何を頑張ってきたか」「自分が得意なことは何か」といった**自分視点（自分軸）**のアピールから抜け出せないのです。このような就活の進め方では内定はとれません。

◆ 内定が取れる人の「勝利の就活サイクル」とは？

　一方，「勝利の就活サイクル」にのって内定を獲得できるようになる就活生は，就活でOB訪問をしたり，インターンシップに参加して優秀な他大生や社会人と交流しながら**企業視点（仕事軸）で自分をアピールする「伝え方」**に慣れていきます。また，企業が求める能力の内容や「**レベル**」を感じたり，他大生の自己PRのネタや志望動機の「**レベル**」を知ることで，自分の実力不足を自覚すると，すぐにそれを克服する行動を起こします。インターンシップに挑戦したり，日々のアルバイトやサークルでもコンピテンシーを発揮できるような思考・行動をとり始め，ESや面接でアピールできる内容を増やすのです。つまり，企業視点（仕事軸）で自分をアピールする「伝え方」に慣れ，受かるために必要なに能力やアピールする内容の「レベル」を自覚し，その「レベル」に近づけるように，**就活中，日々成長している就活生が「勝利の就活サイクル」にのれる**のです。

◆ ChatGPT を使う「快勝の就活サイクル」とは？

　ただし，「勝利の就活サイクル」にのるには，ある程度の時間と努力を要します。また，年々企業の採用選考は早期化しており，もっと短期間で要領よく「勝利の就活サイクル」にのる必要性が出てきました。そんな就活生にとって大きな味方になるのが**ChatGPT**です。

　ChatGPTを「賢く」使えば，一瞬にして**企業視点（仕事軸）で自分をアピールする「伝え方」の「型」**が身に付きます。また，OB訪問や現役の社会人，他大生と交流しなくても，**企業が求める能力の内容や「レベル」を感じたり，他大生の自己PRのネタや志望動機の「レベル」を知ることで，自分の実力不足を自覚すること**ができます。つまり，非常に短期間で要領よく就活対策ができます。実際，ChatGPTを賢く使いこなし，要領よく内定を獲得する就活生が増えています。そんな彼らの就活パターンは36〜37ページのような**「快勝の就活サイクル」**になります。快勝の就活サイクルにのるための，**ChatGPTの「賢い活用法」**をこれから解説していきます。

内定が取れない人の「負の就活サイクル」

「自己PR」作成の傾向

 就活初期 自己分析に取り組み，学生時代に頑張ったことをアピール開始
「勉強で頑張ったこと」「サークルやアルバイトで頑張ったこと」をアピール

不合格!? なんで？

 就活中期 自己の強みや能力を積極的にアピールすることが重要だと気付く
「自分の強みは実行力です。強みを活かして，サークルでは〜を達成しました。アルバイトでも，〜に取り組んでいます」

不合格!? なんで？

 就活後期 伝え方（結論から先に伝える，ロジカルに伝える）を試行錯誤する
「自分の強みは実行力です。強みを活かして，インターンでは〜を達成しました。取り組んだ理由は〜です。自分の強みを活かして，御社でも頑張ります」

不合格!? なんで？ ➡ 自己分析し直さなくちゃ

この企業は相性が悪かっただけ。
他の企業で頑張ろう。

なぜ受からないんだろう？ なぜ企業はわかってくれないんだろう？

不合格になる理由

● アピールする能力・強みのレベルが低い
● 企業が重視する，他の能力が足りない

「志望動機」作成の傾向

 就活初期 **企業に興味をもった理由をアピール開始**
「御社の〜のサービスが好きです」
「御社は業界内でも特に急成長しており，興味があります」

不合格⁉ なんで？

 就活中期 **企業理解の浅さを反省。ネットで調べた企業の特徴も交えて伝える**
「御社のホームページを拝見し，〜に共感を持ちました。業界内でも特に〜の分野で急成長しており，将来性にひかれました」

不合格⁉ なんで？

 就活後期 **自分がやりたいことを伝えることが重要だと気づき，志望動機を見直す**
「御社のホームページを拝見し，〜に共感を持ちました。業界内でも特に〜の分野で急成長しており，将来性にひかれました。私は御社では〜をやりたいです。御社なら私がやりたいことができると思い，志望します」

不合格⁉ なんで？ ➡ 自己分析し直さなくちゃ

この企業は相性が悪かっただけ。
他の企業で頑張ろう。

なぜ受からないんだろう？ なぜ企業はわかってくれないんだろう？

不合格になる理由

● やりたいことが曖昧。企業理解が浅い
● 企業理解ややりたいことの実現のための行動を取る意欲もない

徐々に内定が取れる人の「勝利の就活サイクル」

「自己PR」作成の傾向

就活初期 　**自己分析に取り組み，学生時代に頑張ったことをアピール開始**
「勉強で頑張ったこと」「サークルやアルバイトで頑張ったこと」をアピール

不合格⁉　なんで？ OB訪問したり，先輩の内定者にアドバイスをもらい
自分の強みを企業でどう活かすかをアピールすることが重要だと気づく

就活中期 　**自分の強みのアピールと，企業でどんな貢献ができるかをアピール開始**
「自分の強みは限界突破力です。強みを活かして，サークルでは～を達成しました。アルバイトでも，～に取り組みました。自分の強みを活かして，御社では～ができます」

不合格⁉　なんで？ インターンや企業説明会で優秀な学生や社会人と積極的に交流し，企業が求める能力を確認し，自分に足りない能力も自覚。アピールできる実績を増やしたり，足りない能力克服のための努力も開始

就活後期 　**「企業に貢献できる能力と実績があり，足りない能力も克服できるから，御社で活躍する自信がある」と，実績や自分らしさを追加**
「自分の強みはリーダーシップと限界突破力です。強みを活かして，サークルやアルバイトで～を達成しました。自分の強みを活かして，御社では～に貢献します。苦手だった～もインターンで克服しました」

合格！

企業が求める能力は何か？　自分にそれがあるか？　なければどうやってギャップを埋めるか？それを考え，自ら成長しないと何も始まらない

内定が取れる理由

●企業が求める能力・資質を調べ，何が足りないかを理解している
●企業が求めるレベルと自分の能力のギャップを埋める努力をしている

「志望動機」作成の傾向

就活初期

企業に興味をもった理由をアピール開始
「御社の〜のサービスが好きです」
「御社は業界内でも特に急成長しており，興味があります」

不合格!? なんで？ OB訪問したり，インターンや企業セミナーに参加して，業界・企業・仕事理解を深める

就活中期

理解を深めた業界・企業の特徴を踏まえ，志望理由を伝える
「私は，〜に興味があり，〜をやりたいです。御社は〜や〜に取り組んでおり，インターンでも〜を知り，私の〜とフィットします。だから，御社を志望します」

不合格!? なんで？ 企業理解を深掘りし，自分がやりたいことの解像度も上げる。また自分がやりたいことに向けた行動を起こす

就活後期

企業理解と自分がやりたいことの解像度を上げ，やりたいことの実現に向けてすでに行動を起こしていることも伝え，熱意をアピール
「私の目標は〜で，たとえば〜や〜をやりたいです。そのために，すでに〜の努力をしています。御社は他社とは違って〜や〜に取り組んでおり，インターンでも，〜を知り，私の〜とフィットします。だから，志望します」

合格！

企業理解を深め，やりたいことを具体化させ，企業の方向性と自分の志向性をフィットさせるには？それを考え，実行しないと何も始まらない

内定が取れる理由

●企業理解が深く，自分のやりたいことも明確で，すでに行動を起こしている
●企業の方向性・関心事と，自分の志向性のギャップも埋めようとしている

ChatGPT を使って内定を取る人の「快勝の就活サイクル」

「自己PR」作成の傾向

就活初期
ChatGPT で「受かる自己PR」の文章構成に当てはめながら，優秀な学生がアピールするネタの傾向も意識し，自己PR を推敲
「自分の強みは限界突破力です。強みを活かして，サークルでは〜を達成しました。アルバイトでも，〜に取り組みました。自分の強みを活かして，御社では〜ができます」

ChatGPT で志望企業が求める能力や優秀な学生がアピールするネタの傾向は理解できているため，課題（自分に足りない能力）も明確。早速，アピールできる実績を増やしたり，足りない能力克服のための努力も開始

就活初期
「企業に貢献できる能力と実績があり，足りない能力も克服できるから，御社で活躍する自信がある」と，実績や自分らしさを追加
「自分の強みはリーダーシップと限界突破力です。強みを活かして，サークルやアルバイトで〜を達成しました。自分の強みを活かして，御社では〜に貢献します。苦手だった〜もインターンで克服しました」

早い時期から，企業が求める能力を把握し。企業に貢献できることも具体的に説明できるのは凄いね

合格！

合格！　　　合格！

どんどん内定が取れる理由

- 就活初期から企業が求める能力を把握している
- 就活初期から自己PRを伝えるコツを身に付けている
- 就活初期から足りない能力を改善している

「志望動機」作成の傾向

就活初期
ChatGPT で「受かる志望動機」の文章構成に当てはめながら，優秀な学生がアピールする志望理由の傾向も意識し，志望動機を推敲
「自分の強みは限界突破力です。強みを活かして，サークルでは〜を達成しました。アルバイトでも，〜に取り組みました。自分の強みを活かして，御社では〜ができます」

ChatGPT で志望企業が求める能力や優秀な学生がアピールするネタの傾向は理解できているため，課題（自分に足りない能力）も明確。早速，アピールできる実績を増やしたり，足りない能力克服のための努力も開始

就活初期
企業理解と自分がやりたいことの解像度を上げ，やりたいことの実現に向けてすでに行動を起こしていることも伝え，熱意をアピール
「私の目標は〜で，たとえば〜や〜をやりたいです。そのために，すでに〜の努力をしています。御社は他社とは違って〜や〜に取り組んでおり，インターンでも，〜を知り，私の〜とフィットします。だから，志望します」

早い時期から，企業の特徴を理解し，やりたいことやキャリアプランを具体的に説明できるのは凄いね

合格！　合格！　合格！

どんどん内定が取れる理由
●就活初期から企業分析ができている
●就活初期から自分の夢・目標を説明できている
●就活初期から志望動機の伝え方のコツを身に付けている

ChatGPT の基本①

まずは ChatGPT を準備する

1 公式サイトにアクセスする

オープン AI の ChatGPT のサイト
（https://openai.com/blog/chatgpt）にアクセ
スし，「Try ChatGPT」をクリックする。

2 サインアップ（登録）する

ChatGPT のログイン画面が表示されるので，
「Sign up」をクリックする。

3 メールアドレスとパスワードを登録

まずはメールアドレスを入力する。次にパス
ワードを入力する画面が表示されたらパスワ
ードも入力する。

4 メールアドレスを認証する

入力したメールアドレス宛に届いたメールを開
いて「Verify email address」をクリックする。

P38〜P42 の ChatGPT の画面は 2023 年の 10 月時点のものです。将来，変更する可能性があります。

5 氏名，生年月日，電話番号を順に登録

氏名，生年月日を入力する。次に電話番号を入力する画面が表示されたら，電話番号も入力する。

6 届いたコード番号を入力

電話番号を入力するとショートメッセージで6桁のコード番号が届くので，コード番号を入力。これでアカウントの解説作業が完了し，ChatGPTを利用できるようになる。

7 チャット画面で質問の入力を開始

ChatGPTのサイト（https://chat.openai.com/）を開き，入力ボックスに指示や質問を記述。
なお，ChatGPTでは，指示や質問のことをプロンプトと呼ぶ。ボックス横のクリックボタンを押すと，ChatGPTが回答を開始する。

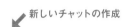

新しいチャットの作成

回答が表示される

過去のチャットの履歴

回答が気に入らなければここをクリック

8 回答が表示される

ChatGPTからの回答が表示される。回答が気に入らなければ画面右下の「Regenerate」ボタンをクリック。さらに質問を続けたい場合は，同じ手順で再度入力ボックスに質問（プロントプト）を入力。
なお，話題を変えて新しい質問をしたい時は，画面左上の「New chat」をクリックし，新しい画面を開いて，新たにチャットを開始する。
また，画面左には過去のチャット履歴が表示されている。履歴をクリックするとそのチャットを再開できる。

Part 1 内定勝者に共通する4つの特徴

039

ChatGPT の基本②

就活での使い方の勘どころ

効果的な回答を引き出すコツは「質問力」にあり

　漠然と「○○をテーマにしたエントリーシートを作成して」と質問しても漠然とした回答や，日本語も変な低品質な回答しか返ってこない。効果的な回答を引き出すには，質問（プロンプト）の入力方法に工夫が必要です。就活で使う場合，特に次のように工夫してください。

1 区切り文字を使う
質問は，頭に「#」を付けて，「命令」「条件」「表現上の注意点」などの見出しをつけて「分割」して記載すること。質問や指示の構造が明確になり，ChatGPTが質問者の意図を汲みやすくなります。

2 役割を与える
「あなたは○○です」とChatGPTに役割を与えること。それに即した回答をしてくれます。

3 条件を追加していく
　条件を具体的に指定していきます。特に就活ならでの文章構成（「結論」「概要」「課題」「解決策」「成果」「貢献」など）で書くように指定します。

4 自然な日本語で回答させるためのコツ
文字数の指定や，おかしな日本語の文章にならないように，表現の注意点も指定します。

Q

 # 命令：1
あなたは優秀な就職活動中の大学生です。以下の条件と表現の注意点に従って，エントリーシートに記載する自己 PR を書いてください。

3 # 条件：
・応募先企業：トヨタ自動車
・応募先の企業 URL：https://www.toyota-recruit.com/
・私の強み：課題を冷静に分析し，課題解決策を論理的に導き出し，課題解決のために意　欲的に挑戦できること
・エピソード：イベントサークルのリーダーとして，イベントの協賛金を 100 万円集めることに成功した。サークルのメンバーのモチベーションを上げることと，イベントの企画を工夫した。
・強みとエピソードにズレがないように書いてください
・文章は次の構成で作成してください
(1)「結論」最初に自分の強みを述べます
(2)「概要」強みを裏付けるエピソードの概要を説明します
(3)「課題」エピソードの中で直面した課題を説明します
(4)「解決策」課題の解決のためにとった行動を説明します
(5)「成果」行動の結果得た成果を説明します
(6)「貢献」強みを生かして企業に貢献できることをアピールします

4 # 表現の注意点：
・文字数は 800 文字以内
・主語と述語を近づけて書くこと
・ですます調で書くこと
・二重表現をしないように書くこと
・「漢字：ひらがな：カタカナ」の割合は「2：7：1」で書くこと

回答はあくまで叩き台だが，各段に作業がラクになり時短にもなる

　左ページのプロンプトを入力して実行すると，以下のような回答が表示されます。回答の文章にはAIっぽさが残ることもありますが，欲しい回答の文章構成（叩き台）を作ってくれたり，欲しい情報を表示してくれたり，ES対策や面接対策に必要な作業を劇的にラクにしてくれます。

1 ChatGPTの回答
このマークは，「ChatGPTの回答欄」という意味

2 回答が表示
ここに回答が表示されます。

3 他の回答をリクエスト
表示された回答がに気に入らなければ，この「Regenerate」ボタンをクリックすると，再度，別の回答を表示してくれます。なお，先に表示された回答も保存されているので再表示が可能。

1

【結論】私は課題を冷静に分析し，論理的な思考で課題解決策を導き出し，意欲的に挑戦する強みを持っています。
【概要】私の強みを裏付けるエピソードは，大学のイベントサークルのリーダーとして活動した経験です。その中で，イベントの協賛金を100万円集め，メンバーのモチベーション向上と創意工夫を通じて成功を収めました。
【課題】イベントを企画する際，予算の限られた中で魅力的な内容を提供することは大きな課題でした。メンバーのモチベーションを維持し，スポンサーシップを獲得することも難しい局面でした。
【解決策】課題解決のために，私はまずメンバーのアイデアを集めるワークショップを開催しました。そこで，異なる視点からアイデアを出し合い，予算を最適に活用する方法を模索しました。また，スポンサーに対しては，トヨタ自動車の信頼性やイベントの独自性を伝え，協賛金の調達に努めました。
【成果】メンバーのアイデアを取り入れたイベント企画は，参加者から高い評価を得て多くの人々を魅了しました。協賛金の調達も成功し，100万円の目標を達成しました。さらに，メンバー同士の協力と創意工夫によって，充実したイベントが実現しました。
【貢献】私の強みを活かして，トヨタ自動車においても課題解決に取り組み，新たな成果を生み出すことができます。経験から培ったリーダーシップと論理的思考を通じて，組織内での協力やクリエイティブなアイデアの提供に貢献します。また，トヨタ自動車のビジョンと価値観に共感し，チームと協力して持続可能な未来を築くお手伝いをする意欲も持っています。
トヨタ自動車の先進技術と革新的なアプローチに私の強みを融合させ，未来志向のチームメンバーとして貢献したいと考えております。

2　　　　　　　　　**3** Regenerate

就活で使う場合の注意点

ChatGPT は，就活を効率化する便利なツールですが，落とし穴もあります

　ChatGPT は，就活対策を効率的に進めるうえでとても便利なツールですが，以下のように注意点もあります。ChatGPT の特性やリスクを理解したうえで，自己責任で「賢く」活用しましょう。

誤回答をする可能性	事実とまったく異なる情報を，正解であるかのように回答する場合（「ハルシネーション」という）があります。特に事実確認が重要な回答の扱いは，注意しましょう。
毎回異なる回答を出す	ChatGPT に同じ質問をしても，毎回違った回答をします。（技術的な操作で回答が同じになるように制御は可能） これが ChatGPT の特徴だと割り切って，使いこなしましょう。
最新情報はない **※2023年10月現在**	ChatGPT の回答は，2021 年 9 月頃までのデータをもとに生成されます（※2023年10月現在）。企業分析や業界分析で ChatGPT を活用する際もそれを踏まえて使うようにしましょう。
個人情報の流出リスク	質問に入力した情報は，ChatGPT に蓄積され，他の人の質問に対する回答に露出するリスクがあります。個人を特定する情報の入力には気をつけましょう（下記に回避策あり）
企業に疑われるリスク	AI（ChatGPT）で作成された ES かどうかの可能性を％で判定するツールを持っている企業もあります。ただし，ネットで見つけた ES 事例を参考に自作で作った ES でも AI 生成可能性判定が高く表示される可能性はあります。いずれにせよ，ChatGPT の回答は参考にとどめ，自分流の文章に書き直して応募しましょう。

自分の個人情報を ChatGPT に学習・流出させない方法

オフにする

選択する

「チャット履歴＆学習」ボタンをオフに

ChatGPT の画面左下の個人アカウント名をクリックすると表示される「Settings（設定）」項目もクリック。すると左の画面が開くので，左側の「Data controls」を選択。次に右上の「Chat history&training」（チャット履歴＆学習）ボタンをオフする。

ChatGPTを使って効率UP

最強の
エントリーシート攻略法

人気企業の内定者を多数輩出!
ChatGPTを活用しながら、たった6ステップで完成する、
シンプルで最強のエントリーシート（ES）攻略法を紹介します。
これさえあれば，あなたも最速で内定勝者になれます。

1

まずは受かるES,落ちるESの違いを理解しよう

◆ ES の合否基準とは？

「受かるES」の完成をめざすには,まずは**「受かるES」の条件**を理解しておくことが重要です。ESには「あなたの強み」「学生時代に頑張ったこと」「チームで成し遂げた成果」「志望動機」など,複数の設問がありますが,実は,**合否は一瞬で決まります**。採用者は,大量のESをチェックするため,一枚一枚のESを隅々まで読みません。10秒程度で斜め読みして,「活躍できそうかどうか」を瞬時に判断します。どこで「活躍できそうか」を判断するかと言えば,次のフレーズが盛り込まれているかどうかで判断し,合否を決めているのです。

- ・**自社が重視する複数のコンピテンシーを感じさせるフレーズがある**
- ・**自社や仕事で貢献ができることが伝わるフレーズがある**
- ・**志望意欲が伝わるフレーズがある**
- ・**自社を深く理解しているフレーズがある**

◆ 受かる条件は「受かるための重要なフレーズ」を散りばめる

つまり,これからあなたがめざすのは,採用者に「活躍できること」を感じさせるフレーズを散りばめたESを完成させることです。具体的にどのようなフレーズを,どういう書き方で散りばめていくと効果的かを次ページから解説していきます。

なお,ChatGPTを使って経験したこともないことを経験したかのように書いても,面接で必ずボロが出ます。面接で突っ込まれて困ることは書かないようにしましょう。

受かるESにはコンピテンシーが散りばめられている

「チームプレー力」
を感じさせるフレーズ

「リーダーシップ」
を感じさせるフレーズ

「課題解決力」
を感じさせるフレーズ

「自己変革力」
を感じさせるフレーズ

○○社エントリーシート

志望動機

「企業で貢献できること」
が伝わるフレーズ

「企業理解」
が伝わるフレーズ

「志望意欲」
が伝わるフレーズ

「ChatGPT」ですぐに上達!
受かるES作成6ステップとは?

◆ 受かる ES 完成までの6つのステップ

　「受かるES」の条件がわかったら，次は「受かるES」を効率的に短期間で完成させるための手順を説明します。

　「受かるES」は6つのステップで完成させます。

　最初にとりかかるのは**「受かる人物像」**をイメージすること。自分がアピールする内容が志望企業・志望業界に対して的外れにならないように，どんな人物が求められるのかを把握する作業です。ステップ2は**「アピールネタの整理」**。これまで頑張ったことや自分の強みを洗い出し，ESの限られた設問の中で どれをアピールするか作戦を練る作業です。ステップ3は最もアピールしたい自分の強みとそれを活かして企業に何が貢献できるかを考える作業。つまり24ページの**「仕事軸で伝える作業」**です。ステップ4は説得力のある志望動機を作成するための土台となる**「志望理由」**を考える作業です。

　ステップ5は，ステップ1〜4を踏まえて，いよいよ**「自己PR」**と**「志望動機」**のぶれない**「軸」**（筋立て）を固める作業。そして最後は，実際にESの各設に**「受かるES文法」**で書いていき，内定者たちのES実例とも見比べながら文章を推敲して，ESを完成させます。

◆ ES 対策に効果的な「ChatGPT の質問テンプレ」がある

　上記の6ステップを，独力で取り組むには上達に時間がかかります。そこでChatGPTを活用します。本書では，上記のES対策の各ステップの作業を大幅に効率化できる**ChatGPTの質問（プロンプト）テンプレ**を用意しました。テンプレをコピペして自分の状況に合わせて書き換えるだけで効果的な回答が出てきます。ぜひ，ご活用ください（ChatGPTの質問テンプレのダウンロード方法は14ページ参照）

6STEP の流れ

ES 攻略の 6 ステップ	活用する ChatGPT のプロンプト
①企業が求める人物像の把握 企業が求める人物像・能力を確認する	・プロンプト「企業が求める人物像」 → 49ページ

②アピールするネタの用意 志望理由に不可欠な2大ポイントを確認	・プロンプト「企業が求める能力に該当する行動パターン」 → 51ページ

③自分の強みの選定と作成 自分の強みと企業に貢献できることを検討	・プロンプト「自分の強みと企業貢献」 → 53ページ ・プロンプト「企業貢献の他アイデア」 → 55ページ

④志望理由の選定と作成 志望理由に不可欠な2大ポイントを確認	・プロンプト「志望理由の見つけ方」 → 57ページ

⑤「自己PRと志望動機の軸」作成 自己PRと志望動機の全体メッセージを固める	・プロンプト「自己PRと志望動機の全体メッセージのリライト」 → 61ページ

⑥ ES の個別設問への回答 ES の設問別の回答文を作成する	・プロンプト「私の強み」→ 72ページ ・プロンプト「ガクチカ」→ 75ページ ・プロンプト「志望動機」→ 78ページ ・プロンプト「キャリアプラン」→ 81ページ ・プロンプト「チームの成果」→ 84ページ ・プロンプト「勉強・研究テーマ」→ 87ページ

STEP 1 志望する業界・企業の求める人物像を知る

◆ 求める人物像を知らなければ的を射た ES が作れない

　まずは，自分がエントリーしようとしている業界や企業が**どんな人物像を求めているか**を自覚しましょう。18ページでも説明したとおり，業界・企業によって特に重視する能力，資質，コンピテンシーが異なります。志望業界・企業があまり重視しない強みをアピールしても，採用担当者の興味をひくことは難しいでしょう。むしろ「この業界の仕事を理解できてないのでは？」とマイナス評価を下されます。

　業界や企業が求める人物像を把握するには，その業界・企業で活躍するOBや現役社員，また採用担当者にヒアリングするのが理想です。ただ，そのような時間も人脈もない方は**ChatGPT**を活用しましょう。

◆ ChatGPT で「求める人物像」をリサーチ

　右ページ上がChatGPTで求める人物像を質問する場合の**「プロンプト」と回答例**です。**プロンプトの「赤字部分」を自分の状況に合わせて書き直してください。**すると右ページ下のような回答が表示されます。この回答が，志望業界で求められている人物像，および求められる能力です。

　44ページで説明したとおり，ES全体で，このような能力が自分には「万遍なく」備わっていることをアピールしていく必要がある，ということです。**回答に表示された能力のうち，自分がアピールできそうな能力をメモしておきましょう。**

　なお，42ページで説明したとおり，ChatGPTの回答は2021年9月以前のデータをもとに作成されます（2023年10月現在）。業界が求める人物像は毎年大きく変わることはありませんが，気になる方は改めてネットで検索したり，業界で活躍する社会人にヒアリングしてみてください。

プロンプト 2-1　企業が求める人物像の確認

 # 命令：
あなたは広告業界の新卒採用担当者です。
広告業界で活躍するために必要な人材像を **10個**，理由とともに教えてください。

> 自分の状況に合わせて赤字部分を修正

1. クリエイティビティとアイデア力 広告業界は常に新しい視点とアプローチが求められる分野です。クリエイティブなアイデアを生み出し，斬新なキャンペーンを展開できる能力が重要です。
2. コミュニケーションスキル：効果的な広告キャンペーンを実現するためには，クライアントやチームとの円滑なコミュニケーションが必要です。明確かつ魅力的なコミュニケーション能力は不可欠です。
3. 戦略的思考：成功する広告キャンペーンは戦略的な基盤の上に成り立ちます。市場動向や競合分析を通じて戦略を練り，目標を達成する計画を立てる能力が求められます。
4. マーケティング知識：広告はマーケティング戦略の一部です。マーケティングの基本原則やトレンドに関する知識を持つことで，効果的な広告戦略を構築できます．
5. プレッシャーに強い：締切りや予算の制約など，広告業界は常にプレッシャーの中で動く環境です。ストレス耐性を持ち，柔軟に対応できることが大切です。
6. デジタルマーケティングスキル：近年ではデジタル広告が重要性を増しています。デジタルプラットフォームやツールの知識を持ち，オンライン上で効果的なキャンペーンを展開できる能力が必要です。
7. チームワーク：広告キャンペーンは複数の専門家からなるチームで進行します。チーム内での協力やリーダーシップ，アイデアの共有が求められます。
8. 分析力とデータドリブン思考：成果を評価し改善するために，データを分析し洞察を得る能力が重要です。データに基づいた意思決定を行うことで，キャンペーンの
効果を最大化できます。

> 「これは自分が自信がある」という能力・特徴をメモにしておく

――――――――――――――――（後略）――――――――――――――――

STEP 2 ESでアピールするネタを用意する

◆ ES でアピールするネタ（能力＋エピソード）を一覧化する

　49ページのプロンプトで，志望業界・志望企業が求める複数の能力・コンピテンシーがイメージできたはずです。あなたはESを通じて，それらの能力が備わっていることを具体的なエピソード（学業，サークル，アルバイト，インターンシップ，留学経験など）を交えてアピールする必要があります。そこでまずは，あなたが持つ複数の「能力＋エピソード」のうち，**どの「能力＋エピソード」をESのどの設問でアピールすべきか**を作戦を立てることが重要です。そのためにまずは，あなたが持つ**「能力」と「エピソード」の一覧**を整理しておきましょう。

◆ アピールしたい能力のエピソードのヒントを ChatGPT に聞く

　ただし，エピソードのピックアップは注意が必要です。たとえば「チームワーク」を例にとると，就活生が考える「チームワーク」と，企業が期待するそれは乖離している可能性が非常に大きいです。実際，毎年ESで「私の強みはチームワークです」とアピールする就活生は多いですが採用担当者からすると，「この程度のエピソードでは，チームワークがあるとは言えない」と一蹴されるケースが非常に多いです。したがって，49ページで確認した志望業界・志望企業が求める能力をアピールする際には，具体的に**どのような経験・エピソードが望ましいか**を考える必要があります。

　そこで49ページで「この能力を自分は備えている！」とチェックした能力について，右ページ上のようなプロンプトを作成しましょう。右ページ下の回答が，各能力に求められる行動パターンです。ESでエピソードについて書く場合は，このような行動パターンのエピソードが採用担当者から評価されやすいということです。

プロンプト 2-2　企業が求める能力に該当する行動の確認

#命令:
あなたは広告業界の新卒採用担当者です。広告業界で活躍するために必要な以下の能力からイメージできる行動パターンを5個教えて下さい。
#能力:
・チームワーク
・クリエイティビティとアイデア力
・コミュニケーションスキル

自分の状況に合わせて赤字部分を修正

#条件:
・大学生向けの行動パターンであること。
・簡潔に説明してください。

チームワーク:
グループプロジェクトへの積極的な参加:大学の授業やクラブ活動で行われるグループプロジェクトに積極的に参加し,異なるバックグラウンドや意見を持つ仲間と協力して課題を達成します。タスク分担やスケジュール調整を通じてチームワークを実践します。

リーダーシップのチャンスを探す:
チーム内でリーダーシップの役割を果たすチャンスを積極的に探し,プロジェクトの調整やメンバーの指導を通じてリーダーシップスキルを養います。他のメンバーを鼓舞し,協力を促進します。

フィードバックの提供と受け入れ:
チームメンバーや仲間からのフィードバックを積極的に受け入れ,自身も適切なタイミングで建設的なフィードバックを提供します。他人の意見を尊重し,チーム全体の成長をサポートします。

クリエイティビティとアイデア力:
異なる分野への探求:芸術,デザイン,文学,科学など異なる分野に興味を持ち,その中から新たな視点やアイデアを取り入れます。異なるアートフォームやトピックに触れることで,クリエイティブな思考を

――――――――――――――（後略）――――――――――――――

志望業界が求める具体的な行動パターンの解説が出てきた!

◆ 「自分の強み」は「企業に貢献できること」とセットでアピール

　STEP2で「自分の強み」とそれを説明する「エピソード」をリストアップできたら，次は，**「自分の強み・経験」を活かして「企業にどんな貢献ができるのか」**を説明できるようになりましょう。24ページで説明したとおり，受かるには「自分軸」ではなく**「仕事軸」**で自己PRできることが重要です。ただし志望企業の仕事内容を理解していなければ「企業に貢献できること」を説明するのは難しいでしょう。これまではOB訪問や現役の社会人にヒアリングしながら自分がどんな貢献ができるかを考える必要がありました。しかし，ChatGPTを使えばこの作業も効率化できます。

◆ ChatGPTで「自分の強み」と「企業に貢献できること」の叩き台を作成

　まず，51ページのChatGPTの回答結果に続けて，質問の入力欄に右ページ上のプロンプトを入力します。

　右ページのプロンプトは，あなたの強みとエピソードを入力するだけで，ChatGPTが，「その強みと経験を活かして，志望企業に○○が貢献できる」と，**「仕事軸」に置き換えた自己PR**を作ってくれるプロンプトです。しかも，あなたの強みが伝わるような文章の流れで，さらに，**企業が求める人物像に寄せた自己PR**が出来上がります。そして，あなたの強み経験を活かして，企業に貢献できることを具体的に説明した回答が出来上ります。これを叩き台として参考にしながら，自分ならではの文章を作成してください。

　もし，ChatGPTの回答の「企業に貢献できること」についてもっといろいろなアイデアを確認したい場合は，続けて55ページ上のプロンプトを入力してください。ChatGPTが，あなたの強みに合わせた「企業に貢献できること」のアイデアをどんどん提案してくれます。それを参考に，「企業に貢献できること」を，自分らしく企業に説明できるようにしましょう。

プロンプト 2-3　自分の強みと企業貢献

51ページの回答結果に続けて
このプロンプトを入力

Q

 # 命令:
あなたは優秀な就職活動中の大学生です。以上の広告業界で求められる人物像を把握し，次の条件と表現の注意点に沿ってエントリーシートに記載する自己PRを書いてください。

自分の状況に合わせ
て赤字部分を修正

 # 条件:
・応募先企業：リクルート
・応募先の企業 URL：https://www.recruit.co.jp/
・私の強み：みんなが無理だと思うようなことでも，どんどん新しいアイデアを出して解決策を考えるアイデア力
・エピソード：サークルのリーダーとして留学生向けのフリーペーパーを創刊した。フリーペーパーの制作に必要な資金を集めるため，企業から広告費を100万円集めることに成功した。サークルのメンバーのモチベーションを上げることと，読者の留学生が読みたくなる企画を多く制作し，読者数は1000人を突破した。
・強みとエピソードにズレがないように書いてください。
・文章は次の構成で作成してください。
(1)「結論」最初に自分の強みを述べます。
(2)「概要」強みを裏付けるエピソードの概要を説明します。
(3)「課題」エピソードの中で直面した課題を説明します。
(4)「解決策」課題の解決のためにとった行動を説明します。
(5)「成果」行動の結果得た成果を説明します。
(6)「貢献」強みを生かして企業に貢献できることをアピールします。

 # 表現の注意点:
・文字数は 800 文字以内。
・主語と述語を近づけて書くこと。
・ですます調で書くこと。
・二重表現をしないように書くこと。
・「漢字：ひらがな：カタカナ」の割合は「2：7：1」で書くこと。

企業に貢献できることを
ChatGPT に考えてもらう

自分の強みや経験を，企業にどう活かせるかを説明する文章を得るため，このような指示をする

回答結果は次ページ

※プロンプトの赤字部分を自分の状況に合わせて書き換えてください。
（プロンプトのダウンロード方法は14ページ参照）

ChatGPT の回答例「自分の強みと企業貢献」

 結論： 新しいアイデアを出して解決策を考えるアイデア力が私の強みです。

概要： 大学時代，私は留学生向けのフリーペーパーを創刊しました。このプロジェクトでは，広告費の調達とクリエイティブな企画立案が必要でした。

課題： 企画を進める中で，資金調達と共にサークルメンバーのモチベーションを維持し，魅力的な記事を提供することが課題でした。

解決策： 広告費の調達にあたり，企業との提携を模索しました。100万円の広告費を集めることが目標でしたが，新たなアプローチを模索し，創造的な提案を行いました。

結果： 企業との交渉を重ね，クリエイティブな広告提案を通じて，目標の100万円の広告費調達に成功しました。また，メンバーのモチベーションを高めるためにアイデア募集や定期的なミーティングを実施しました。

貢献： この経験を通じて培ったアイデア力をリクルートで活かしたいと考えています。広告業界において，常に新しい視点とアプローチが求められる環境で，創造的な広告キャンペーンやプロジェクトを提案し，クリエイティブな解決策を提供することで，企業の成長に貢献したいと考えております。リクルートのバリューやビジョンに共感し，私のアイデア力を通じてチームに貢献いたします。

「企業に貢献できること」を ChatGPT が作成してくれた

「強み・経験を企業にどう活かせるか」という仕事軸での自己 PR が出来た

「自分が企業に貢献できること」の部分をいろいろ変えたい場合

※上の回答に続けて右ページのプロンプトを記入する

プロンプト 2-4 企業貢献の他アイデア

 ＃命令：
以上の「貢献」内容を，他に3パターン書いてください。

> 他の案が欲しい場合は左ページの回答
> に続けて，このように指示してみる

 貢献パターン1：
この経験を通じて磨かれたアイデア力をリクルートで発揮し，魅力的な広告キャンペーンを企画・実施することで，ブランドの認知度向上や顧客の関心を高めるお手伝いをしたいと考えています。マーケットの動向や顧客のニーズを的確に把握し，独創的なアプローチでキャンペーンを展開し，企業のビジネス成果に貢献いたします。

貢献パターン2：
私のアイデア力を通じて，リクルートが提供する様々なサービスやプロダクトを効果的に宣伝し，ターゲット層に届けるための広告戦略を展開することを目指しています。デジタル広告やソーシャルメディアを活用したキャンペーンを通じて，効果測定を行いながら顧客の反応を分析し，戦略の最適化に貢献いたします。

貢献パターン3：
私は異なるバックグラウンドを持つ人々と協力することで，新たな視点とアイデアを生み出す力を持っています。リクルートの多様なプロジェクトにおいて，チームの一員として多彩なアイデアを提供し，他のメンバーとのクリエイティブなコラボレーションを通じて，多角的な広告キャンペーンの実現に貢献いたします。

> 「企業に貢献できること」の
> 別の案が出てきた！

6

STEP 4 説得力のある志望理由を考える

◆ 志望理由には2つのポイントが不可欠

志望企業の採用選考プロセスで，ESでも面接でも何度も突っ込んだ質問をされるのが**「志望理由」**です。志望理由が曖昧だと，あなたがどんなに優秀な応募者でも志望意欲が疑われてしまい，採用担当者から「企業分析がいい加減だな」とか「この応募者は第一志望は他の企業だな」とマイナス評価を下され，不採用になる可能性が一気に高まります。説得力のある「志望理由」を説明できるようになりましょう。

説得力のある「志望理由」には2つのポイントを押さえることが重要です。

まずは志望企業に**「自分の"夢の実現"に最適な理由・環境」**を探すこと。2つ目はその**「最適な理由・環境」**が**「他社よりも勝っている」**ことです。この2点を押さえられれば「私は○○という夢（やりたいこと）がある。この夢を実現するために，他社よりも最適な○○の環境が御社にはある。だから御社を志望する」という，説得力のある揺るぎない志望理由が作れます。

◆ 志望理由の探し方のコツがある

では，どうすれば，その2つのポイントを押さえた**「自分の"夢の実現"に最適な理由・環境」**が見つかるのでしょうか？ OB訪問や志望企業の社員にヒアリングできれば理想ですが，ここでもChatGPTを活用しましょう。

まずは，自分が実現したい夢・やりたい事を書き出して，右ページ上のプロンプトを作成してください。次にChatGPTの回答をチェックしてください。ChatGPTが，**あなたの夢（やりたいこと）を実現するうえで，他社よりもこの志望企業で働くことが最適だという「理由」**をアドバイスしてくれました。この「理由」は後で，志望動機を作成する際に使いますので削除しないようにしてください。また，念のために回答のような特徴が志望企業に本当にあるのか，ネット検索をして事実確認もしておきましょう。

プロンプト 2-5　志望理由の見つけ方

 # 命令：
あなたは以下の企業の新卒採用担当者です。あなたが以下の夢を持つ学生を採用するために，以下の条件で，他社よりも以下の企業で働くことのメリットを説明してください。

 # 企業：
・応募先企業：リクルート
・応募先の企業 URL：https://www.recruit.co.jp/

> 自分の状況に合わせて赤字部分を修正

 # 夢：
・世の中に役立つ WEB サービスを多くプロデュースしたい

 # 条件：
・他の業界や他の企業よりも勝っている点を強調して説明してください。

> 他社よりも勝っている企業の特徴を ChatGPT に考えさせる

リクルートへの新卒採用に興味をお持ちいただき，誠にありがとうございます。あなたの夢である世の中に役立つ WEB サービスを多くプロデュースするという志向は，リクルートでのキャリアに非常に適していると考えます。以下に，他社よりもリクルートでの働きが持つメリットをご説明いたします。

多様な事業領域：
リクルートは，人材，住宅，旅行，教育など多岐にわたる事業領域に進出している企業です。異なる分野で幅広いサービスを提供することで，あなたの世の中に役立つ WEB サービスのプロデュースにおいて，幅広いアイデアと経験を得るチャンスがあります。他社よりも多角的なビジネスモデルに触れることで，新たな視点と創造力が育まれます。

リソースとサポート：
リクルートは，グローバルに展開しており，充実したリソースとネットワークを持っています。プロジェクトを推進する際には，技術的な面からビジネス戦略まで，幅広い専門知識を持つ仲間と協力できます。また，研修制度やメンターシッププログラムなども充実しており，あなたの成長をサポートする環境が整っています。

イノベーションへの挑戦：
リクルートは，新しいアイデアとイノベーションを大切にする企業文化を持っています。あなたの夢を実現するためのプロジェクトにおいて，アイデアを出し合い，チャレンジし，成果を上げる環境が整っています。イノベーションを重視する風土が，あなたの WEB サービスの制作において大い（後略）

> 自分の夢の実現に最適な「企業の特徴・環境」が出てきた！

STEP 5 自己PRと志望動機の「全体メッセージ」作成

◆ ESと面接でアピールするすべての内容に一貫性を

「アピールする強み」「企業に貢献できること」「志望理由の材料」が揃ったら，それを基に自己PRと志望動機で伝える**「全体メッセージ」**を作ります。「全体メッセージ」を固めたらESや面接のどんな質問にも一貫性のあるブレない回答ができます。いきなり作成するのが難しい方は**「プロモーションシート」**を活用してください。右のシートのフォーマットにしたがい，赤枠を自分の状況に合わせて記入するだけで**「この応募者は活躍しそうだ」と印象づけられる「自己PR」「志望動機」の全体の"流れ"**が簡単に完成します。なお，シートをダウンロードして直接入力して使うことも可能です（ダウンロード方法は14ページ参照）。全体の"流れ"ができたらChatGPTにきちんとした文章にリライトさせて全体メッセージを完成させましょう。

◆ 「プロモーションシート」の記入の流れ

【手順1】 夢・やりたいことを記入する

56ページであなたが記入した，志望企業で実現したい「夢・やりたいこと」をまずは「端的」に，次にもう少し「具体的」に記入してください。

【手順2】 夢・やりたいことの実現に向けた準備，努力を記入

夢・やりたいことがあるなら，その実現に向けてすでに準備や努力（勉強，経験など）をしているはずです。手順2の記入欄に，実現に向けて準備してきたことを「端的」に，次に「具体的」に記入してください。

【手順3】 企業選びの理由を整理する

入社を志望するからには「なぜこの企業を選ぶのか？」という「理由」が必要です。57ページで既に「志望理由」は見つけているはずなので，それを参考に手順3の記入欄に，まずは「端的」に，次に「具体的」に記入します。

【手順4】 企業が求める能力とエピソードを用意する

「プロモーションシート」

以下のフォーマットにしたがい，赤枠の部分をあなたの状況に合わせて記入して下さい。

（シート記入例）

志望動機

手順①

私には

世の中に立つWebサービスを多くプロデュースしたい

という夢（目標，やりたいこと）があります。

具体的に言うと

まずは日本で暮らす外国人向けに，仕事と生活が豊かになるWebサイトづくり

がしたいと思います。

手順②

その夢（目標，やりたいこと）に向かって

IT企業でWeb開発のインターン

を経験（努力）をしました。

特に頑張ったことは

日本のWebサービスのトレンドと課題の研究と広告営業です。インターンを通じて学んだことは，日本で暮らす外国人の方が満足して使えるWebサービスがないことと，外国人向けに広告を出したい企業さんが満足して出せるWebサイトが少ないということ

です。

手順③

御社は，

運営しているWebサービスの種類の多さ

の点で，同業他社と比較しても

業界でもトップクラスの数のWebサービスを運営しノウハウが蓄積しているということと，新しい文化とイノベーションを大切にする企業文化がある

という特徴があり，私の夢の実現には御社が最も理想的な職場です。だから御社を志望いたします。

自己PR

手順④

もちろん私は御社で活躍する自信があります。私の強みは

企画力

で，これまでも

周囲から無理だと言われたことでも次々と実現させてきました。たとえば，留学生向けのフリーペーパーの発行，アルバイト先のインテリアショップの10周年記念イベントへを大手新聞社に取材してもらうこと，インターンでの企画コンペで1位になること

を成し遂げてきました。

また，

チームで成功を生み出すこと

も得意（強み）です。たとえば，

多くの専門を持った人とチームを組むことでクオリティの高いものが生み出せると思い，5つの大学とチームを組んで留学生向けフリーペーパーの共同発行

を実現しました。

手順⑤

御社では

データ重視のロジカルシンキング

が必要だと思い，今は

感覚的な解決手法だけでなくデータにもとづく課題解決力を高めるために，論理的思考力を高める勉強に取り組んでいます。

手順⑥

至らない点もありますが，自分の強みを活かして，御社では

新しいWebサービスの企画提案や創造的なプロジェクトなど多くの企画提案

をすることができます。一生懸命，努力して参りますのでよろしくお願いいたします。

※プロモーションシートをダウンロードして直接入力して使うことも可能。ダウンロード方法は14ページ参照。

51ページで用意した，あなたの強みとエピソードを手順4の記入欄に記入します。エピソードも53ページを参考に「課題⇒解決策⇒成果」の流れで記入します（コンピテンシーが伝わりやすくなります）。続けて49，51ページの回答も参考に，2番目に自信のある強みとエピソードも記入します。

【手順5】足りない能力は克服計画を用意する

志望企業が求める能力（49ページの回答参考）のうち，自分に足りない能力があれば，手順5の記入欄に記入します。足りない能力はさっそく克服する努力をしましょう。そこで，克服するための準備や取組みも記入します。

【手順6】「企業に貢献できること」を思い浮かべよ

最後に，自分の「強み」を活かして志望企業でどんな貢献ができるかを54ページのChatGPTの回答を参考に，手順6の記入欄に記入してください。

◆「プロモーションシート」の文章をChatGPTにリライトさせる

手順1〜手順6で記入した内容を見てください。「この応募者は活躍できそうだ」と採用担当者に興味を持ってもらえる**自己PRと志望動機の「流れ」**が完成しました！

この「流れ」の良い点は，まず「やりたいこと」が"具体的"で，すでに"目標に向けた行動"も起こしているため，「やりたいこと」に説得力があり，志望意欲が伝わります。「志望理由」も"他社と比較"したうえで「やりたいこと」の実現に最適な環境だと説明しているため説得力があります。また，あなたの「強み」が志望企業が求める能力と合致し，それを証明する「エピソード（成果）」も伝えています。強みを活かして企業に貢献できることも，自分に足りない能力を自覚してそれを補う努力も開始していることもアピールしており，採用担当者に高く評価されます。

つまり，手順1〜手順6の流れが完成すれば，62ページのレベルAのような**「どんどん内定が取れる人の伝え方」**ができるようになるのです。さあ，「全体メッセージの流れ」はできました。次はこの「流れ」の文章をChatGPTにきちんとした文章にリライトさせ，完成に近づけましょう。

プロンプト 2-6　自己PRと志望動機の全体メッセージのリライト

 # 命令：
あなたは優秀な就職活動中の大学生です。以下の参考文を，以下の条件と表現の注意点に従って，エントリーシートに記載する最高の文章にリライトしてください
 # 条件：
・応募先企業：リクルート
・応募先の企業 URL：https://www.recruit.co.jp/
・応募先企業の採用担当者の興味をひく内容であること。

> 自分の状況に合わせて赤字部分を修正

 # 表現の注意点：
・文字数は 800 文字以内。
・「漢字：ひらがな：カタカナ」の割合は「2：7：1」で書くこと。
・ですます調で書くこと。
・二重表現をしないように書くこと。
・主語と述語を近づけて書くこと。

> ここにプロモーションシートで作成した文書を貼り付ける

 # 参考文
（ここにプロモーションシートの文章を入力）

私は，世の中に立つための多様な Web サービスを提供し，人々の生活と仕事を豊かにすることに情熱を燃やす大学生です。御社の先進的なアプローチに共感し，この情熱を活かす場として，ぜひリクルートでのキャリアを築きたいと考えております。御社は，その幅広い Web サービスのラインアップと業界をリードするノウハウを有しています。さらに，新しいアイデアと革新を推進する企業文化を持っていることは，私の目指す未来を実現するための最適な場所であると感じております。私は，御社の特徴的な強みを活かし，より多くの人々に利益をもたらす革新的な Web サービスを創造していきたいと考えています。

私は，これまでの経験を通じて，Web サービスのプロデュースにおける幅広いスキルと知識を培ってきました。日本で暮らす外国人向けの Web サイトづくりに取り組み，そのニーズと課題を深く理解しました。また，広告営業の経験を通じて，企業とユーザーの架け橋となるサービスを提供する重要性を学びました。

私の強みは，企画力とチームワークです。これまでの実績として，異なるバックグラウンドを持つメンバーと協力し，留学生向けのフリーペーパーを成功裏に発行した経験があります。また，アイデアをカタチにする過程での柔軟性と論理的思考力を兼ね備えており，データに基づく課題解決にも積極的に取り組んでいます。

私は，リクルートでのキャリアを通じて，私の夢である多様な人々に価値を提供する Web サービスを実現したいと考えております。御社でのチャンスをいただければ，私の情熱とスキルを最大限に発揮し，共に成長していくことを約束いたします。どうぞよろしくお願い申し上げます。

> 指定した文字数で，スッキリとまとまった文章が出来上がった！

どんどん内定が取れる人の
エントリーシート＆面接

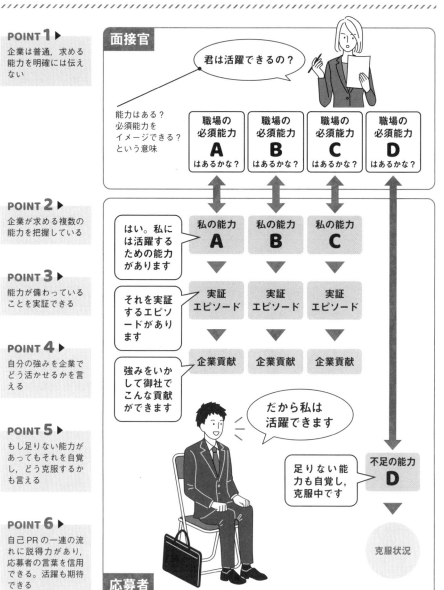

POINT 1 ▶
企業は普通, 求める能力を明確には伝えない

POINT 2 ▶
企業が求める複数の能力を把握している

POINT 3 ▶
能力が備わっていることを実証できる

POINT 4 ▶
自分の強みを企業でどう活かせるかを言える

POINT 5 ▶
もし足りない能力があってもそれを自覚し, どう克服するかも言える

POINT 6 ▶
自己PRの一連の流れに説得力があり, 応募者の言葉を信用できる。活躍も期待できる

面接官

君は活躍できるの？

能力はある？
必須能力を
イメージできる？
という意味

職場の
必須能力
A
はあるかな？

職場の
必須能力
B
はあるかな？

職場の
必須能力
C
はあるかな？

職場の
必須能力
D
はあるかな？

はい。私には活躍するための能力があります

私の能力
A

私の能力
B

私の能力
C

それを実証するエピソードがあります

実証
エピソード

実証
エピソード

実証
エピソード

強みをいかして御社でこんな貢献ができます

企業貢献

企業貢献

企業貢献

だから私は活躍できます

足りない能力も自覚し, 克服中です

不足の能力
D

克服状況

応募者

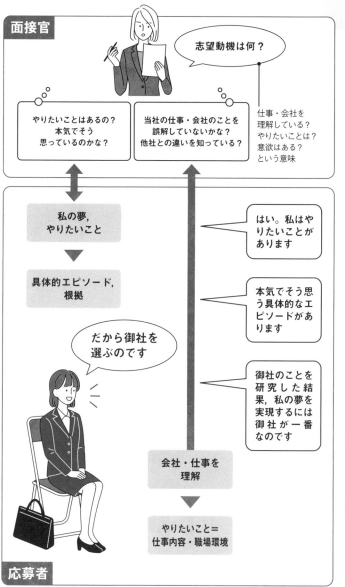

面接官

志望動機は何？

仕事・会社を理解している？やりたいことは？意欲はある？という意味

やりたいことはあるの？本気でそう思っているのかな？

当社の仕事・会社のことを誤解していないかな？他社との違いを知っている？

私の夢,やりたいこと

はい。私はやりたいことがあります

具体的エピソード,根拠

本気でそう思う具体的なエピソードがあります

だから御社を選ぶのです

御社のことを研究した結果,私の夢を実現するには御社が一番なのです

会社・仕事を理解

やりたいこと＝仕事内容・職場環境

応募者

◀ **POINT 7**
やりたいこと,ビジョンが明確

◀ **POINT 8**
やりたいという気持ちに「根拠と強さ」がある

◀ **POINT 9**
企業分析をしっかりしている

◀ **POINT 10**
やりたいことが仕事内容や職場環境と合致

◀ **POINT 11**
一連の流れに説得力があり,応募者の言葉を信用できる。志望意欲も伝わる

© キャリアデザインプロジェクト

デキる人だけど「苦戦する人」の エントリーシート＆面接

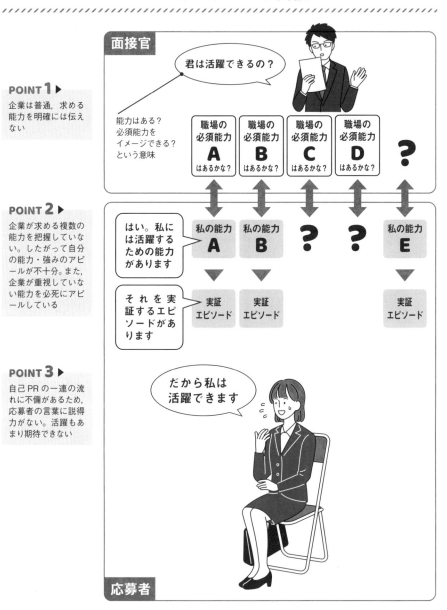

POINT 1 ▶
企業は普通，求める能力を明確には伝えない

POINT 2 ▶
企業が求める複数の能力を把握していない。したがって自分の能力・強みのアピールが不十分。また，企業が重視していない能力を必死にアピールしている

POINT 3 ▶
自己PRの一連の流れに不備があるため，応募者の言葉に説得力がない。活躍もあまり期待できない

面接官

君は活躍できるの？

能力はある？
必須能力をイメージできる？という意味

職場の
必須能力
A
はあるかな？

職場の
必須能力
B
はあるかな？

職場の
必須能力
C
はあるかな？

職場の
必須能力
D
はあるかな？

？

はい。私には活躍するための能力があります

私の能力
A

私の能力
B

？

？

私の能力
E

それを実証するエピソードがあります

実証
エピソード

実証
エピソード

実証
エピソード

だから私は活躍できます

応募者

レベル **B**

面接官

志望動機は何?

仕事・会社を理解
している?
やりたいことは?
意欲はある?
という意味

やりたいことはあるの?
本気でそう
思っているのかな?

当社の仕事・会社のことを
誤解していないかな?
他社との違いを知っている?

私の夢,
やりたいこと

はい。私はや
りたいことが
あります

だから御社を
選ぶのです

会社・仕事を
理解

御社のことを
研究した結
果,私の夢を
実現するには
御社が一番
なのです

やりたいこと=
仕事内容・職場環境

応募者

Part **2**

ChatGPTを使って効率UP シンプルで最強のES攻略法

◀ POINT 4

やりたいことやビジ
ョンを口には出して
いるが,その思いの
「根拠と強さ」を証
明するエピソードが
ないので,説得力が
ない

◀ POINT 5

企業分析はしている
が,肝心の「やりた
いこと」に説得力が
ない ので,面接官
は 応募者の志望動
機をなかなか信じら
れない。志望意欲も
あまり伝わらない

© キャリアデザインプロジェクト

「就活を勘違いしている人」の エントリーシート＆面接

POINT 1 ▶
企業は普通，求める能力を明確には伝えない

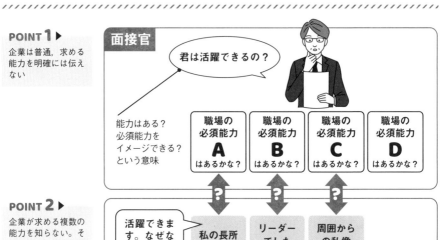

面接官

君は活躍できるの？

能力はある？
必須能力を
イメージできる？
という意味

職場の 必須能力 **A** はあるかな？	職場の 必須能力 **B** はあるかな？	職場の 必須能力 **C** はあるかな？	職場の 必須能力 **D** はあるかな？

POINT 2 ▶
企業が求める複数の能力を知らない。そもそも，ビジネス社会で求められる能力がどういうものかをよくわかっておらず，「まだビジネス社会に出る準備ができていない」と企業は判断する

活躍できます。なぜなら私はこんな人間だからです

私の長所

リーダーでした

周囲からの私像

具体的エピソードもあります

具体的エピソード

具体的エピソード

具体的エピソード

だから私は
活躍できます

POINT 3 ▶
自己PRになっていないため，企業も評価のしようがない

応募者

レベル **C**

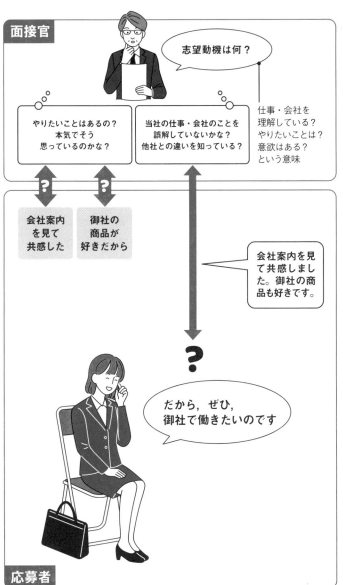

面接官

志望動機は何？

やりたいことはあるの？
本気でそう
思っているのかな？

当社の仕事・会社のことを
誤解していないかな？
他社との違いを知っている？

仕事・会社を
理解している？
やりたいことは？
意欲はある？
という意味

? **?**

会社案内
を見て
共感した

御社の
商品が
好きだから

会社案内を見
て共感しまし
た。御社の商
品も好きです。

だから，ぜひ，
御社で働きたいのです

?

応募者

◀ **POINT 4**

やりたいことやどん
なビジネスパーソン
をめざすのかが述べ
られていない

◀ **POINT 5**

企業理解，業界理解
もせずに入社を希望
する応募者を企業は
信用しない

◀ **POINT 6**

なぜ働きたいのか，
なぜ当社を選ぶのか
を自覚できていない
ので，企業も評価の
しようがない

キャリアデザインプロジェクト©

8

ChatGPTを使って効率UP シンプルで最強のES攻略法

STEP 6 ESの各設問を
「受かるES文法」で書く

◆ ES特有の「受かる文章構成」がある

　これまでESでは，企業が求める能力（コンピテンシー）をアピールすることや，「自分軸」ではなく「仕事軸」でアピールすること，また，説得力ある志望理由を伝えることの重要性を説明しました。それらを実際に，ESの限られた設問の，限られた文字数で表現するにはコツがいります。それは，**「受かるES文法（ES特有の受かる文章構成）」**で書くということです。

　たとえば，"自分はこんなことを頑張って，こんな能力がある"とダラダラと書いても，採用担当者には伝わりません。それを，「結論（自分の強み）」⇒「頑張ったことの概要」⇒「当初の課題」⇒「課題解決の方法」⇒「成果」⇒「企業にどう活かせるか」と，整理して書くことで，採用担当者に「この応募者は活躍しそうだ」と伝わりやすくなります。このように活躍イメージが伝わるES特有の文章構成が「受かるES文法」です。難しそう，と感じるかもしれませんが，**ChatGPTのテンプレに従って作成するだけで受かるES文法**にそった回答がすぐに作れるので大丈夫！

◆ 受かるES文法を使った文章作成の流れ

　ＥＳの各設問の回答は，以下の流れで作成していきます。

【手順1】設問別「ES文法」にしたがって記入する

　設問別「ChatGPTテンプレ」を用意しました。テンプレ従って記入するだけで「活躍できそうな」ES文法にしたがった回答文（叩き台）が作れます。

【手順2】自分流にアレンジする

　手順1の文章はAIっぽさが残ります。自分流にアレンジしてください。

【手順3】内定者のＥＳ実例も参考に，さらに文章を推敲する

　本書Part5, Part6の内定者のＥＳ実例が実際に合格した文章です。自分の文章と見比べて，負けないようにさらに推敲したら，完成です！

各設問の ES 回答の流れ

ChatGPT のプロンプト (※) にそって
「受かる ES 文法」で叩き台を作成

※ Part3 参照

得られた回答例を参考に,
自分なりの回答に書き直します

内定者の回答例（※）も参考に
回答をさらにブラッシュアップ

※ Part3, Part5, Part6 参照

ES 完成！

コラム 学歴ハンデを克服する有効な方法がある

　偏差値上位校の応募者が，それ以外の応募者に比べて勝っているのが「事務処理能力」「学習の速さ」です。それらは大企業のように仕事の領域が広く，各仕事が仕組み化されている組織で働くには必須能力であるため，大企業は偏差値上位校の応募者を好んで採用します。しかし，以下の2つをアピールできれば，偏差値上位校の応募者を押しのけて内定を射止めることは難しくありません。

【ケース1】「事務処理能力と学習の速さにおいて自分は負けない」ということを具体的根拠を示してアピールできる人

【ケース2】「それらの能力は劣るかもしれないが，別の能力で偏差値上位校の応募者より仕事で貢献できる」とアピールできる人

　【ケース1】の"具体的根拠"の一例は，資格の取得です。税理士，公認会計士，中小企業診断士，証券アナリストなど。合格すれば，学習の速さ，事務処理能力を実証する実績になります。TOEIC® のハイスコアも有効です。もちろん，そんな資格はあなたが大学1，2年生でもない限り，採用試験本番までに合格することは困難ですが，「今，資格取得に向けて勉強中です」とアピールするだけでも効果はあります。「向学心」「志の高さ」を印象づけることができるためです。

　【ケース2】は，一芸に秀でたスペシャリストや，他の人には負けないコンピテンシーを発揮できる人です。ハングリー精神，プロデュース力，起業家マインドなどのコンピテンシーは，偏差値上位校よりも逆にそれ以外の応募者のほうが秀でている場合が少なくありません。積極的にアピールしてみてはいかがでしょうか？

ChatGPTで一気に下書き作成

エントリーシート

設問別回答法

PART2のステップ6で紹介した「受かるES文法」にそったESの書き方のポイントを説明します。まずはChatGPTを活用して一気に下書きを作成しましょう。その後で内定者の回答実例も参考に回答を推敲しながら自分らしいESを完成させてください。

ChatGPTで一気に下書き作成

ケース1 【私の強み】編

◆「CAN（できること）」＋「エピソード」＋「企業貢献」で書く

「強み」は企業が求める能力とフィットすることが大切です。まずは「can（できる）」。強みを書き，次に強みを説明するエピソード（直面した課題や解決の方法論，成果など）を書きます。エピソードにコンピテンシーを発揮した行動も含みましょう。最後に強みをどう企業に活かせるかも書けば印象◎。以上の文章を，以下のプロンプトを活用するだけで作ることができます。

プロンプト 3-1 私の強み

Q

志望企業に貢献できることも書きたいので，志望企業名も指定

#命令：
あなたは優秀な就職活動中の大学生です。以下の条件と表現の注意点に従って，エントリーシートに記載する自己PRを書いてください。
#条件：
・応募先企業：住友商事
・応募先の企業URL：https://www.sumitomocorp.com/ja/jp
・私の強み：目標達成まで困難が多くても諦めず行動し続ける成果達成力。
・エピソード：IT企業のインターンシップに参加して，法人営業に挑戦した。社員に質問するだけでなく自分でも営業に関する本を読み漁って勉強した。特に「ザ・モデル」という本に書いてある営業理論を自分なりに工夫して実践したことで営業成績が伸びて，売上1位を達成できた。

自分の状況に合わせて赤字部分を修正

・強みとエピソードにズレがないように書いてください。
・文章は次の構成で作成してください。

(1)「結論」最初に自分の強みを述べます。
(2)「概要」強みを裏付けるエピソードを説明します。
(3)「課題」エピソードの中で直面した課題を説明します。
(4)「解決策」課題の解決のためにとった行動を説明します。
(5)「成果」行動の結果得た成果を説明します。
(6)「貢献」強みを生かして企業に貢献できることをアピールします。

この文章構成が重要

#表現の注意点：
・文字数は800文字以内。
――※以下，53ページの"#表現の注意点"と同じ内容を入力――

//

ChatGPTの回答例【私の強み】

//

> 採用担当者は，課題に直面した際に自発的に解決する行動をとれる人を評価する。このように具体的な解決策を説明することが重要

結論：
私は目標達成まで困難が多くても諦めず行動し続ける成果達成力を持っています。

概要：
私の強みを示すエピソードは，IT企業のインターンシップでの経験です。そこで法人営業に挑戦しました。単なる質問だけでなく，自らも営業に関する本を熟読し，特に「ザ・モデル」という営業理論を工夫して実践しました。この努力によって営業成績が向上し，売上1位を達成しました。

課題：
営業の世界では，クライアントのニーズに合わせたアプローチが必要でした。また，競争が激しい中での売上1位の達成は容易ではありませんでした。

解決策：
課題に対処するため，私は自己啓発に努めました。営業理論を学ぶだけでなく，実践的なスキルを磨くために積極的に行動しました。特に，「ザ・モデル」の理論を取り入れつつ，クライアントのニーズに柔軟に対応する方法を模索しました。

成果：
私の行動が実を結び，売上成績が向上しました。その結果，インターンシップ期間中において売上1位を達成することができました。この経験は，私の目標達成までの粘り強さと努力を示すものであり，自信を深めました。

貢献：
住友商事においても，私の強みを活かし，目標達成に向けて努力します。クライアントとの信頼関係を築き，競争の激しい環境でも成果を上げることを目指します。私の積極的な姿勢と目標への執着心を通じて，企業の成長に貢献することを約束します。

> 自分の強みを活かして企業に貢献できることを説明できることが重要。この貢献内容以外に他の案も見てみたい場合は，55ページのようにChatGPTに追加で質問するとよい

Part 3 ChatGPTで一気に下書き作成

ポイント

次ページの内定実例は，上記の文章構成に加えて「自分に足りない部分とその克服方法」もアピールしている。もし，そのような文章を追加したい場合は，上記の回答結果に追加で「以上の文章に，自分に足りないことと，そのための克服法を追加して，文章を再度整理してください」と質問するとよい。

住友商事内定者の ES実例【私の強み】

コンピテンシー「成果達成力」を発揮できる行動力をアピールしている

コンピテンシー「手順を打ち出す力」を発揮した行動が盛り込まれている

**I can
（私ができること）**

私は，「行動力がある」人間です。

これだけ書くとよくある PR ですが，私の場合は，「目標を設定して，それを実行するまでのプロセスを行動スケジュールまで落とし込み，それを確実に実行する能力がある」ということです。

**実証
エピソード**

状況

エピソードとしては，去年 3 か月間ベンチャー企業で営業インターンを行ったことがあります。売る商材は「求人広告媒体」，ターゲットは「飲食フランチャイズ」，形式は「個人で新規獲得」でした。

解決課題

私は，3 か月間で 3 件の契約を取るという目標を決めて，それを取るためにステップを事細かに決めていきました。

方法論

具体的には，商品知識を深める，営業先リストアップ，テレアポ，初訪，往訪，クロージング，アフターフォローというプロセスを決めました。

また，それぞれに関して方法論まで決めました。そして，自分に足りない能力は，営業勉強会に参加する，知り合いの方にレクチャーしてもらう，日常生活で営業を行っている人を観察するなどして高めました。そして 1 日の 1 時間ごとのスケジュールへと落とし込みました。結果として 3 か月間で 2 件の契約が取れました。

成果

その中で，時間通りにできていないという課題がありましたが，この点に関しては，これから修正していきます。

企業貢献（抱負）

この能力は，自ら新しい創造物を作るときや，もちろん社会人になることに関して，必須能力だと考えています。

コンピテンシー「成果達成力」「自己向上意欲」を発揮した行動が盛り込まれている

自分に足りない能力を自覚し，克服しようという意欲があるのも評価できる

ポイント

- 文章全体が，「I can」とそれを実証する「エピソード」，そして，自分の強みを企業でいかに活かしていくかという「企業貢献」の 3 部構成でスッキリまとまっている
- 「実証エピソード」の中に，コンピテンシーを発揮した行動が散りばめられている

2 ケース 2 【ガクチカ】編

◆ 採用者は応募者が頑張ったかどうかに興味はありません。

　採用担当者は，頑張った行動の中にコンピテンシーの有無を見ています。したがって「ガクチカ」作成時は文章にコンピテンシーを感じさせる行動を盛り込むことが重要です。さらに「頑張った話」だけで終えず，継続した努力の様子を書けば「活躍できそうな」印象はさらにアップします。ChatGPTがそれらを押さえた回答を作ってくれます。

プロンプト 3-2　ガクチカ

> 赤字部分を自分の状況に合わせて書き換える

> アピールしたい強み（コンピテンシー）を指定すること

Q

#命令：
あなたは優秀な就職活動中の大学生です。以下の条件と表現の注意点に従って，エントリーシートに記載する「学生時代に一番力を入れたこと」について書いてください。

#条件：
・エピソード：IT企業のインターンシップに参加して，法人営業に挑戦した。社員に質問するだけでなく自分でも営業に関する本を読み漁って勉強した。特に「ザ・モデル」という本に書いてある営業理論を自分なりに工夫して実践したことで営業成績が伸びて，売上1位を達成できた。

・私の強み：目標達成まで困難が多くても諦めず行動し続ける成果達成力。

・エピソードとアピールしたい私の強みがズレがないように書いてください。

・文章は次の構成で作成してください。

(1)「結論と概要」最初に「学生時代に頑張ったことは○○です」と，結論を書き，続けて，エピソードの概要を端的に説明します。
(2)「目標と課題」エピソードの中で目指した目標と，直面した課題を説明します。
(3)「解決策」課題の解決のためにとった行動を説明します。
(4)「成果」行動の結果得た成果を説明します。
(5)「継続努力」以上の経験を活かして，今も努力をしていることをアピールします。

> この文章構成が重要

#表現の注意点：
・文字数は800文字以内。
ーー※以下，53ページの"#表現の注意点"と同じ内容を入力ーー

ChatGPTの回答例【ガクチカ】

> 自分の強み（コンピテンシー）である成果達成力を印象づけるための課題と，その解決策（行動）がきちんと書かれている

結論と概要：

学生時代に頑張ったことは，IT企業のインターンシップで法人営業に挑戦し，自己学習と実践を通じて営業成績を伸ばし，売上1位を達成したことです。

目標と課題：

その時の目標は，営業の世界においても成果を出すことであり，挑戦的な課題が数多く待ち受けていました。営業という分野は初めてで，顧客とのコミュニケーションやニーズ把握において課題を感じました。また，自身の未経験が災いして，信頼感を得るのが難しい側面もありました。

解決策：

この課題に対処するため，自分なりのアプローチを模索しました。まず，営業に関する本を積極的に読み，その中で「ザ・モデル」という営業理論に出会いました。これを基に，自分なりにアレンジして実践することを決意しました。また，社員への質問を通じて実務的なノウハウを吸収し，顧客との関係性構築に努めました。壁にぶつかった際も，諦めずに新たなアプローチを試し，フィードバックを取り入れることを心掛けました。

成果：

この努力が実を結び，営業成績が向上しました。特に，「ザ・モデル」の理論を自分なりに工夫し，顧客のニーズに合わせたアプローチを実践することで，売上1位を達成することができました。この結果は，自己学習と努力の成果であると同時に，目標達成への執念が報われた瞬間でした。

継続努力：

これらの経験を通じて得た洞察は，今も私の行動指針となっています。困難な状況でも諦めず，努力を続ける姿勢を忘れずにいます。学生時代の営業経験は，私の成果達成力の源泉であり，新たな目標に向かって精進する原動力です。現在も自己啓発に努め，自己の成長を継続的に追求しています。

ポイント

応募者が学生時代に頑張ったエピソードを通じてアピールしたい「自分の強み（コンピテンシー）」を印象づける（際立たせる）ため効果的な文章表現になっている。特に上記の赤い網掛け部分だ。

旅行会社内定者の ES 実例【ガクチカ】

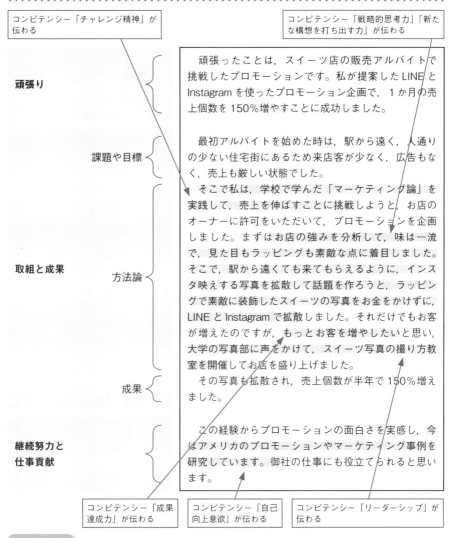

コンピテンシー「チャレンジ精神」が伝わる

コンピテンシー「戦略的思考力」「新たな構想を打ち出す力」が伝わる

頑張り

　頑張ったことは，スイーツ店の販売アルバイトで挑戦したプロモーションです。私が提案した LINE と Instagram を使ったプロモーション企画で，1 か月の売上個数を 150％増やすことに成功しました。

課題や目標

　最初アルバイトを始めた時は，駅から遠く，人通りの少ない住宅街にあるため来店客が少なく，広告もなく，売上も厳しい状態でした。

取組と成果

方法論

　そこで私は，学校で学んだ「マーケティング論」を実践して，売上を伸ばすことに挑戦しようと，お店のオーナーに許可をいただいて，プロモーションを企画しました。まずはお店の強みを分析して，味は一流で，見た目もラッピングも素敵な点に着目しました。そこで，駅から遠くても来てもらえるように，インスタ映えする写真を拡散して話題を作ろうと，ラッピングで素敵に装飾したスイーツの写真をお金をかけずに，LINE と Instagram で拡散しました。それだけでもお客が増えたのですが，もっとお客を増やしたいと思い，大学の写真部に声をかけて，スイーツ写真の撮り方教室を開催してお店を盛り上げました。

成果

　その写真も拡散され，売上個数が半年で 150％増えました。

継続努力と仕事貢献

　この経験からプロモーションの面白さを実感し，今はアメリカのプロモーションやマーケティング事例を研究しています。御社の仕事にも役立てられると思います。

コンピテンシー「成果達成力」が伝わる

コンピテンシー「自己向上意欲」が伝わる

コンピテンシー「リーダーシップ」が伝わる

ポイント

- 頑張ったことについて，どんな課題があり，課題を解決した方法論と達成した成果を書いており，取り組んだことの内容と結果がわかりやすく伝わる
- 文章全体に，コンピテンシーを感じさせる行動が散りばめられている
- 頑張ったことから，学びを得て今も継続して努力を続けている点も好印象を与える

Part 3 ChatGPTで一気に下書き作成

3

ケース
3 【志望動機】編

ChatGPTで一気に下書き作成

◆ **ポイントは「やりたいことの具体性」と「他社ではダメな理由」**

志望動機で重要なのは特に5つ。①やりたいことの具体性，②それをめざ
す理由，③企業選びの根拠，そして，やりたいことをどう実現していくかの
④入社後の抱負。そして，やりたいことを実現するために⑤すでに取り組ん
でいること。この5つを書けば，志望意欲の本気度がさらにアップします。

以上5点を踏まえた回答をChatGPTに作成させましょう。

プロンプト 3-3 志望動機

Q **＃命令:**
あなたは優秀な就職活動中の大学生です。以下の条件と表現の注意点に従って，エ
ントリーシートに記載する「志望動機」を書いてください。

＃条件:
・応募先企業：野村証券

> 自分の目標，理由，内容などを入力する

・応募先の企業URL：https://www.nomura.co.jp/
・私の夢：営業と企業金融のプロになりたい。
・エピソード：ベンチャー企業でインターンシップをした際に，社長さんから「顧
客の獲得と資金の獲得が企業活動で一番重要だ」と言われ，自分は顧客と資金
の両方を獲得できる人間になって一流のビジネスマンになりたいと思った。

・私の夢とエピソードと応募先企業の特徴がズレがないように書いてください。
・文章は次の構成で作成してください。

(1)「夢と概要」最初に「私のやりたいことは〇〇です」と，私の夢を書き，続けて
夢の概要を簡単に説明します。
(2)「背景」自分の夢を実現させたい理由や背景を説明します。
(3)「志望理由」私の夢の実現に，他社よりも応募先企業が適している理由を強調し
て説明していください。
(4)「入社後の抱負」入社後に取り組みたいことと，私の夢の実現に向けて既に努力
していることをアピールしてください。

＃表現の注意点:

> この文章構成が重要

・文字数は800文字以内。
ーー※以下，53ページの"**＃表現の注意点**"と同じ内容を入力ーー

ChatGPTの回答例【志望動機】

> 自分がやりたいことを踏まえた，志望理由や入社後の豊富が書かれている。書き方の参考になるはずだ

私のやりたいことは，営業と企業金融のプロになることです。ベンチャー企業でのインターンシップ経験から，顧客と資金の双方を獲得する重要性に気付きました。その気づきが，野村証券でのキャリアを追求する原動力となっています。

背景として，私は幼少期からビジネスの世界に興味を持ち，その後の学びを通じて営業スキルとファイナンス知識を深めてきました。ベンチャー企業での経験で社長から「顧客の獲得と資金の獲得が企業活動で一番重要だ」という言葉に触れ，これが私の志望動機を形作る一端となりました。私は，この言葉を胸に，企業とクライアントの双方にとって価値ある提案を行い，成果を上げることで，企業の成長に貢献したいと強く思っています。

野村証券は，その長い歴史と豊富な経験を通じて，金融市場におけるリーダーシップを発揮してきました。この企業の特徴が，私の夢と一致しています。野村証券は，多岐にわたる業界でのクライアントとの深い関係を築き，資金調達のプロセスを通じて企業の成長をサポートしてきました。そのビジョンと価値観に共感し，私の夢を実現するための最適な環境がここにあると確信しています。

入社後には，顧客との信頼関係を構築し，企業の成長を後押しする営業活動に注力したいと考えています。また，野村証券の豊富なリソースを活用し，クライアントの資金調達ニーズに応えるための最適な戦略を提供することで，企業金融のスペシャリストとしての地位を築き上げたいと考えています。さらに，私は既に金融市場に関する知識を深めるために努力しており，その知識を活かして迅速な意思決定と効果的なコミュニケーションを実現するスキルを養っています。

私の夢，経験，そして応募先企業の特徴がシームレスに結びついた形で，野村証券でのキャリアを志望しています。私は，顧客と資金の双方を獲得する力を磨き，野村証券の一員として，ビジネスの成長と発展に貢献することを心から願っております。

ポイント

この回答のように，「夢と概要」⇒「背景」⇒「志望理由」⇒「入社後の豊富」という文章の流れで書いていこう。ChatGPT の回答の創作的な文章は，自分が本当に経験したり考えていたことに書き直して，文章を完成させよう。

Part 3 ChatGPTで一気に下書き作成

投資銀行内定者の ES 実例【志望動機】

やりたいことをめざすバックグラウンド（理由・経緯）が書いてあるので，説得力がある

やりたいことを具体的に書いているのがわかる

構想	目標	御社を志望するのは，プリンシパル・ファイナンスに取り組みたいからだ。
	バックグラウンド	ゼミにて，中小企業について研究しており，過去の日本経済の発展に優秀な技術を持った多くの中小企業の存在が欠かせなかったことを学んだ。
	具体的構想	これら中小企業を再生させることは日本経済の活性化を促すことから，その社会的意義も大きいと考える。ぜひ，プリンシパル・ファイナンスに取り組みたい。
企業選びの理由		日本経済再生は日経企業が取り組むべき問題であると考える。その中で御社には，都銀とリテール網の強固な顧客基盤ゆえに多くの案件に接する機会がある。これが他の国内投資銀行との差であると認識している。
キャリアプラン		御社でのプリンシパル・ファイナンスの業務を通じて，今後成長するであろう企業を見分ける目を養いたい。これには財務スキル面だけでなく，経営者とのミーティングや社員の様子などから判断する経験面も必要になると考えている。

志望企業に惹かれる理由が，夢・実現に必要で，かつ他社より勝っている特徴もしっかりと書いてあり，企業分析ができていることが伝わる

夢・目標実現に向けたキャリアプランが具体的に書いてあり，モチベーション（意欲）が伝わる

ポイント

● 「やりたいこと」もバックグラウンド（理由・経緯）が述べられ，具体的に書かれているので，応募者がめざす夢・目標の本気度が伝わる

● 他社よりも志望企業を選ぶ理由も，入社後にどういう働き方をしたいかも述べられており，入社に対するモチベーション（本気度・意欲）が伝わる

4

ケース 4 【キャリアプラン】編

◆「やりたいこと」「自己成長に必要なこと」を具体的に書く

「キャリアプラン」を問う質問は，応募者が入社後実現したいことを描けているかを確認するため。また，目標実現に向けた本気度を確認するためです。したがってESでは，「○年後にやりことは～，次に○年後にやりたいことは～」と，目標を段階ごとに具体的に説明すれば本気度が伝わり，説得力も増します。では，ChatGPTに叩き台を作らせましょう。

プロンプト 3-4 キャリアプラン

Q

\# 命令：
あなたは優秀な就職活動中の大学生です。以下の条件と表現の注意点に従って，エントリーシートに記載する「キャリアプラン」を書いてください。

\# 条件：
・応募先企業：ローソン
・応募先の企業 URL：https://www.lawson.co.jp/

> 自分の目標，やりたいことを入力する

・私の目標：商品企画をやりたい
・具体的にやりたいこと：地域住民の生活がもっと便利になるサービスを企画して，ローソンを利用するお客をもっと増やしたい。
・私の目標と応募先企業の特徴がズレがないように書いてください。
・文章は次の構成で作成してください。

(1)「夢と概要」最初に「私のやりたいことは○○です」と目標を簡潔に述べ，続けて，具体的にやりたいことの概要を説明します。
(2)「目標計画」目標にむけて「○年後にやりたいことは○○で，○年後にやりたいことは○○です」と，目標を実現するためにやりたいことを具体的に説明します。
(3)「自己成長」目標を実現するための自分の課題と，課題をどう克服していきたいかを説明します。
(4)「豊富」最後に，目標の実現に向けた抱負をアピールします。

\# 表現の注意点：
・文字数は 800 文字以内。
－－※以下，53 ページの "**# 表現の注意点**" と同じ内容を入力－－

> この文章構成が重要

プロンプトの赤字部分を自分の状況に合わせて書き換えてください。

ChatGPTの回答例【キャリアプラン】

> ChatGPT に指示したとおり，「○年後には○○をやりたい」という回答になっている。

(1) 夢と概要
私のやりたいことは，商品企画を通じて地域住民の生活をより便利にし，ローソンのお客様を増やすことです。地域の皆様の生活に密着したサービスを提供し，その結果として企業とお客様の双方にとって価値ある関係を築いていくことが私の目標です。

(2) 目標計画
私は今後，ローソンで商品企画を担当し，5年後には新しい商品やサービスを企画・開発し，地域のニーズに合わせた斬新なアイデアを提供したいと考えています。さらに，10年後には地域のコミュニティと連携して，ローソンが提供するサービスが生活の一部となるような関係を築き上げたいと思っています。

(3) 自己成長
目標を実現するために私が克服すべき課題は，常に変化する市場ニーズに適応し，時代に合った商品企画を行う力を養うことです。これには，消費者の声を聴く耳を持ち続けることや，トレンドをキャッチし，アイデアを形にするクリエイティブな力を磨くことが含まれます。また，チームとの協力やコミュニケーション力も向上させ，幅広い視点からのアプローチができるように努めます。

(4) 豊富
目標の実現に向けて，私は絶えず学び続け，新たな知識やスキルを取り入れながら成長していきます。ローソンの企業文化にも溶け込み，チームと共に協力し，革新的なアイデアを提供することで，地域の皆様により便利で魅力的なサービスを届けてまいります。私の情熱と意欲を活かし，ローソンのビジョンに貢献できることを楽しみにしております。

> 目標と，現在の自分の課題，課題の克服の内容も，きちんと筋道が通っていることが重要だ。

ポイント

キャリアプランは，「具体的な目標」⇒「目標に向けた計画（○年後，○年度）」⇒「自分に何が必要か（課題と克服）」⇒「入社後の豊富」という文章構成が重要だ。回答を叩き台として，自分の考え，職業観に置き直して，文章を完成させよう。

ローソン内定者の ES 実例【キャリアプラン】

具体的に「いつ，何をしたいか」を説明できている

目標の実現のために自分が何をしなくてはならないかを説明できている

目標・構想

　私は「食で日本の健康寿命を延ばしたい」という想いから，

具体的プラン

目標実現計画

　5年後にはまず"女性"の立場からヘルスケアの商品の開発に携わりたいです。
　そして10年後は大きな年代に向けヘルスケア商品を提供し，現在平均11年離れている平均寿命と健康寿命の溝を，1年縮めることに貢献したいと思っています。そしてそのプロジェクトも引っ張っていく存在になりたいです。

自己成長計画

　そのために，さまざまなバイアスを外して，多くのことを学ぶことが大切だと思います。そのため私は，苦手だと思うことにも積極的に取り組み，さまざまなことにチャレンジしたいです。そして商品を提案をするにあたって，質のよい提案をできるところから，その提案を多く出していけるようになっていきたいです。

プロ宣言

　多くの人のニーズを把握して，よりたくさんの人の求める商品を世に出していけるようになりたいと思っています。その成長できる環境作りにも自分から進んで取り組んでいきたいです。

「何ができる人間になりたいか」を書くことで，プロ意識や志の高さが伝わる

ポイント

● 目標を実現するためのプラン（いつ，何をしたいか，何が必要かというイメージ）を具体的に書けており，目標を達成したいという本気度と自己成長意欲が伝わる
● 「何ができる人間になりたいか」が書いてあり，プロ意識や志の高さが伝わる

ChatGPTで一気に下書き作成

ケース **5** 【チームでの成果】編

◆ **チームを動かして成果を出す方法論を備えていることをアピール**

　採用者がチェックしているのは，応募者がチームの中で主体的に行動しているか？　チームに貢献しているか？　です。そこで，「チームで挙げた成果」と「チームが直面した課題」と，自分がチームを巻き込んで課題を解決した「方法論」を書くと効果的です。自然と，コンピテンシーを発揮した行動・考え方が伝わりやすい文章になります。

> **プロンプト 3-5**　チームの成果

> チームの成果とエピソードと
> 自分が貢献したことを入力

Q # **命令**：
あなたは優秀な就職活動中の大学生です。以下の条件と表現の注意点に従って，エントリーシートに記載する「チームで成果をあげたこと」について書いてください。
条件：

・チームの成果：ダンスコンクール準優勝
・エピソード：ダンスサークルのメンバー全員でコンクールの上位入賞を目指して頑張った。
・私の貢献：サークルのリーダーとして効率的な練習方法とメンバーのモチベーション管理と一体感の醸成に気をつけた。

・チームの成果とエピソードと私が貢献したことがズレがないように書いてください。
・文章は次の構成で作成してください。

(1)「チームの成果」最初にチームの成果を端的に説明します。　> この文章構成が重要
(2)「概要」チームが取り組んだ概要を説明します。
(3)「目標と課題」チームが目指した目標と，直面した課題を説明します。
(4)「解決策」課題の解決のためにとった行動を説明します。
(5)「学び」以上の経験で学んだことと今後にどう活かすかをアピールします。

表現の注意点：
・文字数は 800 文字以内。
ーー※以下，53 ページの"# **表現の注意点**"と同じ内容を入力ーー

プロンプトの赤字部分を自分の状況に合わせて書き換えてください。

ChatGPTの回答例【チームでの成果】

> ChatGPT に指示したとおり，「チームが目指した目標と課題」をきちんと説明している。

チームの成果
私たちはダンスコンクールで準優勝しました。

概要
私が所属するダンスサークルは，メンバー全員が一丸となってコンクールの上位入賞を目指し，献身的に努力しました。私はその中でサークルのリーダーとして，効率的な練習方法の提案とメンバーのモチベーション管理，そして協力の一体感の醸成に尽力しました。

目標と課題
私たちの目標は，ダンスコンクールで上位に入ることでした。しかし，厳しい競争環境と限られた練習時間という課題に直面しました。また，個性的なメンバーがおり，まとまりを持たせることも難しい局面でした。

解決策
私は，これらの課題を克服するために，練習の効率化とメンバーの士気向上に焦点を当てました。具体的には，練習スケジュールの最適化や，個々の得意分野を活かしたパート分けを行いました。また，週に一度のミーティングを通じて，メンバー同士のコミュニケーションを促進し，協力意識を高める努力をしました。

学び
この経験から，効果的なリーダーシップとチームワークの重要性を学びました。練習の計画立てやメンバーの特性を理解し，それに合わせた指導を行うことが，成果に繋がると気付きました。今後は，他のチーム活動や職場でも同様のアプローチを取り入れ，共に成長し，成功を収めるためのリーダーシップを発揮していきたいと考えています。

> 課題解決のためにとった行動もきちんと説明できている。

ポイント

チームの成果を説明する際は、成果だけではなく、チームが目指した目標と、目標の実現に至る過程で直面した課題、そして課題をのりこえた解決策をセットでアピールすることが重要だ。回答を叩き台として，自分の考えやチームが実践した取り組みに即して，文章を完成させよう。

外資系投資銀行内定者の ES 実例【チームでの成果】

コンピテンシー「新しい構想を打ち出す力」を感じる　　　コンピテンシー「課題解決力」が伝わる

チームでの成果

> MOT を研究する学生団体で理系学生向け雑誌を発行した。（中略）

チームでの取組

課題

> 私がチームに最も貢献したことは"チームの効率化"だ。雑誌作成にあたり「コンセプトの作成」「配布戦略の策定」「ケーススタディ記事」を担当したが，作業が遅いと感じ，２つの問題点を発見した。
> ・リーダーに仕事が集中し，人を効率的に使えていない
> ・メンバーが作成する記事に統一性がなく，書き直しが多い

方法論

> 私は問題点の背景に，仕事の全体をメンバーが把握していないことがあると考え，次の２点をチームに提案した。
> ・全体ミーティングを行う
> ・記事の推敲を全員に行う
> この結果，メンバーは全体の仕事を理解し，割り振られる以上の仕事を積極的に行うようになり（中略）書き直すべき記事も減った。

学び

> この作業を通して得たことを２点挙げさせていただく。
> ・「チームで作業する心構え」。作業をこなすだけでなく，他メンバーとのコミュニケーションを図りながら全体を捉え，チームとしてより良い結果を残すために自分ができる仕事を自ら発見し，行うことが大切だと学んだ
> ・「理系学生とのネットワーク」。雑誌を 2,000 部発行し，大手新聞に載ったこともあり，多くの理系学生が私たちの団体に加盟申込をしてくれた。最近は常に 30 名程度が参加する勉強会の主催や交流会を行うまでに大きな学生団体となり，各学生の専門分野を聞くことで広い視野が持てるようになった

コンピテンシー「チームプレーカ」が伝わる

ポイント

● チームで取り組んだ内容に，「課題」と「課題解決の方法論」が書いてあるので，応募者が具体的に課題にどう取り組んだのか，またどんなコンピテンシーを発揮したのかが伝わりやすい

● 学んだことの中にも，コンピテンシーを感じさせる考え方が伝わるフレーズがあり，評価できる

6

ケース
6 【勉強・研究内容】編

◆ 主体的に取り組んだ目標，理由，達成過程，成果が重要

　ESの設問「勉強・研究内容」に，学んだことを書くだけなら誰でもできます。重要なのは，勉強や研究の中で主体的に掲げた「目標」とその「理由」，およびどのように目標達成したのかという「方法」と「成果」を書くこと。そうすれば採用者に「主体性，向上心，チャレンジ精神」をアピールできます。ChatGPTに以上を踏まえた回答の叩き台を作ってもらいましょう。

プロンプト 3-6　勉強・研究テーマ

> 研究内容だけでなくアピールポイントも入力する

Q # 命令：
あなたは優秀な就職活動中の大学生です。以下の条件と表現の注意点に従って，エントリーシートに記載する「専攻・研究内容」について書いてください。
条件：
・研究テーマ：失敗しない起業論
・研究内容：失敗する起業と失敗しない起業はどこでわかれるかを研究している。
・私のアピールポイント：実際に多くの起業家にインタビューもしている。
・エピソードと私がアピールしたいことがズレがないように書いてください。
・文章は次の構成で作成してください。

(1)「専攻・研究テーマ」最初に専攻・研究テーマを端的に説明します。
(2)「理由」この研究をしたいと思った理由を説明します。
(3)「目標と課題」この研究で目指した目標と，直面した課題を説明します。
(4)「解決策」課題の解決のためにとった行動を説明します。　> この文章構成が重要
(5)「成果」研究の結果得た成果を説明します。
(6)「学び」研究で得た成果を今後どう活かせるかをアピールします。

表現の注意点：
・文字数は800文字以内。
ーー※以下，53ページの"**# 表現の注意点**"と同じ内容を入力ーー

プロンプトの赤字部分を自分の状況に合わせて書き換えてください。

ChatGPTの回答例【勉強・研究テーマ】

> ChatGPT の回答のようにこのテーマを研究しようと思った「理由」や「目標」も説明すると、企業に評価される文章になる。

 専攻・研究テーマは、「失敗しない起業論」です。失敗する起業と失敗しない起業の境界を究明し、その違いに着目しています。私のアピールポイントは、実際に多くの起業家に対してインタビューを行い、現場の声を取り入れた研究を進めている点です。

この研究を志した理由は、起業家の多くが成功する道筋を追求する一方で、その背後にある失敗の要因を深く探求する必要があると考えたからです。成功の秘訣だけでなく、失敗を避ける知識が新たな起業家の一助となると信じました。

目標としては、失敗する起業と失敗しない起業の違いを客観的に把握し、そのパターンや共通点を明らかにすることを挙げました。しかし、実際の起業家のインタビューにおいて、情報の信憑性や個人的な経験の影響を排除することが課題でした。

この課題に対処するため、私は多角的なアプローチを採用しました。まず、定量的データとして過去の起業事例を分析し、失敗要因を統計的に整理しました。次に、起業家の生の声を集めるために、対面およびオンラインのインタビューを実施しました。さらに、学界の専門家とのディスカッションを通じて、研究の妥当性を高めました。

この研究から得られた成果は、失敗するリスクを最小限に抑えた起業方法を提案する上での基盤です。成功例だけでなく、失敗例の分析によって得た知見は、次世代の起業家がより戦略的な意思決定を行う手助けとなるでしょう。また、研究を通じて得た実践的な知識や洞察は、私自身も将来的な起業に生かしていきたいと考えています。

> 目標の実現や課題の克服のために具体的にどんな行動を起こしたかを具体的にアピールすることが重要だ。

ポイント

勉強・研究テーマについて説明する場合、「このテーマを研究しようと思った理由」⇒「この研究で目指した目標」⇒「目標実現のための課題と克服」⇒「成果」という文章構成が重要だ。回答を叩き台として、自分の考えや実際に取り組んだことをもとに、文章を完成させよう。

住宅設備内定者の ES 実例【勉強・研究テーマ】

目標達成の過程で困難があっても立ち向かったことをアピールしている

テーマ

目標（what）

理由（why）

取組と成果

達成過程
（how）

成果（output）

研究テーマ「○○○」

　修士1年のとき，私は担当教授に「○○○」の研究をやりたいと懇願しました。
　日々，数万枚の指紋画像を1枚1枚隅々まで見た結果，指圧による指紋形状の変化に気づくことができたからです。
　そのため，教授を納得させるには，目で見て手に触れるものを示した方が効果的だと思い，自身でシステムを開発し説得しました。（中略）最も困難だったのは，指紋と指圧を同時採取できるスキャナがないため，自身で指紋スキャナと電子秤を組み合わせるシステムを開発したことです。ソースプログラムの書き方は各企業によって癖があるので，わからないところは製造会社に問い合わせ，組み合わせる際の間隔を一個一個解決していきました。計50回の連絡を取り，後半には私の担当ができたぐらいです。
　その結果，被験者に応じた適度な指圧による指紋採取が重要であると学会発表ができました。

課題克服のために，企業にも物おじせずに協力を要請している。コンピテンシー「チャレンジ精神」「成果達成力」「相手を巻き込む力」を発揮している

困難を乗り越えた，成果を出せたことをアピールしている

Part 3　ChatGPTで一気に下書き作成

ポイント
- 自らレベルの高い「目標」を設定し，いかに困難を乗り越えたかという「達成過程」と「成果」をアピールできている
- 文章全体に，「コンピテンシー」を発揮した行動が多くあり，「活躍できそうな印象」を与えている

ケース 7 【自己PR動画】編

◆「自己PR＋志望動機」の全体メッセージを300文字で表現

　最自己PR動画の提出を求める企業が増えています。自己PR動画を作る場合は，撮影前に「原稿」を作りましょう。例えば1分の動画なら文字数に換算すると300文字です。この自己紹介原稿もChatGPTで簡単に作成できます。59ページのプロモーションシートで作成した「自己PRと志望動機の全体メッセージ」を，以下のプロンプトに入力するだけでOKです。（※回答は割愛します。ご自身でChatGPTに入力して導出してみてください）

プロンプト 3-7　自己紹介用動画の原稿

Q

#命令：
あなたは優秀な就職活動中の大学生です。以下の参考文をもとに、以下の条件と注意点に従って、自己紹介動画の原稿を作成してください
#条件：
・応募先企業：リクルート
・応募先の企業URL：https://www.recruit.co.jp/
・応募先企業の採用担当者の興味を惹く自己紹介動画であること
#注意点：
・自己紹介は300文字以内 ────→ 動画の尺（1分なら文字数換算で300文字）に合わせて文字数も調整する
・話し言葉で回答します
#参考文：
（ここに、59ページのプロモーションシートの文章を入力）────→ ここにプロモーションシート（59ページ）で作成した文章をはりつける

プロンプトの赤字部分を自分の状況に合わせて書き換えてください。

平凡な経験でも内定に近づく

即効！
逆転テクニック10

人気企業内定者も実践している，簡単に「この応募者はデキる！」と伝わる「逆転テクニック」をあなたに伝授します。ChatGPT を使えばあなたも簡単に実践できます！

Part4
テクニック
1

平凡な経験でも内定に近づく 即効!逆転テクニック10

リーダー経験なし
→「裏方的リーダーシップ」を語れ

　リーダー経験がなくても，たとえば"裏方"という立場から，自分なりに主体的にチームをマネジメントし，チームを良い方向にリードした経験があれば，「この応募者はリーダーシップがある」と好印象を持たれます。以下の①のように，"参謀タイプという立場からチームをマネジメントした"というアピールも効果的です。

> **内定実例** リーダー経験がなければリーダーシップをアピールする
>
> 　私は人から「参謀タイプ」とよく言われ，①トップダウンというよりもボトムアップで人を動かすことに長けていると思います。昔から組織を運営する際に，人を立てることやエースを表に出すことで最も効率的に物事が進むような環境を整えることを得意としてきました。それは自分が主役であることよりも，組織を構成する人間全員が組織に属して楽しめるような環境を作ることが自分の志向に合っているからです。組織が直面している課題を見つけ，それに対してメンバーの特性を把握し，部分最適を全体最適に調整することでそれを実行してきました。ゼミの論文作成は成功例の１つです。私は貴社を志望するにあたり，どういった職種がよいかを考えたところ，運用というよりも販売系の仕事が合っていると思いました。特に法人営業において，お客様のニーズを分析し，最適な処方箋を設計することに自信があります。　　　（日本生命保険　内定）

COLUMN ChatGPT で上のような文章を作ってみよう

ChatGPT に，あなたが「みんなと頑張ったエピソード」で，「裏方という立場から主体的にチームをマネジメントして，チームを良い方向にリードできる」ことをアピールできるような自己 PR を作成させましょう。右上のプロントに従えば，なんでもない経験でも上の内定実例のような回答が簡単にできます。

プロンプト 4-1　リーダー経験がなくても評価される自己PR文

 # 命令：
あなたは優秀な就職活動中の大学生です。以下の条件と表現の注意点に従って，エントリーシートに記載する「リーダーシップを発揮した経験」を書いてください。

 # 条件：
・エピソード：カフェのアルバイトを頑張った。

> こんなアピールポイントを指定するのがコツ

・アピールポイント：裏方という立場から自分なりに主体的にチームをマネジメントして，チームを良い方向にリードできる
・エピソードとアピールポイントがズレがないように書いてください。
・採用担当者が興味を惹く内容に書いてください。
・文章は次の構成で作成してください。
(1)「結論と概要」最初に「リーダー経験はありませんが，リーダーシップを発揮した〇〇の経験があります」と，結論を書き，続けて，エピソードの概要を端的に説明します。
(2)「目標と課題」エピソードの中でめざした目標と，直面した課題を説明します。
(3)「解決策」課題の解決のためにとった行動を説明します。
(4)「成果」行動の結果得た成果と，仕事でどう活かせるかをアピールします。

 # 表現の注意点：
・文字数は300文字以内。
－－※以下，53ページの"**# 表現の注意点**"と同じ内容を入力－－

【結論と概要】リーダー経験はありませんが，リーダーシップを発揮したチームマネジメント経験があります。アルバイト先のカフェで，裏方として主体的にチームをまとめ，良い方向へ導きました。
【目標と課題】カフェアルバイトでの目標は，スムーズなオーダー受けと提供の確保でした。しかし，メンバーの連携不足や混雑時の対応に課題を感じました。
【解決策】課題を解決するため，まずチームのミーティングを定期的に行い，コミュニケーションを活発にしました。混雑時には，各メンバーに得意な工程を担当させ，効率的な作業分担を導入しました。
【成果】これらの取組みにより，オーダーの受け渡し時間が約20％短縮され，お客様からの評価も向上しました。さらに，メンバー同士の連携が良くなり，ストレスが減少。私のリーダーシップがチームを活性化させることができました。今後の職務でも，柔軟なチームマネジメントスキルを活かし，円滑な業務遂行に貢献したいと考えています。

プロンプトの赤字部分を自分の状況に合わせて書き換えてください。

> 平凡な経験でも，主体的でリーダーシップが伝わる自己PRが完成した！

Part4
テクニック
2

今最も採用されやすい
「限界突破型」人材を演じる

「限界突破型」人材とは，「できない」ようなことでも「できる方法」を見つけて限界を超えようとする意欲と問題解決力を備えた人材です。ビジネス社会で特に求められる人物なので「限界突破力」を自分の強みだと言える応募者は，非常にアピール度大です。以下も①の「限界突破」という切り口で語られているため，人事ウケしやすい自己PRとなっています。

内定実例　限界突破という言葉に人事は食いつく

　①私の強みは「限界突破力」です。大学生活で友人から「不可能だ」と言われたことを実現させたことが3つあります。

　1つは，私が所属するビッグバンドサークルで，私は渉外担当という役割を担い，毎年7回だった演奏機会を，年間15回に増やしてみせたことです。渉外担当者の役割は，演奏機会の獲得と，協賛金集めで，（中略）。演奏機会を増やすために私がとった限界突破戦略は，1：演奏場所を提供してくれそうな企業に，演奏の機会をお願いするのではなく，先方の持つ空間の集客装置として我々のバンド演奏を利用してくださいと提案すること。2：集客力を高めるために事前にSNS，ブログを活用し（中略）その結果，ホテル，レストラン，アートスペースから賛同を得て，年間15回の演奏機会を獲得し，バンドメンバーを驚かせました。

　2つ目は，社会人との人脈を100人作ったことです。（後略）

（広告代理店　内定）

COLUMN　ChatGPTで上のような文章を作ってみよう

右ページのプロントに「あなたが頑張ったエピソード」を記入し，ChatGPTに，そのエピソードで「難しいことでも諦めず，乗り越えるための努力ができる限界突破力」をアピールできるような自己PRを作成させましょう。上の内定実例のような自己PRが完成するので，自分らしい文章に修正して完成させましょう。

プロンプト 4-2　限界突破力をアピールできる自己PR文

 # 命令：
あなたは優秀な就職活動中の大学生です。以下の条件と表現の注意点に従って，エントリーシートに記載する自己PRを書いてください。

 # 条件：
・私の強み：限界突破力。難しいことでも諦めず，乗り越えるための努力ができます

・エピソード：カフェのアルバイトを頑張った。

・強みとエピソードにズレがないように書いてください。

・文章は次の構成で作成してください。

(1)「結論」最初に自分の強みを述べます。

(2)「概要」強みを裏付けるエピソードを説明します。

(3)「課題」エピソードの中で直面した課題を説明します。

(4)「解決策」課題の解決のためにとった行動を説明します。

(5)「成果」行動の結果得た成果と，仕事でどう活かせるかをアピールします。

 # 表現の注意点：
・文字数は300文字以内。
－－※以下，53ページの"**# 表現の注意点**"と同じ内容を入力－－

> こんなアピールポイントを指定するのがコツ

結論：
限界突破力が私の強みです。

概要：
アルバイトのカフェ勤務が，その強みを示すエピソードです。厳しい状況でも，諦めずに努力を重ねました。

課題：
忙しいカフェでの業務は容易ではありませんでした。混雑時には注文ミスが増え，ストレスも感じました。

解決策：
課題克服のため，オーダーを詳細に確認する習慣を身につけました。同僚とコミュニケーションを強化し，連携プレイを意識しました。

成果：
結果として，注文ミスが減少し，効率的な業務が可能に。お客様からの評価も向上しました。この経験を通じ，限界突破力を生かしてチームの一員として，難局を乗り越える姿勢を持ち続けたいと考えています。

プロンプトの赤字部分を自分の状況に合わせて書き換えてください。

> 平凡な経験でも，限界突破力が伝わる自己PRが完成した！

Part
4

平凡な経験でも内定に近づく　即効！逆転テクニック10

「PDCAサイクル」を押さえた行動は評価されやすい

　企業はPDCA, つまり, 計画 (plan), 実行 (do), 評価 (check), 改善 (act) のサイクルを回す行動がとれる人物を求めています。したがって,「学生時代に頑張ったこと」も, PDCA に即した行動をアピールできれば評価されやすくなります。以下の内定実例も計画(①), 実行 (②), 評価 (③), 改善 (④) という行動をアピールしているのがわかりますよね?

内定実例 **PDCA の行動が取れることをアピールしよう**

　(前略) 私はベンチャー企業で営業インターンを行ったことがあります。①3か月間で3件の契約を取るという目標を決めて, そのためにステップを事細かに決めていきました。具体的には, 商品知識を深める, 営業先リストアップ, テレアポ, 初訪, 往訪, クロージング, アフターフォローというプロセスを決めました。また, それぞれに関して方法論まで決めました。そして, 自分に足りない能力は, 営業勉強会に参加する, 知り合いの方にレクチャーしてもらう, 日常生活で営業を行っている人を観察するなどして高めました。(中略) ②結果として, 3か月間で2件の契約が取れました。その中で, ③時間通りにできていないという課題がありましたが, この点に関しては④これから修正していきます。この能力は, 自ら新しい創造物を作るときや, もちろん社会人になるに際して, 必須能力だと考えています。　　　　　　　(住友商事　内定)

COLUMN ChatGPT で上のような文章を作ってみよう

右ページのプロントに「あなたががんばったエピソード」を記入し, ChatGPT に, そのエピソードで PDCA をアピールするような自己 PR を作成させましょう。上の内定実例のような自己 PR が完成するので, これを参考に, 改めて自分がどんな PDCA を実践してきたかを思い起こして, 文章を完成させましょう。

プロンプト 4-3　PDCAをアピールできる自己PR文

 # 命令：
あなたは優秀な就職活動中の大学生です。以下の条件と表現の注意点に従って，エントリーシートに記載する「学生時代に一番力を入れたこと」について書いてください。

> こんなアピールポイントを指定するのがコツ

 # 条件：
・エピソード：**カフェのアルバイトを頑張った。**
・アピールポイント：目標を決めて PDCA をまわしながら行動できること。
・エピソードとアピールポイントがズレがないように書いてください。
・文章は次の構成で作成してください。
(1)「結論と概要」最初に「学生時代に頑張ったことは〇〇です」と，結論を書き，続けて，エピソードの概要を端的に説明します。
(2)「目標と課題」エピソードの中でめざした目標と，直面した課題を説明します。
(3)「解決策」課題の解決のために PDCA をまわした行動を説明します。
(4)「成果」行動の結果得た成果と，仕事でどう活かせるかをアピールします。
 # 表現の注意点：
・文字数は 300 文字以内。
ーー※以下，53 ページの "**# 表現の注意点**" と同じ内容を入力ーー

> PDCA をまわした行動を説明するように指示する

結論と概要：学生時代に頑張ったことは，カフェのアルバイトです。その経験において，目標を定め，PDCA サイクルを通じて効果的な行動を心がけました。

目標と課題：私はカフェのアルバイトでお客様に質の高いサービスを提供することを目指しました。しかし，初めは接客スキルや効率的なオーダープロセスに課題を感じました。

解決策：課題を解決するため，まずは接客スキルを向上させるために同僚とロールプレイを行い，フィードバックを得るよう努力しました。次に，オーダープロセスの効率化のために，新しいオーダーシステムの導入を提案しました。フロア配置の見直しやチームワークの強化を通じて，スムーズな業務フローを築くことができました。

成果：これらの努力により，接客スキルは向上し，オーダープロセスも大幅に改善されました。私の行動がもたらした成果は，お客様からの評価向上や，チーム全体の業務効率向上として具体的に現れました。今後の仕事においても，目標を設定し，PDCA サイクルを通じて効果的に行動し，結果を出す姿勢を活かし，貢献していきたいと考えています。

> 平凡な経験でも，PDCA をまわせる自己 PR が完成した！

プロンプトの赤字部分を自分の状況に合わせて書き換えてください。

Part 4

平凡な経験でも内定に近づく 即効！逆転テクニック10

「挫折→克服」した話を盛り込めば評価されやすい

　挫折や失敗を乗り越えようとすれば，自ずと主体性や自己向上意欲，精神力の強さなど，企業が好むコンピテンシーを発揮することになります。したがって，「学生時代に頑張ったこと」も，挫折・失敗を克服した状況を盛り込むだけで，評価されやすくなります。以下も，①の文章のように「挫折→克服」した経験を，上手く自己PRにつなげています。

内定実例 問題を克服した話はコンピテンシーが伝わりやすい

　部員数40人のゴルフ部で部内1位をめざして尽力した。入部以来，平日は朝8時から自主練習，週末はコース練習を継続したが，①ある時期深刻なスランプに陥った。そこでスランプ脱出につながるヒントを探るため，他大学部員に同伴プレーを願い出た。同伴プレーを経て彼とはアプローチ小技に巧拙があると気づいた。彼のような小技をマスターしようとボール位置やクラブ角度を変えながら以前より150球打ち続けた。しかし失敗球ばかりで300球打つことに変更し，2倍の努力を自らに課した。そして失敗にめげずに打ち続けていくうちに種類豊富な小技をマスターし，スランプ期に比べ，スコアを15打縮めることに成功。今夏合宿，スコア75でまわり，部内1位に輝いたことで大きな達成感を得た。社会に出てもこの不屈の精神でどんな困難な現状でも創意工夫を凝らして挑み続け，結果を残していきたい。　　　　　　　（マルハニチロ　内定）

COLUMN ChatGPTで上のような文章を作ってみよう

右ページ上のプロンプトに従えば，上の内定実例のように，あなたの「頑張ったエピソード」に，「挫折→克服」した経験を盛り込んだ，逆境に負けない精神力をアピールできる自己PRが完成します。あとは，この回答のような文章の流れを参考に，自分の実際の経験や行動に置き換えて文章を完成させましょう。

プロンプト 4-4　逆境力をアピールできる自己PR文

　# 命令:

あなたは優秀な就職活動中の大学生です。以下の条件と表現の注意点に従って，エントリーシートに記載する「学生時代に一番力を入れたこと」について書いてください。

 # 条件:

・エピソード：塾のアルバイトを頑張った。

・アピールポイント：逆境に負けない不屈の精神 ← こんなアピールポイントを指定するのがコツ

・エピソードとアピールポイントがズレがないように書いてください。

・文章は次の構成で作成してください。

(1)「結論」最初に「学生時代に頑張ったことは〇〇です」と，結論を書きます。

(2)「目標と課題」エピソードの中でめざした目標と，直面した課題を説明します。

(3)「失敗と解決策」失敗したことと，課題解決のためにとった行動を説明します。

(4)「成果」行動の結果得た成果と，仕事でどう活かせるかをアピールします。

 # 表現の注意点:

・文字数は300文字以内。

ーー※以下，53ページの"**# 表現の注意点**"と同じ内容を入力ーー

> 課題を克服した行動を説明するように指示する

　結論: 学生時代に頑張ったことは，「塾のアルバイト」です。

目標と課題: 私は塾のアルバイトで，生徒たちの学習サポートを最大限にすることを目指しました。しかし，担当する生徒たちがさまざまな学力を持っており，一人ひとりに適切なアプローチを見つける課題に直面しました。

失敗と解決策: 最初のうちは，生徒たちに適切な説明ができず，成績向上につながらない場面もありました。しかし，諦めずに困難を克服するために，毎日の指導内容を振り返り，それぞれの生徒の理解度に合わせたアプローチを工夫しました。また，同僚と協力してヒントやアイデアを共有することも重要でした。

成果: この努力の結果，生徒たちの成績は着実に向上し，自信を取り戻した姿を見ることができました。この経験から，逆境に負けない不屈の精神が自分に備わっていることを実感しました。これは将来の仕事でも，困難な状況に立ち向かい，最適な解決策を見つけ出す力につながると信じています。

以上のように，学生時代に力を入れた「塾のアルバイト」は，逆境に負けない精神を培う重要な経験でした。これを活かして，どんな仕事でも努力し，成果を上げる姿勢を持ち続けます。

> 平凡な経験でも，失敗にめげない力が伝わる自己PRが完成した！

プロンプトの赤字部分を自分の状況に合わせて書き換えてください。

Part 4 平凡な経験でも内定に近づく　即効！逆転テクニック10

「改善・変革」した話を盛り込めば評価されやすい

　企業は，現状の課題をより良い状況に「改善・変革」し，成果を上げられる応募者を好みます（20ページ参照）。したがって，ありふれたアルバイトやサークルしか経験していなくても，自ら改善・変革し，成果を上げた取組みがあれば，あなたに対する印象は一気に上がります。以下の内定実例も，①のように，自ら改善したことをアピールした自己PRになっています。

内定実例 改善変革に向けた行動を積極的にアピール

　（前略）アルバイトをしていた喫茶店の売上が，突然，出現した競合店にお客を取られて激減した際，私はどうすれば売上が上がるか考えました。そして，①競合店のメニュー，価格，サービス，内装やお客さんへのアンケート結果を基に，私は，競合店にない独自のセールスポイントとして，スイーツメニューを充実させることの重要性を導き出し，店長にメニューの改善を提案しました。結果，1か月後には，お客さんも増え，売上も以前の水準に戻りました。どんな逆境でも，問題点を直視し，改善するためのアイデアを出し続け，実行すれば，必ず道が開けることを学びました。　　　　　　　　　　　　　　　（百貨店　内定）

COLUMN ChatGPTで上のような文章を作ってみよう

右ページ上のプロントに「あなたが頑張ったエピソード」を記入し，ChatGPTに「既存のやり方を変えて，新しいやり方を実践したこと」をアピールできる自己PRを作成させましょう。簡単に「改善・変革」を盛り込んだ文章が完成しますが，これはあくまで一例。これを参考に自分ならではの文章を完成させましょう。

Q # 命令：
あなたは優秀な就職活動中の大学生です。以下の条件と表現の注意点に従って，エントリーシートに記載する「学生時代に一番力を入れたこと」について書いてください。

> こんなアピールポイントを指定するのがコツ

条件：
・エピソード：塾のアルバイトを頑張った
・アピールポイント：既存のやり方を変えて，新しいやり方を実践できること。
・エピソードとアピールポイントがズレがないように書いてください。
・文章は次の構成で作成してください。
(1)「結論」最初に「学生時代に頑張ったことは〇〇です」と，結論を書きます。
(2)「目標と課題」エピソードの中でめざした目標と，直面した課題を説明します。
(3)「解決策」課題解決のために既存のやり方を変えて新たな挑戦をしたことを説明します。
(4)「成果」行動の結果得た成果と，仕事でどう活かせるかをアピールします。
表現の注意点：
・文字数は 300 文字以内。
ーー※以下，53 ページの "# 表現の注意点" と同じ内容を入力ーー

> 既存のやり方を変えた行動を説明するように指示する

Chat GPT 結論：
学生時代に頑張ったことは，塾のアルバイトです。
目標と課題：
私は塾のアルバイトで，生徒たちの学習効果を向上させたいという目標を持ちました。しかし，教材は古く，生徒たちの関心を引くのが難しい課題に直面しました。
解決策：
そこで，既存のやり方を変えて新たな挑戦をしました。古い教材に刺激を加え，生徒たちが楽しみながら学べるよう工夫しました。例えば，日常の事例を取り入れて問題を解くなど，新しいアプローチを取り入れました。
成果：
この取組みにより，生徒たちの学習意欲が高まり，成績向上に繋がりました。私の新しいアプローチは，単に知識を教えるだけでなく，生徒たちの能動的な学習を促進しました。これは，将来の職場でも，既存の方法に囚われずに柔軟な発想で問題に取り組む姿勢として活かせると確信しています。

> 平凡な経験でも，変革する力が伝わる自己PRが完成した！

プロンプトの赤字部分を自分の状況に合わせて書き換えてください。

「周囲を巻き込んで頑張ったこと」はアピール度大

　企業は，チームや組織を動かして成果を出したり，周囲を巻き込んで一緒に頑張れる応募者を高く評価します（21ページ参照）。したがって，ESでも，周囲を巻き込んで一緒に頑張ったり，チームで何か成果を上げたことをアピールすれば，企業に与える印象は一気に向上します。以下の内定実例も①のように「周囲の巻き込み」を積極的にアピールしています。

内定実例　周囲を巻き込んだ行動を積極的にアピール

　学生時代に打ち込んだのは，私が所属するパソコンサークルで専攻したDTP研究だ。パソコンで印刷物を作るDTP部門で，ポスターや広告等のデザイン研究を行い，私が部門長になってからは外部のデザインコンテストへの参加や企業・学校関係の広告制作業務等を企画しメンバーとともに挑戦してきた。最も苦労したのはDTP部門のリーダーとしてメンバーをまとめることだ。クリエイター気質の人が多く，ワンマンプレーをチームプレーに変える事が課題で，（中略）①彼らをまとめるために行ったのが何か目に見える形で成果を出せる企画だ。夏冬にネット上で開催されるTシャツデザインコンテスト等の外部のイベントに積極的に参加させて，各人の作品が評価されていることを見せる場を作ったり，企業や大学関係のポスターや広告制作を通してメンバーにやりがいを持たせて，チームとしてメンバーの団結を図った。　　　　　（三井住友銀行　内定）

COLUMN　ChatGPTで上のような文章を作ってみよう

右ページ上のプロントに従えば，あなたの「頑張ったエピソード」をもとに，「周囲を巻き込んでチームで成果を生み出すマネジメント力」をアピールできる自己PRが簡単に完成します。あとは，この回答や上の内定実例を参考に，自分の実際の経験や行動に置き換えて自分らしい文章を完成させましょう。

プロンプト 4-6　周囲を巻き込む力をアピールできる自己PR文

Q

 # 命令:
あなたは優秀な就職活動中の大学生です。以下の条件と表現の注意点に従って，エントリーシートに記載する「学生時代に一番力を入れたこと」について書いてください。

> こんなアピールポイントを指定するのがコツ

 # 条件:
・エピソード:学園祭をがんばった
・アピールポイント:周囲を巻き込んで，チームで高い成果を出せるマネジメント力
・エピソードとアピールポイントがズレがないように書いてください。
・文章は次の構成で作成してください。
(1)「結論」最初に「学生時代に頑張ったことは○○です」と，結論を書きます。
(2)「目標と課題」エピソードの中でめざした目標と，直面した課題を説明します。
(3)「解決策」課題解決のために周囲を巻き込んでマネジメントしたことを説明します。
(4)「成果」行動の結果得た成果と，仕事でどう活かせるかをアピールします。
 # 表現の注意点:
・文字数は300文字以内。
ーー※以下，53ページの"**# 表現の注意点**"と同じ内容を入力ーー

> 周囲を巻き込んだ行動を説明するように指示する

ChatGPT
結論:学生時代に頑張ったことは，学園祭を成功させるためのチームマネジメントです。
目標と課題:学園祭では，魅力的なイベントを通じて多くの人を楽しませたいという目標を掲げました。しかし，予算や人手の制約，スケジュールの狭さなどの課題がありました。
解決策:これらの課題を解決するため，計画段階からチームメンバーと綿密に意見交換し，それぞれの得意分野を活かしながらタスクを割り振りました。週ごとに進捗を共有し，適宜調整を行いました。円滑なコミュニケーションを保ちながら，課題に立ち向かいました。
成果:結果として，予算内で魅力的なイベントを複数企画し，学園祭を盛り上げることに成功しました。チームメンバーとの協力や調整力が成果を生み，多くの来場者から好評を得ました。この経験から，協力者をまとめ，効果的なコミュニケーションを取りながら目標を達成する能力を仕事に活かしていきたいと考えています。

> 平凡な経験でも，チームマネジメント力が伝わる自己PRが完成した!

プロンプトの赤字部分を自分の状況に合わせて書き換えてください。

Part
4

平凡な経験でも内定に近づく　即効!逆転テクニック10

採用者は「プロフェッショナル」という言葉が好き

　「プロ意識を持って取り組んでいる」「プロになりたい」など，採用者は，"プロフェッショナル"というフレーズに反応します。そこから応募者の「志の高さ」「自己向上意欲」を感じ取るからです。以下の内定実例の①の文章にように，普通の経験しかしていなくても"プロ意識を持って取り組んできた"とアピールするだけで，志の高さが伝わる自己PRになります。

内定実例　プロ意識を持って行動していることをアピールする

　私が常に心に留めている人生の目標は「いつ死んでもいい」です。これはいますぐ死にたいというわけではありません。何に取り組む時でも力を抜かず，日々自分自身を成長させるために妥協しないという意味です。（中略）。現在，日本料理屋でのアルバイトで，①常にプロフェッショナルとして高い意識を持ち，技術を磨いています。そのため，先輩の方々が驚くほど技術の習得が速く，大変満足のいく評価と給与をいただいています。こういった日々前進し続ける力強さとすべてを自分自身の力へと変える絶大な吸収力，また若さゆえの底なしの体力が最大の武器です。　　　　　　　　　　　　（SAP ジャパン　内定）

COLUMN　ChatGPT で上のような文章を作ってみよう

ChatGPT に，あなたの「頑張ったエピソード」をもとに「プロ意識」が伝わる自己PR を作成させましょう。右ページの回答を見れば，なんでもない経験でも，上の内定実例のようにプロ意識が伝わる文章が作れることがわかるはずです。あとは，自分の実際の経験や行動に置き換えて，文章を完成させましょう。

プロンプト 4-7　プロ意識をアピールできる自己PR文

 # 命令：
あなたは優秀な就職活動中の大学生です。以下の条件と表現の注意点に従って，エントリーシートに記載する「自己PR」を書いてください。
 # 条件：
・私のモットー：常にプロフェッショナルをめざしたい。
・エピソード：カフェのアルバイト
・エピソードと私のモットーがズレがないように書いてください。
・文章は次の構成で作成してください。
(1)「私のモットー」最初に「私が心がけていることは〇〇です」と簡潔に述べます。
(2)「目標と課題」エピソードの中でめざした目標と，直面した課題を説明します。
(3)「解決策」課題の解決のためにとった行動と成果を説明します。
(4)「抱負」仕事でもプロフェッショナルをめざして努力したいとアピールします。
 # 表現の注意点：
・文字数は 300 文字以内。
－－※以下，53 ページの"**# 表現の注意点**"と同じ内容を入力－－

> こんなアピールポイントを指定するのがコツ

私が心がけていることは，常にプロフェッショナルをめざしたいことです。カフェのアルバイト経験においても，このモットーを大切にしました。

エピソードでは，カフェでのアルバイトにおいて，お客様へのサービス向上を目指しました。しかし，忙しい時間帯には注文の取り違えや待ち時間の増加といった課題に直面しました。

そこで，課題の解決のために，コミュニケーションの改善とチームメンバーとの協力を徹底しました。オーダー確認の際には笑顔と確認の声掛けを行い，チーム内で連携を図ることで効率的な業務遂行を実現しました。その結果，注文ミスが減少し，待ち時間も改善されました。

これからも，仕事においてもプロフェッショナルをめざし，自身の成長に努めてまいります。一つひとつの仕事に真摯に取り組み，チームと連携しながら問題解決に努め，お客様に満足いただけるサービスを提供できるよう努力いたします。

> 平凡な経験でも，プロ意識が伝わる自己PR が完成した！

プロンプトの赤字部分を自分の状況に合わせて書き換えてください。

Part 4

平凡な経験でも内定に近づく 即効！逆転テクニック10

「タスク管理で取り組んだ」と書くだけで優秀に見える

　タスクとは，目の前の漠然とした大きな問題や，大きな仕事に対して，やるべき作業に分解していった結果の一つひとつの作業のことです。以下の内定実例も①でタスク管理能力をアピールしていますが，「タスク管理」ができる人は，問題を分解して管理し，課題解決に向けて行動が取れる人とみなされ，採用者からも評価されやすくなります。

内定実例 「タスク管理能力」は評価されやすい

　大学生コミュニティを広げることを目的とした団体のアルバイトで，スポンサー企業様と学生の交流会の企画運営を行いました。何事も挑戦しようと思い，私はそのリーダーに立候補しました。そこで，プロジェクトに対する温度差があると気がつきました。それは，プロジェクトメンバーが全員新人だったため，メンバー同士が打ち解けていなかったこと，企画準備を進めるに当たって何をやってよいのかわからないことが考えられました。①それぞれのタスクを考え情報共有が大切だと思い，タスク管理表をエクセルで作成して進捗状況の共有を図りました。（中略）自ら進んで行動することで，私がお手本となって，企画の告知をしてもらえるようにメンバーに促しました。その結果，目標だった20名の参加者を集め，参加者のアンケート結果からは満足度100%で成功を収めました。

（NTT データ・フィナンシャルコア　内定）

COLUMN ChatGPT で上のような文章を作ってみよう

右ページ上のプロントに従えば，あなたの「頑張ったエピソード」をもとに，「目標のむけてきちんとタスク管理ができる」ことをアピールできる自己 PR が簡単に完成します。あとは，この回答や上の内定実例を参考に，自分の実際の経験や行動に置き換えて自分らしい文章を完成させましょう。

プロンプト 4-8　タスク管理力をアピールできる自己PR文

Q

 # 命令:
あなたは優秀な就職活動中の大学生です。以下の条件と表現の注意点に従って，エントリーシートに記載する「学生時代に一番力を入れたこと」について書いてください。

 # 条件:
・エピソード：学園祭を頑張った

> こんなアピールポイントを指定するのがコツ

・アピールポイント：目標に向けてきちんとタスク管理ができること
・エピソードとアピールポイントがズレがないように書いてください。
・文章は次の構成で作成してください。
(1)「結論」最初に「学生時代に頑張ったことは〇〇です」と，結論を書きます。
(2)「目標と課題」エピソードの中でめざした目標と，直面した課題を説明します。
(3)「解決策」課題解決のためにタスク管理しながら行動したことを説明します。
(4)「成果」行動の結果得た成果と，仕事でどう活かせるかをアピールします。

 # 表現の注意点:
・文字数は300文字以内。
ーー※以下，53ページの"**# 表現の注意点**"と同じ内容を入力ーー

結論:
学生時代に頑張ったことは，学園祭の成功です。

目標と課題:
学園祭の実行委員長として，魅力的なイベントを提供することをめざしました。しかし，予算不足や人手不足といった課題に直面しました。

解決策:
課題解決のため，計画的なタスク管理を徹底しました。週ごとに進捗を確認し，優先順位を設定しました。チームメンバーとの週次ミーティングも通じて，効果的なコミュニケーションを心がけました。

成果:
この取組みにより，学園祭は予定通り成功を収めました。来場者数が前年比20％増加し，収益も前年の2倍になりました。この経験から，目標に向かって効果的に計画し，課題を乗り越える能力が養われました。これを将来の仕事においても活かし，プロジェクトの円滑な進行に貢献します。

プロンプトの赤字部分を自分の状況に合わせて書き換えてください。

> 平凡な経験でも，タスク管理能力が伝わる自己PRが完成した！

Part 4

平凡な経験でも内定に近づく 即効！逆転テクニック10

平凡な趣味も「仕事に活かすため」と言えばアピール度大

　平凡な趣味でも，「仕事に活かすため」と説明できれば，アピール度が増します。たとえば，以下の内定実例の趣味は気功ですが，①のように「プレゼンテーション上達のためにやっている」とアピールしています。採用者は「そこまでしてプレゼンテーションのレベルを上げたいのか……」と感心し，この応募者から「自己向上欲」や「プロ意識」を感じ取ることでしょう。

内定実例 **「気功でプレゼン」というアピールはユニーク**

　趣味は「ヨガ・太極拳・気功」です。①気功は，広告サークルでプレゼンテーションをする機会が多く，落ち着いて冷静にプレゼンできるようになりたいと思い，始めました。これが功を奏し，いまでは一部上場企業の社長たちの前でも的確なプレゼンテーションができるようになりました。　　　　（広告代理店　内定）

COLUMN **ChatGPT で上のような文章を作ってみよう**

右ページは，「料理」という趣味を仕事にどう活かすかをアピールした回答例です。さっそく，あなたの「趣味」をもとに，ChatGPT に，「仕事に活かすために趣味を頑張っている」ことをアピールできるような自己 PR を作成させて，回答結果を確認してみましょう。きっと大きなヒントが得られるはずです。

プロンプト 4-9　評価される趣味の書き方

 # 命令：
あなたは優秀な就職活動中の大学生です。以下の条件と表現の注意点に従って，エントリーシートに記載する「趣味」について書いてください。
 # 条件：
・趣味：料理

> この指定をすること

・仕事に活かすために趣味も頑張っているとアピールすること。
・文章は次の構成で作成してください。
(1)「趣味」最初に趣味を端的に説明します。
(2)「理由」仕事に活かすために趣味も頑張っているとアピールします。
(3)「仕事貢献」この趣味を仕事にどう活かせるかを具体的に説明します。
 # 表現の注意点：
・文字数は300文字以内。
－－※以下，53ページの "**# 表現の注意点**" と同じ内容を入力ーー

> 趣味を仕事にどう活かせるかを説明させる

趣味は料理です。仕事に活かすためにも熱心に取り組んでいます。食事は生活の基盤であり，料理を通じて創造性や計画力を養っています。仕事では，効率的なタスク管理とチームコラボレーションが求められますが，料理の経験は調理手順を的確に実行し，素材の調和を大切にする姿勢へとつながっています。たとえばプロジェクト推進において，調味料のバランスのようにメンバーの個性を引き立たせつつ，全体をまとめる役割を果たせると自負しています。さらに，新しいレシピのアレンジに挑戦する経験は，問題解決能力を高める要素となり得ます。料理を通じて培った創造性と計画力，そして調和を大切にする姿勢を仕事に活かし，チームの一員として価値を提供できると考えています。

> 平凡な趣味を仕事にどう活かせるかを説明した自己PRが完成した！

プロンプトの赤字部分を自分の状況に合わせて書き換えてください。

Part4

テクニック **10**

平凡な経験でも内定に近づく 即効!逆転テクニック10

何げない行動の中から
コンピテンシーを掘り起こす

　本章PART4の「逆転テクニック」は，実はどれも，強みやアピールポイントを工夫しているだけなのです。平凡な経験でも，その経験の中でPART7の24種類のコンピテンシーをアピールできれば，十分評価される自己PRになります。ChatGPTは，そのための文章例を提示しただけなのです。以下の内定実例は，312ページの「成果に対する執着心」をアピールしています。あなたも自分にあったコンピテンシーを探してアピールしてみてください。

内定実例　コンピテンシーを感じさせるフレーズに人事は反応する

　（前略）ゼミ活動のイベントとして，文化祭で発表すると決まった時，私たちの自己満足だけで終わるのではなく，客観的に見ても優れたものにしたいと考えました。そこで私は，資金提供や客観的な判断を下してもらうために，企業に協賛を依頼することにしました。私は企業とコンタクトをとる際に，メールや電話ではなく自ら足を運び支援をお願いしました。プレゼンの際も，私の企画内容だけをアピールするのではなく，企業側にとってのプラスも考えて伝えました。その結果，文具メーカーから協賛を得られ，文化祭を成功させることができました。この経験で私は達成感を得て，相手の視野で物事を考え，相手の期待や要望を汲み取り，それを満たすために発揮する行動力こそが私の誇れる力だと気づきました。

（三菱UFJ銀行　内定）

COLUMN　ChatGPTで上のような文章を作ってみよう

あなたは「頑張ったエピソード」と「アピールポイント」を用意するだけでOK。アピールポイントはPART7から探しましょう。エピソードとアピールポイントが見つかったら，99ページや101ページのプロンプトに従ってChatGPTに自己PRを作成させます。あとは回答を自分流に書き直して完成させて下さい！

実例を参考にESを総仕上げ！

みんなの内定実例
自己PR編

セールスポイント・強み・会社に貢献できること

 質問の狙い

　この質問で，まずは，あなたの「セールスポイント」や，どんなことに自信を持っているのかをチェックする。さらに，あなたの人間としての「器の大きさ」「総合力」「気合」「大人度」までを見抜こうとしている。

 合否の分かれ目

・「セールスポイント」「強み」のレベルが大したことではないもの，誰でもできることは → ✕
・エントリー企業の実際の仕事であまり重視されない能力，資質を「強み」だとアピールしても → ✕
・「強み」は，その企業が重視するコンピテンシー，資質に近いものだと → ○

 攻略ポイント

・「強み」を，実際の具体的エピソードを交えてアピールすること。
・「強み」は，エントリー企業の職場で，その威力を発揮するものでないといけない。
・エントリー企業が重視するコンピテンシーが自分の「強み」だとアピールできるのが理想的。
・ありふれたことを「強み」とするなら（たとえば「友達を大切にする」など），その強みを発揮することが，いかにビジネスの現場でも有益かを，社会人である採用者が「なるほど～」と舌を巻くくらい説明ができないと，なかなか評価されない。

◆ セールスポイント・強み・会社に貢献できること

商社 三菱商事 (文系・男子)

　①常に，周囲から信頼される人間でありたいと思います。そのために大切なことは，やるべきこと，自分でもできることを常に必死で真面目にやることです。②私は大学に半年遅れで入学したため，体育会〇〇部に入部当初は実力だけでなく一年生の雑務でも足を引っ張っており，しだいに同期からも信頼されないようになり仕事を任されなくなってしまいました。そこで私は③自分でもできることを必死にやろうと決め，毎日誰よりも早く体育館に行き練習の準備をし，練習中は大きな声を出し，率先して片づけを行いました。翌年，後輩が入部してきた際に，仕事の指導係として同期の間から，一生懸命で真面目だという理由で私が任命され，人から信頼を得るには必死で真面目に取り組むことが大切だと改めて感じました。

人事の目

　①の信念を持ち，②の逆境でも③の行動をとれる人間ということだが，①②③から，商社が好む人物像である，チームへの献身性や行動力，自発性が伝わり，評価できる。

◆ セールスポイント・強み・会社に貢献できること

銀行 きらぼし銀行 (文系・男子)

　私の強みは，現状の課題を発見し，工夫して問題を解決する力です。家庭教師のアルバイトで，担当している生徒の成績が伸び悩んだ時期がありました。その際に，①授業の内容よりも，授業時間外にいかに勉強をやる気にさせるかを意識し，「常に褒める」ことと「生徒にやらせる」ことによって，生徒のやる気を引き出し，定期試験の平均点を30点以上伸ばすことができました。貴行では，この強みを活かし，お客様が抱えている問題を広い視野で分析し，お客様の立場に立って，工夫した解決策を考案・実行していきたいと考えています。

人事の目

　①からは課題解決のために柔軟に対応できる様子や創意工夫ができる様子，また相手の立場に立って考えられる様子がうかがえ，評価できる。

◆セールスポイント・強み・会社に貢献できること

証券 野村證券 (文系・男子)

 努力型

質問：あなたの強みを野村證券でどのように活かせますか？

　私が貴社ですべきことはお客様のニーズを把握し，最良の提案をすることと定義しました。私にはその力があります。なぜならば，私には①数々の団体の代表を務めて得た責任感，当事者意識，そして執着心があるからです。この経験はお客様に対し案件遂行のための②責任感，貴社の代表というという当事者意識，ディール達成への執着心としてアウトプットされます。③特に営業に尽力した私にとって効力力と論理力に関しては他を寄せつけない自信があります。つまり，私の長期的な夢を実現する上で貴社と親和性を感じたた志望しました。

 人事の目

　①の団体の代表経験や②の営業経験を備えている点がまず評価できる，その経験があるため，②の責任感，当事者意識，執着心のアピールに説得力がある。また②は企業が特に重視する能力であるため，この応募者をぜひ面接に呼びたくなる。

◆セールスポイント・強み・会社に貢献できること

外資系金融 BNP パリバ (文系・男子)

 ハイスペ

質問：自己PRを英語でご記入ください

　①My strong point is my sense of commitment. ②Based on this edge of me, I have held prominent positions such as leader of my school seminar, student organization, workshop and business contest. In specific, I was the leader of the traditional student organization in Tokyo. With my fellow colleagues, I was outside day-and-night trying to achieve sponsors for our project realization. During this action, ③I made the accomplishment of receiving sponsor from the public office. This was the first-ever sponsorship to be done by a student organization.（中略）Besides this, I participated in a business contest as a culmination of my experience in the business field. ④I made use of my skills I had learned as a leader and did my best to provide creative ideas and contributed to our team to achieve the outstanding performance award.

　①のようにまず自分の強みを一言で伝えるのはよい。また②のように，①が自分に備わっていることをアピールできるようなエピソードをいろいろ備えているのも良い。加えて，そのエピソードも，③や④のように，他の応募者が真似できないような，秀でた成果を上げている点がよい。英文も適切。

◆セールスポイント・強み・会社に貢献できること

IT **ソフトバンク**（文系・男子）　バランス

　私の強みは「挑戦」と「執念」だ。

　学生時代に「挑戦」したのは営業のアルバイトである。現在も学生のアルバイトが20人程度いる中で，新人の教育係の役割を担っている。①そもそもこのバイトを始めたのは，実際に自分の能力だけでどれほどのお金をもらえるのかに興味があって自分を売り込む営業を始めた。最初は契約が取れない日々が続いたうえ，日を経る毎に同期や後輩がほとんど辞めたいった。精神的に辛い中，私は辞めるくらいだったら周りを見返すくらいの売上を出して一目置かれるようになってやると決意し，絶対に諦めなかった。そこからは先輩に嘆願してアポに同行させてもらったり，積極的に助言をもらい克服することに必死だった。そしてそこから②自分に足りない，その場を優位に進める適度な強引さや，自分が一番の営業なんだという自信の大切さを学んできた。その後自分のアポの中で言い回しを真似てみたり先述したことを実践した結果，徐々に業績が上がってきた。

　学生のアルバイトという立場ではあったが，「執念」を持って全力で顧客，上司，己と向き合い続けた結果であると考えている。

　文章全体から成果に対する執着心が伝わり，評価できる。また，アルバイトを始めた①の理由から，チャレンジ精神，向上心，ビジネスへの探求心が伝わる。②からは自分を変える力，逆境力，メンタルタフネスが伝わり，評価できる。

Part 5 みんなの内定実例｜自己PR編

◆セールスポイント・強み・会社に貢献できること

シンクタンク 大和総研 （大学院・理系・男子）　 ハイスペ

　①私は自分自身で目標を掲げ，その目標に向かって粘り強く努力できる人間です。この粘り強さは学生時代，②軽音楽サークルの公演や海外インターンシップ，研究活動などに発揮され充実した大学生活を送ることができました。特に，③研究活動では，成果を上げて学会発表することを目標に活動してきました。実験方法や解析方法が確立されておらず，努力が報われない日々が続いて何度も挫折しそうになりました。しかし失敗を生かしながら日々研究を重ねることで，最終的には納得のいく結果を出すことができ学会発表も果たすことができました。最後まで諦めない思いと，失敗しながらも仮説と検証を繰り返し主体的に考えたことが成果に結びついたと思っています。今後は④自分自身の目標だけでなくチームとしてどのような役割で貢献できるかを常に考え，周囲を巻き込みながら結果を残せる存在だと示していきたいと考えています。

人事の目

　①の能力が備わっていることを実証するエピソードが③のようにきちんと書けているので，①のアピールに説得力がある。しかも③は苦労を乗り越えた経験なので，より高く評価できる。また，②から，多方面で活躍してきたことがうかがえ，この応募者を面接に呼びたいという気になる。また，④から，チームプレーを重視する志向性があることもうかがえ，評価できる。

◆セールスポイント・強み・会社に貢献できること

ソフトウェア NEC ソリューションイノベータ （理系・女子）　 バランス

　私は，困難な状況でも目標を達成させる力を持っています。
　昨年，IT業界で働く決意表明と自己の成長のために基本情報技術者試験を受験しました。しかし①勉強期間が1か月間しかないうえに大学やアルバイトと重なるハードスケジュールの中での受験だったので，周囲からは「絶対に無理」と言われていました。まず私は自分のスケジュールを見直し，行動に優先順位をつけ今まで無駄に費やしていた時間を勉強にあてました。そして学習予定を立て，何があってもとにかく予定どおりに勉強を進めました。徹底的に自己管理をし，自分の力を信じて努力し続けた結果，見事試験に合格することができました。私は常に向上心を持ち，自身の成長を望んでいます。厳しい状況においても，目標に向かい努力することで今までも成長してきました。自分の成長を望

む気持ち，それが誰よりも強いからこそ困難な目標を達成させることができるのです。

人事の目

①から「自己向上意欲」が高く，逆境にも負けず，自分を高めていける「メンタルタフネス」「学習の速さ」や，目標に向かって手順を考えて効率良く取り組もうとする「戦略的思考力」が伝わり，評価できる。

◆セールスポイント・強み・会社に貢献できること
化学 **旭化成** （文系・男子）　　　　　　　　　　　　　　**努力型**

　私のセールスポイントは，①常に高い目標を持ち行動することによって，いろいろな知識や価値観を吸収し，自分の成長を追い求めるということです。大学時代も，自分を成長させたいと考え，②営業インターンや新規事業の立ち上げなどを経験してきました。そこで私は，与えられる役割以上のものを追求してきました。営業インターンでは，何より，相手の考えを引き出す力・聞く力を身につけることができました。努力の結果，③最終的にチーフを任されるまでになりました。それらを通して，目的意識を持って取り組むことが，自分を成長させるために非常に重要だと感じました。そして，個人でもチームでも，④あきらめないで取り組み続けることによって，今まででは見えなかった新しいステップが見えてくるのだということを学ぶことができました。

人事の目

①は，口で言うのは簡単だが，この応募者は，②の経験や③の実績があるため，説得力がある。④も良い学びを得ている。文章全体から，仕事でも活躍できそうな印象を受ける。

◆セールスポイント・強み・会社に貢献できること

リース オリックス （文系・女子）

努力型

①私はエアコンのような人間です。周囲の人を巻き込んだ気配りができます。アルバイトでは，店員の離職を食い止めました。私の働くカフェは，新人が3か月で退職するケースが頻発していました。私は，新人の居心地の悪さを原因と捉え，新人が馴染める環境づくりに励みました。そこで，店員全員による交換日記を設置しました。仕事の疑問や感謝の報告を，勤務毎に書くように定めました。店員に対しては，日記を書く10分の時間を勤務時間に含めてもらうよう，交渉しました。結果，店員の会話が増え，新人の離職はほとんどなくなりました。上記のように私は，他者やチームのために何ができるかを考え，周囲を巻き込んだ行動をすることができます。

 人事の目

①のように，自分の長所を端的に表すキャッチコピーがあると目を引きやすい。①と文章全体から，この応募者が主体的に課題解決にむけた行動や組織を変える行動がとれることがうかがえ，評価できる。

◆セールスポイント・強み・会社に貢献できること

テーマパーク オリエンタルランド （文系・女子）

体育会

質問：対応策に対して自分の能力もしくは経験で貢献できること

①私は，あらゆる経験から得た【心の読解力】で貢献します。物事が（お客様が）なぜそうなっているのかを，表層だけではなく根本で理解することを心がけており，この経験の蓄積で，多くの人々の満足に尽力したと自負しています。

4年間のフレンチレストランでのアルバイトでは，②相手が求めるサービスとは何かを理解し，その場で最適な対応を考え実行し，お客様がより満足できる食事の時間の提供を行いました。その結果，対応するお客様が増えるほど細かな気配りができ，お客様への理解をより深められました。また，米国A社でクラウドOSの市場調査を行った際，世界各国のユーザーリサーチを行いました。③数字からは読み解けないユーザーの根源的な欲求を発見し，効果的な提案に結びつけました。100万社を超える企業と，1,000人以上の個人利用者の情報の中で，レビュー分析を基に，どの切り口でどの数字をデータとするかを考えることで，世界中の支社に伝わる戦略提案に繋げました。このように多くの場数で得た読解力とそれらの経験から得た手数の多さが私の強みです。今後も多様なお客様を魅了し

続ける貴社で，心の読解力を以て唯一無二の感動を体験できるパーク創造に貢献します。

 人事の目

　この応募者は，この文章には書かれていないがエントリーシートの他の設問から体育会に所属していることがわかる。体育会でありながら①の「心の読解力」をアピールするのは意外性があって面白い。また，②③から，人々の志向やニーズを経験値だけでなく定量データも活かし，多角的に分析しようとする意識や習慣が備わっていそうな印象も伝わり，評価できる。

◆セールスポイント・強み・会社に貢献できること
鉄道 東京急行電鉄 （文系・男子）

努力型

　私が最も誇れることは「苦手なことにも積極的に挑戦できる」ということです。特に，恥ずかしさ・緊張から「人前に出ること」を最も苦手としていましたが，「仕事では人前に出る機会が必ずある」と考え，①この苦手の克服に挑戦しました。具体的には，②所属ゼミの海外研修旅行リーダーを務め，人前に出ざるを得ない状況を作りました。さらに研修中は多くの質問をぶつけ，研修後の調査発表会では発表者を務める等，人前に出る機会を自ら増やしました。結果，大学の授業や就職活動等，大勢の人がいる場合でも臆せずに発言や質問ができるようになりました。このように，③苦手・困難に積極的に挑戦できますので，どんな困難にも屈せず，「東急で最も安全・快適な運転士になる」という目標に向かって，日々まい進できると自負しています。

 人事の目

　特に秀でた経験，実績が書いてあるわけではないが，①②から自分を変える力，自己向上力が伝わる。また，③から，その強みを志望企業でどう活かせるのかもきちんと書いてあり，好感が持てる。

◆セールスポイント・強み・会社に貢献できること

コンサル アクセンチュア（文系・男子）

　私は自分の役割をしっかりと見定め，自分を最大限に活かすことが得意です。今まで飲食店でのアルバイトではリーダーとして，ディスカッションなどではアイデアマンとしてどんどんアイデアを出し，活気を与えるなど，①その場その場で自分が最大限に活きる役割を見定めてチームに貢献できます。今現在参加している「新しいメディアを作る」という，ターゲットをフリーターに設定した約1か月半にわたるインターンでは，5人の班で何度も自主的に集まり，グループディスカッションをしました。初めは，アルバイトで培ったリーダーシップを活かせたらよいと思いましたが，メンバーはとても優秀な方が多く，圧倒されそうになりました。けれども，今までの経験を活かし，どの役割につけば自分を最大限に活かせるかを考えた時に，②自分は勉強という面において彼らの3分の1しかしていないが，社会勉強なら負けないと思い，自分が一番フリーターに近い立場ではないかと考え，フリーターの立場に立ってアイデアを出しました。闇雲にアイデアを出すのはかえって逆効果ですが，議論が行き詰まった時に新しい視点から見た考えを述べるなどして，チームに貢献してきました。私はアクセンチュアにおいていろいろなプロジェクトに関われた時に，自分の立場にむやみにこだわらず，自分を最大限に活かす役割を見つけ，チームに貢献できると思います。

 ### 人事の目

　　①からチームマネジメントが，②からは順応力が伝わる。また，文章全体から，自分のことよりもチーム全体の成果を優先して考えられる献身性も伝わり，評価できる。

◆セールスポイント・強み・会社に貢献できること

ショッピング施設 イオンモール（文系・男子）

　私は地域に愛される商業施設を作るうえで，特に2点において能力を活かせると考えています。1点目として，①行動力が活かせると考えています。地域に愛される商業施設を作るには，地域の人々の声を汲み取り，最大限に活かしていく必要があります。そのためには，文化や歴史を調べるとともに，持ち前の行動力を活かし，実際にその地域を訪れ，人々と触れ合う中で想いを汲み取り，形にしていきたいです。2点目としては，②ニーズを汲み取る力が活かせると考えています。地元の人の言葉の背景にあるニーズを実現すること

も必要です。OA機器販売のアルバイトをしていた際，お客様の要望をただ聞くだけではなく，なぜそれを要望するのか等を聞き出し，それに合った提案を行っていました。経験によって培ったこの能力を活かし，本当に地元の人が求めるものを作りたいです。地域に愛されるとともに，人々によりよい暮らしを提供できる商業施設にしていきたいです。

人事の目

①や②の能力のように，商業施設開発で実際に求められる能力を，具体例を添えてアピールしているのはよい。

◆セールスポイント・強み・会社に貢献できること

電気機器 ホーチキ （大学院・理系・男子）

約1年間の交換留学の経験から，①目標に向け動き続けることが強みである。将来，②世界で通用する技術者になることをめざし，③留学では正規授業以外に，④就業経験を積むことと⑤ロボットコンテストへの出場を個人目標としていた。しかし，就業先を探すが，短期間の滞在を理由に50社以上から受け入れを拒否されてしまい，途方に暮れた。そこで，⑥目標に近づくため一人でも多くの人と出会い，自分の思いを伝え活路を見出すことを決め，⑦直接関連しない学生交流会の開催などにも挑戦した。すると，⑧次第に人脈が広がり，必要不可欠な人に出会うことができ，目標達成できた。この経験を活かし，どんなことでも挑戦し続けていきたい。

人事の目

全体的によく書けている。まず②の具体的な目標があり，目標実現に向けて③の留学だけでなく④⑤にも挑戦したことが素晴らしい。思い通りにいかなくても，⑥⑦のように動き続ける意思と実行力を発揮し，⑧の成果をあげているので本人がアピールする①は十分伝わる。また，チャレンジ精神，成果達成力，自己向上意欲も伝わる。

◆セールスポイント・強み・会社に貢献できること

電気機器 **富士ゼロックス** （文系・女子）

質問：富士ゼロックスに入社して，どのように力を発揮し貢献していきたいですか

　私は学生時代に培った「さまざまな視点から物事を捉え，考える力」を発揮し，①最適なソリューションを提案することで，人々の働き方を変革し「日本の経済と人々の人生を豊かにしたい」です。②「日本の経済を豊かにしたい」理由は，日本への愛着からです。労働人口が減っていく中で，日本企業を守り活性化させ日本に貢献したいです。「人々の人生を豊かにしたい」理由は，私の幼い頃の経験によります。私の父は仕事が忙しく単身赴任をしており，大きな仕事をする父を誇りに思うと同時に，寂しい気持ちもありました。そのことから，「仕事の充実度とプライベートの充実度の両方を上げるには，どうすればいいか」を考えるようになりました。貴社は，時代の一歩先を行く働き方を模索し挑戦し続けています。そのため，貴社でなら同じ想いを持つ仲間と共に目標を実現できると感じました。さまざまな視点から問題を捉え，解決していく力を貴社で発揮し，目標を実現させたいです。

 人事の目

　②から，社会に対する問題意識や志の高さが伝わる。ただ，この企業のビジネスへの貢献意識が希薄な感じがする。たとえば①を，「日本の経済と人々の人生を豊かにできるよう，人々の働き方を変革できるサービスを企画し，新しいビジネスを自分で生み出したい」などと言い換えれば，事業家マインドやこの企業への貢献意欲が伝わり，もっと評価されるようになる。

◆セールスポイント・強み・会社に貢献できること

食品 **タカナシ乳業** （理系・女子）

質問：あなたらしさを表す写真を貼り，自己PRをしてください　（※写真省略）

　写真は，スポーツジムのアルバイトでお客様に料金のご案内をしているところです。相手が求めている以上の気配りのある提案ができます。スポーツジムのアルバイトで①入会を迷っているお客様の見学入会率を40％から100％にしました。見学入会率を上げたいと考えた理由は，ある見学のお客様に「どこも同じだね」と言われて入会していただけないことがあったからです。②入会率を上げるために店舗のアピール方法を考えました。たとえば，③他店舗の見学に行き，あらゆる面から違いや優れている点を見つけ，まとめま

した。さらに、④他社にはない強みを出すために、夏にはおしぼりを、冬にはカイロを渡す気配り方法の提案を店長に行い、実践しました。結果、見学入会率を上記のように上げることができました。この強みを活かし、貴社の仕事にご貢献できると考えております。

人事の目

①の目的を果たすために、②のように「アピール方法」を工夫したのは良い着眼点である。そのために、わざわざ③のような積極的な行動を取れている点も評価できる。さらには、④のように、自らアピールできる材料を作り出すという発想と行動を取れている点も評価できる。新卒採用選考で、自分の大学のレベルに引け目を感じる人もいるかもしれないが、この応募者のように自立自足（自分で考え、自分で行動できる）タイプの努力型の人は、十分企業に評価される。

◆セールスポイント・強み・会社に貢献できること

トイレタリー　ライオン（文系・男子）

体育会

人当たりの良さには自信がある。キャディのアルバイトにおいて①1,000人以上のお客様に出会った。現在、お客様満足評価度100%の実績を残しており、社内表彰を受けたこともある。私は常に自分から積極的に話しかけている。こうしてお客様のプレー目的や人柄等を洞察して、一人ひとりのニーズに見合う接客対応を取ることができた。たとえば、接待ゴルフ組では被接待者を優先的にサポートすることで組全体に満足感を与えてきた。また、話し好きのお客様に対しては耳を傾け、話をさらに引き出すことでお客様に満足感を与えてきた。こうした②一人ひとりに見合う臨機応変な対応を基にした人当たりの良さが私の自慢できる能力である。

人事の目

②のようなアピールをする応募者は多いが、この応募者は①のように他人が真似できない実績があるため、②の内容に説得力が増し、評価できる。

Part **5**

みんなの内定実例—自己PR編

Part5
内定実例 2

学生時代に頑張ったこと
①サークル・クラブ・課外活動

 質問の狙い

重要なのはサークルやクラブ活動の内容ではない。どんな思考・行動パターンで取り組んできたのか，また仕事で活かせることは何かを企業は知りたい。

たとえば，

・常に，問題意識を持って何事にも取り組めるか？

・常に，目的・目標を持って何事にも取り組めるか？

・自社が求めるコンピテンシー，資質が備わっていそうか？　など

合否の分かれ目

・自社が求めるコンピテンシー，資質が発揮されていたら → ○

・高い目標を設定し，積極的に困難に立ち向かった経験があれば → ○

・非常に秀でた実績，成果を上げていたら → ○

・周囲に流されて，自発性，問題意識もないまま活動していたら → ✕

・サークル，クラブ活動で身につけたものが，子供じみていたら → ✕

・「こんなに頑張りました！」という内容が，平凡だったら → △

攻略ポイント

実際，応募者が経験してきたサークル，クラブ活動の内容に大差はない。差があるとしたら，「思考・行動パターン」である。つまり，コンピテンシーが備わった思考・行動を取ってきたかどうかである。

PART8 を参考に，企業が評価するコンピテンシーが備わった思考・行動を取ってきたことと，仕事でどう活かせるかをアピールしよう。

◆学生時代に頑張ったこと／サークル・クラブ・課外活動

情報通信 NTT 東日本（大学院・理系・男子）
ユニーク

質問：学生時代に一番力を入れて取り組んだこと

「音楽活動（DJ，オーガナイザー）」

　私はDJとして音楽活動をしており，さまざまなイベントに参加してきました。また，自身，オーガナイザーとして，クラブイベントの企画・運営に力を入れておりました。自身のDJスタイルを確立し，音・空間を提供すること。また，オーガナイザーという立場から，イベント企画・構成・料金設定，プロモーション活動，スタッフ統括，スポンサー募集等に携わっておりました。

質問：上記の取り組みで，目標としたこと，工夫したこと

① 「Win×Win」

　<u>お客様に料金以上の満足感を与えること・感じていただくこと。また，お客様への価値提供を通じ，我々が適当な対価を得ることを目標とし，イベント運営をしておりました。</u>イベントの問題点を検証し，それらを改善し，独自性を持たせるため，企画を見直すとともに，さまざまな提案をしました。その一例として，異種のイベント要素を融合したことが挙げられます（著名ダンスクルー・DJの出演，インラインスケート・ダンスコンテストの開催，ペイントアートの実演，レコードの無料配布）。

　さまざまなアプローチの結果，いくつかの雑誌に取り上げられたこと，毎回500人超の集客数になったこと等の成果を上げることができました。また，スポンサー，スタッフ，お客様と関わることで，"コミュニケーション能力""チームワーク""リーダーシップ""判断力"等々の重要性を感じるとともに，自得できたと感じております。

人事の目

　採用者の中には，クラブやDJといったことをよく理解できない人たちも少なくないだろう。ただ，その活動の目的として掲げた①の「Win×Winの構築」はビジネスでも強く求められるものなので，この応募者のアピールは，採用者たちの共感を得られるだろう。この文章は，採用者が理解しづらい経験や活動をアピールする場合の，1つのお手本である。

Part

5

みんなの内定実例ー自己PR編

◆学生時代に頑張ったこと／サークル・クラブ・課外活動

不動産 **三井不動産**（文系・男子）

 体育会

　体育会でアメリカンフットボールに打ち込みました。副将でありながら結果を出せず葛藤していたとき，「些細なことに悩むのをやめ，チームの勝利を何においても優先する」と覚悟を決めました。その結果，チームは5年ぶりの一部リーグ復帰を達成しました。司令塔として結果を残し，日頃の取り組みが認められた私は，同期全員からの投票を受け，幹部としてチームを引っ張る決意をしました。ところが臨んだ最終シーズン，<u>①私がケガで欠場した試合で，下級生が活躍し，以後，彼にスターターを奪われました。副将でありながら選手として結果を出せないこと，それでもチームを引っ張っていくことに葛藤し続けました。</u>自分がやるべきことは自分のパフォーマンスに集中し，スターターを取り返すために努力することではないかと考えた時もありました。<u>②コーチや仲間からさまざまな叱咤を受ける中，ひとつの決断をしました。「割り切って頑張る」ことです。勝つためにできることに全力で取り組み，できないこと，考えても仕様のないことに悩むのはやめました。つまらないプライドを捨て，後輩に足りなかった経験を自らの経験を伝えることで補ったり，戦術面での強化のため新しい練習を取り入れたりしました。</u>プレーヤーとしては納得できる結果を残せませんでした。しかし最終戦を勝利で締めくくると，自然と涙があふれ苦楽をともにした仲間と抱き合っていました。

人事の目

　文章全体からリーダーシップ，自己変革力，チームプレー力，成果への執着心が伝わり，評価できる。特に企業は①②のような挫折や辛い境遇を乗り越え，選手としてではなく裏方として自分のことよりもチームに貢献できる人物を高く評価する。

◆学生時代に頑張ったこと／サークル・クラブ・課外活動

銀行 **みずほフィナンシャルグループ**（文系・男子）

 バランス

『サッカーサークルでレギュラー奪取とチーム力向上に尽力したこと』
質問：【1】得られた成果，【2】苦労やそれを克服するために努力したこと
　1：先発の座をつかみ，さらに学内トップの成績を収めた。中高と主将を務め自信があっただけに，先発から外れた時は悔しかったが，<u>①「計画性，継続力」という強みを活かし，逆境に打ち勝った。そして②挫折を成長するチャンスだと捉えられるようになった。</u>

2：③テスト期間，アルバイト後関係なく10キロ走と朝晩の筋トレを毎日続け，チーム1の体力をつけ，先発の座を掴んだ。そしてデビュー戦で初得点を決め，勝利に貢献できた喜びを味わった。④仲間のためにさらなる貢献がしたいと思い，体力不足の選手を誘って「練習前の30分間走」に取り組んだ。また，時に励まし，時に親しく接する姿を貫き，チーム内の緊張感を保った。

 人事の目

　文章全体から，逆境に負けない精神力と行動力は伝わる。加えて，①からは課題解決力が，②③からは自己向上力が，④からはチームマネジメント力が伝わり，評価できる。

◆学生時代に頑張ったこと／サークル・クラブ・課外活動

生保 日本生命保険（大学院・理系・男子） ハイスペ

　私は，○○○競技のサークルを自ら設立した。当初は勧誘活動や幹事・運用の面での経験が浅かったため，勧誘活動や日々の活動における計画性の不足，期待していたほどの効果が得られない，といった多くの問題に直面した。そこで，サークルを設立した仲間とともに，状況を常に冷静に振り返り，事態を改善するための努力を重ねた。その具体例として次のようなものがある。

　①動的なWEBサイトを制作し，効率的に活動内容の告知を行ったり，出席システムを導入したりし，さらにメンバー同士がうまく交流を図れるような工夫もした。また，蓄積したノウハウからあらゆる事態を想定した綿密な計画を立て，活動を皆にとってより安全で充実したものにしていった。その結果，次第に多様な仲間が集うようになり，○○○競技などの積極的な活動を通じてメンバー同士の強い信頼関係を築くことができた。このように，論理的かつ柔軟に思考を重ね，一つの団体を組織した一連のプロセスこそが私自身にとって最も成長できる経験であった。

人事の目

　①のように，自分たちが直面する問題に対し，問題点を抽出し，解決方法を模索し，計画を立て，チームを統率した経験を備えているのは評価できる。動的なWEBサイトを自ら制作できる点にも興味がわく。

生保 明治安田生命保険（文系・女子） バランス

　学生時代，私が一番力を入れていたことは150人のサークルの代表として統括した新歓活動だ。前年，前々年の失敗により，サークルの存続がかかった新歓活動を成功させるにおいて，2つのことを行った。1つ目は，①サークルの公式LINEの作成だ。前年までのツイッターに加え，主な連絡手段として使用しているLINE の活用を提案し，新入生によりサークルのことを知ってもらい，身近に感じてもらえるよう努めた。2つ目は，サークル員一人ひとりの立場に立ち，皆に寄り添うことのできる代表をめざした。私は，②強みである傾聴力を生かし，皆の現状を把握するだけでなく，悩みや不満まで聞き出すことで信頼関係を築くよう努めた。そして，各々に見合った仕事量を楽しくこなしてもらえるように仕事を振り分けた。結果，周囲を巻き込み，③前年度比1.5 倍である定員いっぱいの新入生の勧誘に成功した。加えて，同期のサークル定着率も向上した。

人事の目

　①のLINE施策は，企業も関心のあるマーケティング手法なので，面接で工夫した点について突込み質問されるだろう。②からはリーダーシップの勘所を押さえていそうな印象を受ける。③の成果も出ているので②のチームマネジメント術に期待できる。

損保 損保ジャパン日本興亜（文系・女子） バランス

　最も力を入れたのは，昨年1年間150人規模のテニスサークルの代表とキャプテンを兼任したことです。その理由は，この2つの兼任は前代未聞だったにもかかわらず，私は両方立候補して最後までやり遂げたからです。そして立候補した理由としては，①代表は責任ある仕事を通して自己成長と周りの期待に応えたいという思いからであり，②キャプテンは8年間のテニス経験と2年間のレギュラー経験を活かしてチームに貢献できると思ったからです。具体的には，代表としては役員会での司会進行やみんなが楽しめるサークル作りに尽力しました。それを通して特に③傾聴力や協調力を伸ばせたうえに，影響力の大きい仕事や責任ある仕事へのやりがいを知りました。キャプテンとしては，主に練習や試合での統率と指導に尽力しました。そこでは④統率力や指導力を伸ばせたうえに，練習をともに乗り越えた仲間と団体戦で目標のベスト8を掴む喜びを知り，チームに働きか

けるやりがいを感じました。

人事の目

①②から主体性，向上心，責任感，チャレンジ精神，リーダーシップが，③④からチームマネジメント力が伝わる。文章全体から自発的に目標を設定して課題を見つけ，突破するための努力を厭わず，前進できる人物だと感じられ，評価できる。

◆ 学生時代に頑張ったこと／サークル・クラブ・課外活動

証券 大和証券 （文系・男子）

体育会

大学の体育会系○○部で学んだことは自主的に行動することの大切さです。私たちのチームはコーチなど指導者がおらず，学生主体のチームです。そのためどういうチームにしたいか，どういうプレーをしたいかを常に話し合って決めなければいけません。そのため①チームがよくなるようにミーティングでも自分の考えを表現してきました。この②スポーツを小1からずっと続けていて，高校時代はキャプテンを務め，それなりの競技人生を送っていたのですが，大学ではまだレギュラーを獲得していません。レギュラーでないのに大学生活を○○部の活動だけで過ごしてよいのかと悩んだこともありましたが，今は③負けたままで終わりたくないという気持ちの方が強いです。自分の負けず嫌いな性格を再認識できたと思います。残りの大学生活でレギュラー獲得をめざすとともに，仕事でも負けず嫌いな性格と自主的に行動する力を活かしていきたいと思います。

人事の目

①からチームプレー力が，②からは忍耐力や継続力が，③からは成果に対する執着心が伝わる。この応募者はレギュラーでない自分を卑下しているが，レギュラーとして活躍できなくても，いや，レギュラーでもないのに，長年，辛い練習に耐え，チームに貢献し続けてきた人材を企業が非常に高く評価する。まさにこの応募者のような人材を評価するのだ。

Part **5**

みんなの内定実例 I 自己PR編

コンサル **アクセンチュア**（理系・男子）

●エネルギーを注いだこと

　私が力を注いだこととして，学生団体の運営が挙げられます。私は友人と共に学生を集めた交流会の主催を行う団体を立ち上げました。私は，現在も代表として全体を統括しながら方向付けを行うという役割を担っています。

●生じた問題

　第一回交流会で120人を集めた後，私たちは以下の２点の問題点を抱えてしまいました。

１：チームのモチベーション低下

　　第一回終了後，メンバーに作業を振り返っても期限に間に合わせる努力をしなくなり，次回の交流会を成功させるための努力等を行わなくなった時期がありました。

２：本質でない事業による負担

　　私たちはインターネットを使い，参加者同士のblogをリンクし合うコンテンツを提供しようと考えました。しかし，私たちはインターン等で忙しく，完成のメドがたたないまま時間が過ぎていました。

●各問題の解決方法

１：①メンバー各々に，現在行いたいことや，あてることが出来る時間のアンケートを取り，それをもとに仕事を各人に割り振るよう心がけました。この結果，自分が出来る時間内で，求めるスキルを身につける作業を経験することで，メンバーのモチベーションは向上し，作業も速くなりました。

２：本業へのリソース集中

　　②本来の目的ではないコンテンツ作成に時間を費やすのではなく，本来の目的である「交流会の主催」に費やすことで，交流会の質を高めることを決断しました。その結果，２週間まったく進まなかった第二回交流会の内容が，わずか１週間で決定するに至りました。

●私への影響

　私は，この経験を通じて以下の２点を学び，チームで活動する際にはこれらを必ず意識するようになりました。

　③リソース（特に人・時間）の最適分配の重要性

　④メンバーのモチベーションを維持することの重要性

人事の目

　文章全体がロジックツリーに即して書かれており，コンサルタントの仕事やコンサルティング業界の基礎知識を備えているような印象を受け，評価できる。また，①③からは課題解決のための手順を考える力が，②④からはチームマネジメント力，モチベーションマネジメント力が伝わり，評価できる。

◆学生時代に頑張ったこと／サークル・クラブ・課外活動

不動産 ゴールドクレスト（文系・男子）

　①私は大学から新しいことを始めたいと考え，格闘技の部活に所属しました。当初はこの格闘技独特の動きに慣れることができず苦戦し，向いていないと思慮することもありました。しかし一度魅力を感じ，始めたからにはできる限りのことを行って，自分なりのベストを尽くしたいと考えるに至りました。そこでまず全日本大会出場を目標に，先輩や同期の部員に助言をもらいつつ，毎日「突き」や「けり」を100回行うといった自主練習を，日々の部活動の練習とは別に行いました。このような自主トレーニングを1年間続けることにより，②年生の時には，②県大会で２部門１位，全国大会に出場することができ，その後自主練習を継続し，ついには県代表として全日本大会出場にすることができました。地道な努力を重ねることにより，全日本大会への出場という自分の夢を叶えることができました。今では何事も努力を継続することが重要であると考えています。

人事の目

　①からは未経験分野にも果敢に挑戦できるチャレンジ精神が伝わり，評価できる。②のように成果を上げているのも素晴らしい。

Part
5

みんなの内定実例｜自己ＰＲ編

◆学生時代に頑張ったこと／サークル・クラブ・課外活動

電気機器 富士通（文系・男子）

　テニスサークル代表として，価値観の違いを超えた団結力のあるサークル作りをした。①周囲との信頼関係構築のために『誰よりも熱意を示し，行動すること』と『相手を尊重すること』が大切だと学ぶことができた。背景として，準体育会系サークルとして厳しい練習を行う中で，テニスやサークルに対する価値観の違いからサークル内に溝が生じていることがあった。大学３年の夏合宿前に練習体制を巡りサークル内で対立が生じた。私は，『目標に向かって一丸となれる』よう，まずは自分ができる最大限の努力を行うことで，周囲からの信頼を得た。さらに，対立する経験者と初心者から意見を聞き，自分の意見を主張するばかりではなく，周囲の意見を取り込んだうえで自分の方向性を示そうと努力した。実際に，私は以下の３点の行動を行った。

②１：会議を増やし，代表としての私の意見以外にもサークル運営の中心である幹部と意識共有をすることで方針を定めた。

　２：合宿開始まで不満を持つ者と向き合い，不満な点を見極め，練習方法を練った。

　３：合宿中も時間がない中，１日の反省と翌日の目標を幹部と議論し，方向性の微調整や，部員一人ひとりへの細かい対応も練った。

　結果，部員同士の団結力は深まり，ベスト３をかけた団体戦に100名の応援が集まり，心から仲間を励まし合うことで勝利を掴み取ることができた。対立する意見をまとめ，１つの目標に向かって団結することの大切さを学んだ。

人事の目

　一文一文が「〜した」という語尾なのは気になるが，文章全体からは，「リーダーシップ」や「チームマネジメント力」が備わっていそうな印象を受け，評価できる。①のようにメンバーの信頼を得ることの重要性を理解している点や，②の「状況分析→改善策立案→実行→反省」のサイクルをまわしながらチームを引っ張るなど，集団を動かす勘所を理解してチームマネジメントができている点が評価できる。

◆学生時代に頑張ったこと／サークル・クラブ・課外活動

サービス MKタクシー（文系・女子）

　私は大学で，能楽部に所属しています。日本の伝統芸能である能を，自らが学び，実際に舞や謡の稽古に日々励んでいます。そこで学んだことは，日々の努力がいかに大事か，

ということです。地道な練習をコツコツと積み重ねていくことで，自分を見つめ直しながら高めていく。そしてそれが良い舞や謡になる。そんな経験がたくさんできました。また，①日本の歴史や文化を学ぶだけでなく，OB会や能楽部の先生とのつながり，そしてそこから学んだ礼儀作法も身に付けることができました。そのため，能楽部の活動に特に力を入れました。

人事の目

　　タクシー・観光業界の採用担当者は①には興味を示すだろう。タクシー・観光サービスの顧客に対して礼儀よく接することができる人物や，日本の歴史や文化を語れる人物は，高く評価できる。

◆学生時代に頑張ったこと／サークル・クラブ・課外活動

商社 丸紅 (文系・男子) ハイスペ

　　私はNPO法人の代表として某国のストリートチルドレンの支援に取り組みました。学生だけで構成される組織の中で，①継続的に支援を続けること，そして学生のモチベーションを維持するため，活動を通じてスタッフが成長を実感できる組織にすることを目標にしました。基本の活動として自動販売機を通じた支援や，学校・企業などでの授業，現地のこどもたちが作ったグッズ販売などを行っています。それ以外にも，②昨年は初めて中高生の音楽系部の生徒に協力していただき，チャリティーコンサートを企画し，大成功を収めることができ，今年も開催するなど新しいことにも挑戦し続けました。

人事の目

　　文章全体から，社会に対する問題意識の高い人物であることがわかる。しかし決して単なる理想主義者ではなく，①②から，現実を直視し，問題解決に向けて実行できるクールな思考力と実行力，そして組織を動かす力，指導力，プロジェクト推進力も備わっていることがうかがえる。

Part 5

みんなの内定実例―自己PR編

◆学生時代に頑張ったこと／サークル・クラブ・課外活動

商社 双日（文系・男子）

　私は，昨年の秋，学生団体で学生と企業のマッチングを目的とした大規模な就活イベントを主催しました。そこで私は，イベントの全体統括のリーダーを務めました。イベント開催にあたり，一番の問題になったのは企業誘致の営業でした。2か月という非常に短い期間で企業を誘致する必要があったので，①より効率的に営業を進めるためにチームのメンバーに徹底させたことが主に2点あります。1点目は，電話でのアポイント取りで，1週間，1日，1時間単位で電話数，アポイント数の目標設定をすることです。2点目は，実際に企業に出向いての営業で，自分達のイベントを自信と熱意を持って売り込むこと，企業が何を求めているかを徹底的にヒアリングし，イベントの改善に取り組むことです。その結果，24社の協賛企業を獲得することができました。また，先を見通したうえで情報を整理し的確な指示を出し，チームのメンバーを動かす難しさを改めて学ぶことができました。

人事の目

　①から，戦略的思考力やチームマネジメント力，交渉力が備わっていることがうかがえ，評価できる。企業のニーズを把握しようとする姿勢もよい。

◆学生時代に頑張ったこと／サークル・クラブ・課外活動

ファッション ファーストリテイリング（文系・女子）

　留学生700人が住む国際寮のCA（コミュニティアシスタント）として留学生の生活サポートに携わっています。寮では，皿洗いや騒音等に関する苦情が1日10件も寄せられていました。私は寮生間の交流を促進するために，まず①自分が担当の寮生30人のコミュニケーションのハブになろうと考えました。そこで私は（1）バイトを辞めて1日最低3時間は共有部屋にいることで，寮生30人全員の性格や育ち，環境を理解することに努めました。そして（2）気が合いそうな寮生同士をつなげるなど，パイプの役割を果たしました。お互いに親しみを持つようになった段階で，（3）全体の話し合いを設け，私が進行役を務めることでスムーズにルール作りが行えました。半年後，トラブル0となり，休日は皆で小旅行に行くほどの仲になりました。この経験から，利害関係の異なる人々を調整する際，一人ひとりと真摯に向き合い信頼関係を築いたうえで皆をまとめることの大切さを学びました。

人事の目

　文章全体および①から，リーダーシップや調整能力，コミュニケーション力が備わっていることがうかがえる。採用選考では，リーダー経験がないと不利になると思われがちだが，この応募者のようにリーダー経験はなくてもリーダーシップを発揮した経験をアピールできれば十分評価される。

◆学生時代に頑張ったこと／サークル・クラブ・課外活動

 旅行 H.I.S. (文系・女子)　　　　　　　　　　　　　

　体育会系○○部に所属し，体育会の応援に打ち込んでいます。私は昨年，学校の一大イベントでもある野球の秋季戦において，応援リーダーを務めました。その際に私が掲げた目標の一つが「今まで以上に応援席に観客を増やすこと」であり，この目標に向かって挑戦的に取り組みました。私はまず①観客動員数の増加を図るために，学生食堂と学内生協の方々に掛け合い，野球部の選手にちなんだメニューの提案や「お菓子フェア」を行い，学生の大会への認知度を高めました。教授にも掛け合い，大会に懸ける想いを伝え，授業内で学生に応援指導をする時間も与えていただく等，周囲を巻き込み，学校全体で「大会の応援に行こう」という雰囲気づくりに努めました。

質問：なぜ取り組もうと思いましたか？　理由をご記入ください

　②応援をするだけでなく，応援席の運営・応援方法の企画・観客動員の対策等，応援に関わることすべてが私たちの大切な仕事だと考えているからです。

　また，応援の楽しさをより多くの学生に知ってもらいたいと強く想っていたためです。

質問：その経験を通じて「得たこと」や「成果」をご記入ください

　観客動員数は前の年よりも千人単位で増加し，一体感ある応援で野球部を勝利へ後押しすることができました。この経験を通じて，目標のために周囲を巻き込むためには，自分が「応援の楽しさを伝えたい」という目標を強く想い，それを周囲に伝えていくことが大事だということを感じました。

 人事の目

　①から発想力，戦略的思考力や実行力を備えた人物であることがわかり，評価できる。②からは常に新たな問題点を探し，解決しようとする視野の広さ，柔軟性，チャレンジスピリットも備わっていそうな印象を受け，評価できる。全体的に企業が求める良い思考・行動習慣が備わっている応募者だ。

Part 5

みんなの内定実例ー自己PR編

旅行 JTB （文系・男子）　

「チームの士気向上」

　私はダンスチームの振り付けを担当しています。初めて担当したとき，最低限の練習しかしないメンバーへの対処ができなかったため，本番の出来が悪く，観客の方々を楽しませることができませんでした。私は振り付けを踊るメンバー一人ひとりが楽しむ必要があると考え，以下の2点を実行しました。

①1．参画意識を持ってもらうため，各々にソロパートを与える。

　2．各々の実力より少し上級の振り付けを考える。

　このことによってメンバーの競争心に火を点けることができ，自主練習するまでになりました。

　結果，発表に全員が前向きに取り組み，観客の方々から直接「面白かった」と言っていただけました。ここから，自らが楽しみ，熱意をもって取り組んでこそ相手に感動を与えられると感じました。

 人事の目

　①のように，メンバー個々に具体的な役割を与えたり，モチベーションを高めるための具体的な施策を実行したり，「チームの士気向上」のための独自のノウハウを説明できるのは評価できる。

百貨店 髙島屋 （文系・女子）　

【演奏会来場者数増加】

　所属する合唱団において「他大学合唱団と，互いの演奏会に一定数の団員を派遣する約束を結ぶ」こと，他3つの方策を立案しました。方策の実行にあたって心がけたことは2点あります。1つは「他団担当者に対する迅速な連絡」です。従来交流が皆無の合唱団と早期に信頼関係を構築するため，誠実な対応に努めました。2つ目は「団員の目的意識の維持」です。他団の演奏を聴いて一時的に感動するだけでなく，自身の技術や感性の向上に繋げてほしいと考えました。そこで「フィードバック用紙をパンフレットと併せて配布する」ことを方策に加えました。結果，従来の約1.5倍の集客に成功しただけでなく，団員の練習意欲向上・他団との交流促進も実現できました。この経験を通して，①信頼こそ

チームワークの要であり、信頼を得るには誠実な態度で相手と向き合うことが重要だと再認識しました。信頼関係が構築されれば、互いにその信頼に応えなければいけないという意識によって、自分の成長をめざした自発的な取り組みの発生が見込めます。これによって目標の達成に大きく近づくことができるほか、時には当初の目的以上の成果をあげることをも可能にするのだと学びました。

人事の目

「来場者数増加」という目的を達成するために、ただ闇雲に頑張るのではなく、きちんと戦略・戦術を考えて実行しようとしている点が評価できる。また、①から、良い「気づき」を得ているのもうかがえ、評価できる。

◆学生時代に頑張ったこと／サークル・クラブ・課外活動

自動車 トヨタ自動車（文系・男子）

●学生時代に頑張ったこと

私が最も力を入れたのは環境フォーラムを開いたことです。日本の学生と留学生が環境問題について学び、考え、議論する場を作りたいと思い、自分が代表を務める学生団体○○○で提案し、実行しました。

●その中で工夫したこと

環境フォーラムを実行する際に自主的に多く行動しました。たとえば、少ない時間を有効に使うため、一人で他の学生団体に行きミーティングの仕方を学び、自分たちのミーティングをより効率的・生産的にしました。また私は、営業をほぼ一人で担当していました。営業では、ただフォーラム内でPRタイムを設けるだけでなく、企業のニーズを聞き、それにあったものを提供しました。学生にもっとアピールしたい企業は、友人に協力してもらい、学生新聞に掲載していただきました。また、扱っている製品をもっと世に広めたい企業には、製品を扱うイベントを開くなどの提案をしました。こうした提案をして約27万円もの協賛金を集められました。他にも多々苦労はありましたが、このイベントを通して、自分で自主的に実行していくことの楽しさを学びました。

人事の目

文章全体から、高いレベルを求めて前進する意欲、積極的に情報収集する姿勢、自主的に創意工夫しようとする姿勢などがうかがえ、評価できる。

情報メディア リクルートコミュニケーションズ（大学院・理系・男子）

質問：学生時代，「頑張ったこと」と「それを頑張ろうと思った理由」について

　大学生活の4年間，E.S.S.のディスカッションセクションに所属し，自身の①英語力，論理的思考能力，議論力および問題発見・解決力等の向上，後輩達の能力向上に尽力しました。②理由は苦手意識のあった英語力を向上させたかったことと，ディスカッションを通して今後必要となる上記の能力を主体的に身につけたかったことです。また私が得た能力を後輩達にも得てほしいと思い，後輩たちの能力向上にも尽力しました。

質問：上記の経験の中で「大変だったこと」「自分自身の役割」について

　私は新入部員を勧誘する広報活動と後輩たちの能力向上に繋がる企画の立案・制作を担当しました。企画立案も大変でしたが，入部希望者を増やすための戦略立案は非常に苦労しました。新入部員を増やすため，まず現部員の入部理由や入部して良かったこと等のアンケートを実施しました。毎年入部者数は20人程度であったのに対し，アンケート結果に応じた勧誘チラシや冊子，WEBサイトを作成したところ，64人もの新入生が入部してくれました。

 人事の目

　①から，自己向上意欲を備えていることがうかがえる。しかも，向上させようとしている能力・ポイントが，どれも企業で強く求められるものばかりなので，評価できる。また②から，この応募者自身，企業が求めている能力を理解したうえで，①の能力向上に努めていることが伝わる。目的意識が明確で，「企業で働く」うえでの重要な点なども理解できていることがうかがえ，高く評価できる。

海運 商船三井 （文系・男子）

　私は自分に試練を与えることで，自分を鍛えました。フリーター時代，①自分を高めたいと考え半年間猛勉強し，偏差値を27から70に上げ大学に入学しました。入学して，しばらくたつと，入学試験に受かったことに達成感を得ていた自分に気づいて，このままではいけないと思い②文武両道の人間をめざそうと空手を始めました。初めのうちはやればやるほど上達し，初心者部門の大会でも優勝し，自分が成長している実感があり大変充実していました。しかしキャリアが長くなるにつれて，対戦相手も強くなり，自分の成長も

実感できない日々にスランプを感じていました。③生活費を自分のアルバイトで稼いでい たこともあり，多忙だったため辞めようかとも考えました。そんな自分に嫌気がさし，試 練を与えようと思い，大学の学園祭でプロボクサーと闘うというイベントに立候補しまし た。それからの1か月はまさに地獄のようなハードな日々でしたが何とか勝利しました。

人事の目

　文章全体から「人生を切り開いていく力」が伝わる。①からは学力を自ら伸ばし てきた成功体験が備わっていることがわかり，②からは学力だけでなく，人間には 文武両道，つまり総合力が必要だと自覚していることがわかり，評価できる。③の ように大変な環境下でも自分を高めていける「メンタルタフネス」「自己向上力」が 備わっていることもわかり，評価できる。この応募者のように，エントリーシート の一つ一つの設問への回答で，「自分はコンピテンシーをバランスよく多く備えた人 間である」ことを伝えることが重要だ。

◆学生時代に頑張ったこと／サークル・クラブ・課外活動

教育 ベネッセコーポレーション （理系・女子） バランス

　私は，サークル活動に力を入れていました。①先輩の活動を引き継ぐだけの活動を打破 したいと思い，カフェとタイアップして自分たちで作ったスイーツを提供するという新し い企画を立案し，成功を収めました。まずはじめに，自分の熱意を周りに伝えることで仲 間を募りました。次に，②自らさまざまな企業に出向き行動することで，チームを鼓舞し ながら協力店を探し出しました。そして，やるべきことと進捗状況をメンバーで共有し， そのうえでチームリーダーと頻繁に連絡を取り個別にフォローしながら活動を進めまし た。③フォローを妥協せず，忙しい期間もメンバー全員で活動を続けた結果,100人に自 分たちのスイーツを食べてもらうという目標を達成することができました。この経験から 得た，④自ら率先して動く，情報は待つのではなく自ら取りに行って周りに働きかけると いう力を社会で活かしたいと思います。

人事の目

　①からはチャレンジ精神やイノベーション力が，②からは組織を動かす力が，③ からは成果への執着心が備わっていそうな印象を受け，評価できる。④も積極性が 伝わり評価できる。

Part5

内定実例 2

学生時代に頑張ったこと
②アルバイト

 質問の狙い

何のアルバイトでもいい。どんな目的・選択基準でアルバイトを選び，そこでどんな思考・行動パターンで取り組んできたのか，また，仕事で活かせることは何かを，企業は知りたい。アルバイトの選び方，働き方から，応募者の志向性，器の大きさなどを見極めようとしている。たとえば，以下の点を見抜こうとしている。

- 常に，目的・目標を持って仕事に取り組めるか？
- どんな志向の持ち主か？（個人プレーが得意か？ 集団プレーが得意か？ ガテン系か？ ビジネス系か？ トレンド系か？ など）
- 創意工夫，向上心，目標達成意欲はあるか？
- 自社が求めるコンピテンシー，資質が備わっていそうか？

 合否の分かれ目

- 自社が求めるコンピテンシー，資質が発揮されていたら → ○
- 高い目標を設定し，積極的に困難に立ち向かっていれば → ○
- 何の目的意識・問題意識もないまま活動していたら → ✕
- 「こんなに頑張りました！」という内容が，平凡だったら → △
- 学生時代に頑張ったことがアルバイト以外に何もないのも → ✕

 攻略ポイント

- 応募者が経験してきたアルバイトの内容に大差はない。差があるとしたら，「目的意識」と「思考・行動パターン」である。つまり，コンピテンシーが備わった思考・行動を取ってきたかどうかである。

PART7を参考に，企業が評価するコンピテンシーが備わった思考・行動を取ってきたことと，それを仕事でどう活かせるかをアピールしよう。

◆学生時代に頑張ったこと／アルバイト

コンサル アクセンチュア (文系・男子)

　私はアルバイトに常に全力で取り組むことで，①物事にゴールがないことを学び，どこまでも向上心を持つことを学びました。私は入学時から居酒屋でアルバイトをしています。3年間で2つの居酒屋を経験しています。1つ目の居酒屋では何も知らない自分に，常に「妥協を許さず向上心と負けん気を持つ大切さ」を教えてくれました。厳しい居酒屋でアルバイトには調理をさせない規則でしたが，居酒屋に入ったのだから調理がしたいと思い，②毎日居残りで練習し，1年後に認められ，特別に調理をさせていただきました。そのなかで技術の向上のためや，自分が食中毒になった経験から，③調理師・食品衛生責任者という資格をとり，常にプロ意識を持って働きました。アルバイトの立場に甘えたくないという意識を常に持っており，いつも店長や社員さんという土台に支えられていることに物足りなさを感じ，何か自分で手がけたい，自分の店を作りたいと思い，知人の紹介で別の居酒屋で今年の春から働きました。そこは人手不足で店長がいくつもの店を掛け持ちしているので，アルバイトが店長代行という形をとる居酒屋で，私は経験もあったので店長代行になることができました。売上，人件費などのノルマを達成できないと自分の時給が下がったり，クレームなどの責任は自分で対処するなど，望んでいたとはいえ厳しい立場ですが，自分の店を作っていく楽しさを得ることができました。私は何度も来たくなる店を心がけて，どのお客様に対してもコミュニケーションをとりました。料理を出す前に一言，お帰りになる前には「えー，もう帰るんですか？」など冗談も言うなど，いろんな形でコミュニケーションをとりました。また④トイレ掃除など嫌なことは自分で引き受け，むやみにアルバイトに対して怒らず，働く姿を見せることでアルバイトの信頼を得て，チームワークもよく，一人ひとりが高い意識を持つようになりました。⑤残り1年の大学生活で店の売上を関西1位にすることが今の目標です。

人事の目

　①から志の高さ，②から目標達成意欲を感じる。③のように自分の意欲の高さを証明する資格を取得しているのは，特に評価できる。また，④のように，周囲に目を配れるのもよい。さらに，⑤のように，どこまでも上をめざす姿勢がよい。文章全体から，この応募者の熱意が強く伝わってくる。

Part 5 みんなの内定実例―自己PR編

情報メディア **リクルート**（文系・女子） ユニーク

【雑誌「○○○」の編集長】

質問：背景とこだわりを教えてください。

　従来の雑誌「○○○」は，◇◇◇の層向けであることが強みだった。ゆえに◇◇◇の層に宣伝したい従来の広告出稿企業は，▲▲な層が多い地方への配布拡大のための広告費を出さなかった。そこで，①雑誌名を◇◇◇向けと▲▲向けにブランドを分け，それぞれ別で出稿企業を募集することで，よりさまざまなターゲット層をもつ企業に広告出稿してもらえた。②これを実行した背景には「情報格差をなくす」という私の理想がある。実際に，③ブランドを分けたことで情報格差の大きい地方への配布が拡大した。

 人事の目

　広告も掲載され，広範囲なエリアに配布されるようなかなり本格的なメディアの編集長経験は評価できる。ユニークな実績で，採用担当者にも「あの編集長の○○さん」と覚えてもらいやすい。実際，①の戦術，②の狙いはすばらしい。③の成果もすばらしい。複数のスタッフをマネジメントする「リーダーシップ」と「戦略的思考力」「新しい構想を打ち出す力」が備わっていそうな印象も受ける。

サービス **Plan・Do・See**（文系・男子） 努力型

　大学3年間アルバイトに一番力を注いできました。その中でも，日本料理屋3年，カフェ5年での経験は私にとって大変勉強になりました。特に「人の声の大切さ」に気付きました。①お客様，ホールスタッフ，厨房，店長の愚痴や要望の中に店を改善するヒントが隠されているという意味です。私は相談役としてみんなの話を聞き，人間関係の調整，給与の操作等を助言し，やる気を向上させ活気のある店に変えることができました。

質問：どのような成果を収めましたか

　アルバイトでありながら②お店の人間関係を調節し，給与の操作，ホールリーダーの設置，定期会議，お客様向けアンケートの実施を提案し採用されたことは，コンサルタントの真似事のようですが大変光栄でした。

　③現在はアルバイトながら唯一社員の方々の会議に呼ばれるなど信頼を得ています。アルバイト，社員，店長といった多くの人に必要とされ，見本となり引っ張っていかなけれ

ばならないこの状況に最高のやりがいを感じています。

 人事の目

　①②からは課題解決力や変革力，調整力が伝わる。また③から仲間から信頼される人間であることがわかり，評価できる。

◆学生時代に頑張ったこと／アルバイト

IT 楽天（文系・女子）　バランス

　私はアルバイトで大学1年〜2年の2年間は個人指導の算数の塾講師を務め，3年生からはパン屋で販売・接客をしています。まず塾講師としては中学受験を控えた小学生を教えていました。担当する生徒はそれぞれ苦手分野も理解度も異なります。そのため，①担当する生徒の成績状況は事前に把握しておき，生徒によって図や式の書き方・話し方・疑問の投げかけ方などを意識的に変えて，わかりやすく伝える工夫をしました。小学生が相手なのでまずはくだらない話をすることで，私のことを目上の先生という認識から，話しやすくて気軽に質問できる先輩のような立場の認識に下げ，わからないところを遠慮せず聞いてもらう関係にすることを特に意識するよう努めました。次に，パン屋での接客・販売についてです。パン屋では大前提として②売上を伸ばすことを考えながら働きます。駅の改札から見える位置に店舗があるため，改札から出てきた人に最もパンの魅力が伝わるようにパンを配置します。その際，その月の推し商品とその日の売れ行きなどを考慮しながらお客様が買いたいと思うようにしています。また，接客では笑顔と大きな声での挨拶が最も大切であると考え，徹底するように心がけています。そしてその日の売上が好調だと，やりがいと達成感を感じるようになりました。

 人事の目

　①の講師として子供と信頼関係を築いて成績を上げるための勘所と，②のお店の売上を伸ばす勘所はまったく異なるだろうが，その両方を備えている点が評価できる。この応募者は，企業に入っても，いろいろな環境に適応し，活躍してくれそうな印象を受ける。

情報通信 NEC ネクサソリューションズ（理系・男子） バランス

　私は，目標達成への意欲と実行力のある人間だ。自分の好きなことや嫌いなことにも真摯に粘り強く取り組むことで，結果は必ずついてくると考えているからだ。

　例：3年間続けた青山の中華料理屋でのこと

　店長代理というお店のすべてを任されるポジションにつきたかった。しかし，始めたばかりの私にはない技術（料理）・知識（勤怠管理・金銭管理など）・店長の信頼が必要。そこで以下のことを実践した。

　　1．店長の賄（まかな）いを作り，味を見てもらう（料理の技術向上）

　　2．毎日夜2時まで残り，店長の仕事を手伝う（知識の習得）

　　3．一つ一つの仕事を丁寧に一生懸命行う（信頼獲得）

　結果，店長に認められ5か月後に店長代理を勝ち取ることができた。

　⇒このように，私は，目標を見つけ粘り強く取り組み，達成してきた。今後，一つ一つの仕事にまっすぐ真摯に取り組み，結果を勝ち取っていきたいと思う。

人事の目

　文章全体から，この応募者は自ら高い目標を設定し，それを実現するために課題を抽出し，その課題を克服するための計画を策定し，実践し，目標をクリアするという行動パターンが身についていそうで評価できる。

商社 ダイワボウ情報システム（文系・女子） 努力型

　私は3年間，某レストランでホールを担当しています。昨春，人件費削減のため，ホール，パン販売，キッチンの担当が約20人から3人減りました。仕事量の増加から，サービスの質とメンバーの士気が低下。「お客様にもっと喜んで頂きたい」という思いから，状況を改善すべく，以下3点に取り組みました。

　①（1）多能化→担当外の販売の仕事を空き時間・休憩中・閉店後を使って自ら学びました。（2）効率化→先の状況を見越し，1つの行動で2つ以上の仕事をします。（3）チームワーク→常にメンバーとアイコンタクトをとり，協力しあいます。

　結果，無駄な動きが減り，お客様から「一流ホテルのような接客」とお褒めの言葉を頂きました。今後も周囲に貢献するため，自らを高めていきます。

人事の目

①の行動自体は，ありふれた行動でそれほど評価されるものではない。ただこの応募者がよいのは，自ら改善すべきポイントとして「多能化／効率化／チームワーク」というキーワードを自覚している点だ。このキーワードを重視するあたり，「マネジメント」というものを理解しているのだろうと期待でき，評価できる。

◆学生時代に頑張ったこと／アルバイト

銀行 **千葉銀行**（文系・男子）

努力型

　私は家庭教師を案内するテレフォンアポインターをしているが，始めた当初は売ることに必死で契約が取れなかった。そこで３つの試行錯誤を続けた。①１つは「第一印象」。断られ続けても，次の過程に電話を掛ける際には気持ちを切り替え，第一声に細心の注意を払った。②２つ目は「話を聞くこと」。子供の成績や塾への不満を聞き，ニーズを引き出した。③３つ目は「仮説を立てること」。学歴や地域に応じ，必要とされる提案の仮説を立てた。その結果，④１年連続３位以内の契約数を獲得し，新人研修と訪問営業を任せて預けるようになった。そして，契約が取れず悩んでいる新人に対しては，相手の立場に立って考える大切さを伝えた。新人が初めて契約をとれたときは私までうれしくなった。この経験から，自分に足りない力を客観的に見直す姿勢と，「計画性・継続力」という強みを活かし，周りに認められ，さらに自分の成功体験を多くの人の成功につなげる喜びを感じた。

 人事の目

　アルバイトで取り組んだことの内，①②はありふれた内容だが，③の行動はよい。③からは問題点を分析し，仮説を立て，打開策を立案するという，企業が高く評価する戦略的思考が備わっているようだ。また，④のように実績を上げている点も評価できる。

学生時代に頑張ったこと
③インターンシップ・ビジネス

 質問の狙い

「学生時代に頑張ったことは？」の質問に，インターンシップや事業プロデュースの話を書く応募者が増えている。もし，あなたがインターンシップの経験をアピールすれば，当然，以下の点をチェックされる。

・どんな目的，問題意識を持ってインターンシップを選んだのか？
・何を学んだか？　何に挑戦したか？　どんな成果を上げたのか？
・インターンシップで成長できたか？

合否の分かれ目

・単なる会社見学で終わってしまっていたら → ✕
・積極的に挑戦し，自己成長を遂げていれば → 〇
・特に問題意識もないまま活動していたら → ✕
・企業も感心するくらいの「成果・実績」を残せたら → ◎
・「こんなに頑張りました！」という内容が，平凡だったら → △

 攻略ポイント

きちんとした目的意識・問題意識を持って参加していることが大前提。そのうえで，積極的，自発的にインターンシップに関わり，さらに，そこで「失敗→克服体験」「成功体験」「成長体験」の少なくとも1つを経験し，それをアピールできるのが理想。 3つとも経験していればパーフェクト。
　また，インターンシップ経験の中で，企業が重視するコンピテンシーを発揮した取り組みをしたことを，それとなくアピールすることも重要。

◆学生時代に頑張ったこと／インターンシップ・ビジネス

不動産 三井不動産（文系・男子） ハイ スペ

　学生初の1万人規模の○○会場でのイベント開催は私が挑戦し，一番苦労した経験です。○○でのイベントは社会的信頼がなくては開催できず，失敗すれば膨大な借金を背負わなくてはならない非常にリスクの高いイベントでした。①しかし，「日本を元気にする」というビジョンを達成するためには○○は不可欠でした。私は営業責任者を担当し，膨大な開催費用を収集すべく営業活動していました。そこでの困難は目標獲得額1,000万円を超える金額で，それは同時に学生規模を超える金額でした。今までの②単純で地道な企業訪問という方法では目標額は達成できないと確信した私は収益モデルの改善と組織強化に努めました。まず収益モデルの改善内容の主軸は官公庁の協賛です。フックとして官公庁からの協賛を獲得し，フックによって他の企業の協賛を後押しした結果，目標額を大幅に上回る1,500万円を達成しました。③組織の強化では私はリーダーとして協賛獲得の見本となり，あえて最前線で働くことで，組織のモチベーションを格段に上昇させました。また私は実際に最前線で働きながら陰の支えとしての存在もリーダーには必要と感じ，チーム一人ひとりのリスト管理や交流の機会を作り組織の結束を強化しました。組織の総力向上も目標達成の一因です。

　目標額の達成によって，イベントの制作は順調に進行しました。その結果来場者1万人を達成し，テレビ等各種メディアで取り上げられるほど成功致しました。私はイベントに来た1万人のお客様に影響を与えたと自負していますが，それよりも日本中の学生に可能性を発信できたことに達成感を覚えました。実際にイベント終了後，友人に言われた一言に私は非常に感激しました。その一言とは「お前が頑張っている姿を見ていると本当にやる気が出る」。この一言で私が歩んだ道は間違ってはいないと確信しました。

　つまり，私の成し遂げたことは自分の熱意を通じ多くの人に影響を与えられたことです。私は困難を逆手に利用し，今までとは違った切り口で問題を捉えることで組織の成長に寄与することができました。

 人事の目

　①から，志の高さや，プロジェクトを成功させるために必要な企画のレベルを理解できる嗅覚と，そのレベルに果敢に挑戦する勇気が備わっていることがわかる。②からは現実を直視する力，成果に対する執着心，分析力，戦略的思考力が，③からは組織を動かす力を備えていることがわかる。

Part **5**

みんなの内定実例 ― 自己PR編

◆学生時代に頑張ったこと／インターンシップ・ビジネス

情報メディア リクルート （文系・女子）

質問：Webサービスの企画・開発経験

　YouTube の立ち上げ

質問：サービスの内容や実績，こだわりについて

　YouTube 立ち上げの背景には，国がオンライン化を推し進めていくということを発表したことが挙げられる。紙媒体である雑誌「〇〇〇」にとって，それは死活問題であると私は考えた。そこで，①雑誌「〇〇〇」が紙媒体として力を持っているうちに，読者をYouTube に移行させたいと考え，YouTube を立ち上げている。

人事の目

　①は良い狙いと実行力だ。ぜひ，面接に呼んで，立ち上げたYouTubeチャンネルの「コンセプト」や「運営や演出で工夫した点」について深掘り質問をしたくなる。

◆学生時代に頑張ったこと／インターンシップ・ビジネス

情報通信 NTT コミュニケーションズ （大学院・理系・男子）

　①通信会社の営業インターンシップで，契約率59.8％,173チーム中1位の成績を達成しました。私は通信会社のインターンシップで，光ファイバーサービスの営業をしていた経験があります。これは，マンション1件につき3〜5人でチームを構成し，土日の2日間かけて訪問営業を行い，契約を得るというものです。

　②私には，営業が個人の営業力に依存し過ぎているように思えました。

　そこで私は，理論的に契約数を伸ばす方法を提案しました。

③（1）インターネットから得た物件築年数・間取りからターゲットを予想

　（2）1回の交渉で契約を取る姿勢から，情報接触回数を最大にするよう課題変更

　（3）出入り人数を観測し，出入り時間を予測

　その結果，安定した契約数を維持できるようになり，最終的には，契約率59.8％もの好成績を記録しました。この結果は社員を含めた全173チーム中1位の成績であり続けています。

人事の目

①②にまず興味を持つ。ただ営業成績を上げただけでなく，理論武装をし，営業手法を自ら構築した点が良い。③の営業手法も良い。かなりデキる応募者だと採用者は期待するだろう。

◆学生時代に頑張ったこと／インターンシップ・ビジネス

サービス ヤフー（大学院・理系・男子）

ハイ
スペ

私は広告代理店でデジタルサイネージの製品機能の開発に携わっています。顔認識や属性評価を行う機能を提案し，自ら開発にも従事しています。①自ら文献等により勉強を行い，認識方針の改良やコードの最適化を行いました。その結果，従来よりも認識精度を向上させながら，1.8倍の処理速度を実現しました。その他，顔データ収集チームのマネジメントや，開発した技術を役員にプレゼンテーションすることも経験しました。このような経験により，技術力だけでなく，マネジメント力やコミュニケーション力を養うことができました。

人事の目

文章全体から，既に社員と同等以上の役割を担って活躍している様子がうかがえ，評価できる。また，①のようにパフォーマンス向上のための工夫や行動を積極的に実践できている点も評価できる。

Part

5

みんなの内定実例｜自己ＰＲ編

◆学生時代に頑張ったこと／インターンシップ・ビジネス

損保 東京海上日動火災保険（文系・女子）

① 【高齢者に老人ホームを紹介する企業での長期インターンシップ】

■内容：1,000近くある登録施設の中から，電話で相談のあった高齢者に対して適した施設を紹介。

■期間：1年間

■人数：社員の方○○名，インターン生○○名

■役割：インターン生責任者

■きっかけ：困っている高齢者の役に立ちたい。祖母の介護の未練を払拭したい。

■活動中の壁：高齢者に心を開いてもらえず，電話越しで何度も怒鳴られる。

■課題：②インターン生の電話対応力の向上

■工夫：〈1〉③疑似練習会を開催。2人1組で高齢者と紹介者側の立場を経験し，自身では気づかなかった改善点を発見。〈2〉④学びの共有の義務化。チームを活かそうと考え，個人で学んだ知識や気づきを，勤務ごとにチャットで共有。ミスの再発防止や，後輩への教育として活用。

■結果：高齢者と雑談ができるまで会話力向上。紹介件数は2か月で1→15件に増加。

■学び：自身では気づけない視点を他者から学ぶ大切さ。チームによる課題共有の有効性。

👤 **人事の目**

　この応募者は，学生時代に頑張った①の経験を伝える際に，「役割」「きっかけ」「活動中の壁」「課題」「工夫」「結果」「学び」に要素分解しているが，この要素分解の仕方はよい。要素分解とは，実際にビジネスパーソンが課題解決の際に用いる技法の1つだが，この応募者は，要素分解技法を知っているのだろう。要素分解技法だけでなく，設定した課題（②）も，課題解決のために工夫したこと（③④）もよい。文章全体から，戦略的思考力が伝わり，評価できる。

◆学生時代に頑張ったこと／インターンシップ・ビジネス

コンサル フューチャーアーキテクト（文系・男子）

　学生時代に私が最も力を入れたことは「多くの人に会い，話をすること」です。大学の友人，先輩，教授はもとより，インターンをしていた際にお世話になった先輩に会ったり，外部の勉強会やセミナーに積極的に参加しています。また，私がインターンを行うきっ

かけになった某NPO法人でのイベントのスタッフを行うことで，さまざまな分野のベンチャーの企業家の方とも触れ合うことが出来ました。①知識やスキルといったものは，「知らない」と感じた時に自分自身で学ぶことによりいくらでも吸収し身につけることが出来ると考えています。しかし，その知識やスキルを用いて「何を考えるか？」は，多くの人と話し，自分の考えを伝え，また相手の考えを聞くことでしか成長できないと考えているからです。

人事の目

①から，自己向上威力や学習の速さが伝わり，評価できる。また重要なのは知識ではなく考えることやアウトプットであることを自覚している点も高く評価できる。

◆学生時代に頑張ったこと／インターンシップ・ビジネス

製薬 グラクソ・スミスクライン（文系・男子） バランス

質問：学生時代の一番の成果について

①インターネット促進販売において，都内トップ3の成果をあげたことである。私は②リーダーを務め，メンバーにプロ意識を持って仕事してもらうために報告書を作成し，③メンバー一人ひとりの成果を把握できるシステムを作った。また，④それをチームで共有するために就業前会議を提案したことで効率化を図った。チーム内の意識統一が成果につながることが実感でき，日々の問題発見・解決の繰り返しが大きな力になるということを学んだ。共通意識を持ったチームは強い。

人事の目

①のように実績をあげた経験や②のリーダー経験を備えているのは評価できる。しかし，それ以上に評価できるのは，リーダーとしてチームをまとめる際に漠然と統率するのではなく，③のようにシステムを構築するとともに，④のように「作業の効率化」「目標・意識の共有化」「問題発見・解決サイクルの発動」といった，ビジネスマンが実践するようなチームマネジメントの勘どころを，この応募者がすでに理解し，実行できているいる点だ。

Part5
内定実例
2

みんなの内定実例－自己PR編

学生時代に頑張ったこと
④勉強・研究・資格取得

 質問の狙い

　ビジネス社会に出たら，学生時代に身につけた知識の100倍以上の知識を身につけていかなくてはならない。したがって，学生時代の勉強内容や，身につけた知識をアピールしても大して評価されない。企業が知りたいのはむしろ学習に対する姿勢，学習方法である。たとえば企業は以下の点を知りたい。

・学習の速さ，飲み込みの速さ，理解力はあるか？
・学んで終わりのタイプか？　その知識を活かして実践できるタイプか？
・問題意識，創意工夫，実行力を持って，知識を応用できるか？
・どの程度の探究心，向上心があるか？

合否の分かれ目

・単に「学習して終わり！」は → ✕
・学習したものを活かして，自ら応用，実践したら → ◎
・知識，情報を一方的に受け入れただけなら → ✕
・身につけた知識，情報に対して，自分の意見を言えたら → ○

攻略ポイント

　勉強した内容をただ単に説明するだけの人は企業から評価されない。その知識を活かして，自ら応用したり，自ら問題意識を持って，違った視点から研究し直して独自の発見をしたような経験をアピールできれば理想的だ。あるいは，勉強内容そのものより，勉強に取り組む姿勢をアピールするのもよい。
　"探究心から，さらに○○の資格取得に励んでいる"などもよい。

情報通信 日本TCS （大学院・理系・男子）

質問：あなたが学生時代に熱く取り組んだテーマは何ですか。

学部4年次から行っている，意思疎通の研究

質問：あなたの役割を記入してください。

自身の研究の統括および各関係者との連携

質問：あなた以外の関係者を記入してください。

研究室の仲間，指導教員，学外の大学教員

質問：当初の状況，課題を具体的に記入してください。

私が所属する研究室は50人弱のメンバーを有し，10チームほどに分かれて，各々まったく異なる研究テーマに取り組んでいる。しかし，①私が立ち上げた認知心理学のテーマは研究室内で誰も行ったことがないものであった。

質問：あなた自身が最も力を入れて取り組んだ内容を具体的に記入してください。

②研究について研究室の仲間のみならず，他大学の教員にも相談し，常に周りを巻き込むことを心掛けた。また，学会等で外部に発表する文章やスライドについての添削や議論を何度もお願いし，最善を諦めずに追求した。

質問：どのような効果を期待して取り組んだのか具体的に記入してください。

③周りに積極的に相談することで自分にはない考えを互いに包み隠さず共有し，互いの研究のより深い考察に結びつくことを期待した。また④私が修了した後も，積極的に周りと議論する文化が残ってほしいという思いがある。

質問：結果，どのような成果があったか具体的に記入してください。

私自身の研究において⑤4回の学会発表，1回の優秀賞受賞という実績が残せただけでなく，⑥研究室内外との共同研究にお誘いいただいた。現在では3つの共同研究に関わり，引き続き仲間と積極的な議論を交わしている。

人事の目

①のように誰も行ったことのないテーマに挑戦し，⑤の成果をあげたことは素晴らしい。「イノベーション力」が伝わる。また②③からは「周囲を巻き込む力」「人間関係構築力」「チームプレー力」が伝わり，チームプレーも得意なことがわかる。④のように後輩への配慮ができる点も評価できる。⑥からは多くの人に信頼されている様子がうかがえ評価できる。

情報通信 インテック（大学院・理系・男子）

　学部４年時の研究です。画像処理技術を用いて医師の診断支援を行う研究を始めました。元々，①医療の専門家ではないため，医学的知識を身につけることに苦しみながらも，医師に連絡を取り，どの部位を正確に抽出すれば診断システムとして役に立つのかなどのアドバイスをいただきました。また，既存の方法を評価して問題点を洗い出し，論文を読み込んで新しいデータの収集，分析を行いました。その中でわからない所があれば，他学科の画像処理の講義を聴講して問題を解決するなど，常に自分から足を運びました。その結果，教授から評価をいただき，研究結果を二度学会で発表することができました。自分が知らない知識，技術を積極的に入手し，その中から必要な情報を選択する力と，常に自分から行動する力を身につけることができました。

人事の目

　①から情報収集力，成果に執着する力が伝わる。企業に入ると何歳になってもわからないことは次から次へとやってくる。同僚や知人に聞いてもわからないと，放置したり他部署の担当者に課題を押し付ける社員は少なくない。この応募者のように自ら徹底的に調べる行動が取れるのは好感が持てる。

サービス 大手情報通信（文系・男子）

　私が力を入れて勉強したことはある授業のレポートです。○○技術という授業で人力検索に関するレポートが出題されました。本来コンピュータが行う検索機能を，人間が行うとどれほど大変か体験するというものです。検索対象となる与えられた文章すべての検索語に対し，出現頻度を表す指標を求めて，あるキーワードを検索した場合の検索結果を導き出しました。このレポートを作成する上で私は工夫した点があります。それは書き方に関することです。与えられる課題は他の生徒と同じなので，単に手順を記し，結果を述べるだけでは皆と同じレポートになり評価されません。そこで①すべての途中経緯を明記し，その手法を選択した理由も書き加えました。それにより他者と差別化を図り，受け手がより理解し易くなったと考えます。結果としてレポート用紙30枚に及んだのですが，ボールペン書き，かつ修正不可という条件下でしたので，仕上げるのはとても大変でした。この経験により，検索機能に興味を持つきっかけになっただけでなく，小さな手作業に対す

る我慢強さと独自に工夫することの大切さを学びました。

人事の目

①から，独自の価値を創出しようという意識と行動力を備えていることがうかがえ，評価できる。また，文章全体から成果に対する執着心も伝わる。

◆学生時代に頑張ったこと／勉強・研究・資格取得

建設 **タマホーム**（文系・男子） バランス

質問：あなたのこれまでの人生における「挑戦」を教えてください

①これまでの人生における挑戦は「常に相手の期待に応える」です。

私の所属する国際関係論のゼミにおいて，1か月先の授業発表を急遽10日後のゼミ合宿で発表するよう命ぜられたことがありました。また教授からは，「ゼミ合宿だから当然いつもとは一味違う発表にするように」と念を押されました。教授はそれまでの班の発表に対し，「教科書を読めばそれくらいはわかる」と不満をこぼしていました。そのため，私たちが是非その不満を解消したいと考えました。私は3人の班員の担当，期限などを設定し，参考文献を各5冊読み込み，毎日22時まで図書館で勉強し，議論を重ねました。また私は②教授の「一味違う」に応えるため，トルコの統計局HPのデータを和訳して引用，論証しました。発表後，教授には「今までの発表の中で一番良かった」と褒めていただきました。また，所属するストリートダンスサークルでは，常に自分らしさを出すことでチームメンバーや観客の方々を楽しませるよう努力してきました。私は入会した当初より，人と同じ表現をするのではなく，その音楽と自分を表現するよう心がけてきました。その結果，先輩後輩にかかわらず，私なら何かやってくれるという期待を持たれるようになりました。私はそれに応えようと，③プロや他大学のダンスイベントにも参加，観戦しに行き，彼らがどのように自分を表現しているか研究し，私にしかできない踊りは何かということを模索し続けました。

人事の目

①②③から，常にワンランク上のレベルを求めようとする姿勢，および成果に対する執着心がうかがえ，評価できる。

◆学生時代に頑張ったこと／勉強・研究・資格取得

自動車 トヨタ自動車（大学院・理系・男子）

質問：大学で頑張ったこと

　遠距離通学という時間が限られた中でもなるべく他人の力を借りずに学業や研究に取り組みました。また，①自分の専門に関係ないような幅広い分野にも興味を持ち，情報収集やスキルアップをめざし，努力したことです。

質問：目標実現のために取り組んだこと結果について

　②学業に関しては無遅刻・無欠席で好成績を，研究では学会での発表を目標としました。目標を実現するために遠距離通学という限られた時間をしっかりと計画を立てて有効利用するように心掛けました。また，すぐに他人に助言を求めるのではなく，まずは自分でしっかりと問題について考え，実行するようにしてきました。（中略）試行錯誤を繰り返すことで相談する時には相手に伝えたいことが明確に整理された状態で話すことができ，アドバイスもすぐに理解し，取り入れることができました。独力で頑張ったので他の問題や不具合が発生するなど相談すればすぐに解決できることでも時間がかかりましたが，成果が出た時の達成感や感動・喜びは今でもはっきりと覚えています。結果として③学業に関しては無遅刻・無欠席を達成し，成績上位者が受賞できる大学院特別奨励奨学金をもらいました。また，学会で研究を発表し，いろいろな方からアドバイスを頂き，早く目標を実現させて欲しいなど好評を得ることができました。

人事の目

　②のように，自ら高いレベルの目標を設定し，実際に③のように目標を達成できたのは評価できる。また①のような多様な視点，情報を備えようとする姿勢も評価できる。

◆学生時代に頑張ったこと／勉強・研究・資格取得

IT サイバーエージェント（大学院・理系・男子）

　今後必要と考えられる能力の向上を目的とした活動
・語学力＋議論力→ E.S.S.ディスカッションセクション所属，ボストン大学語学留学
・情報処理能力→ 学業（成績上位３％以内），PCサポートのアルバイト，資格の勉強
・視野の広さ→海外インターンシップ２社，国内インターンシップ７社

◆学生時代に頑張ったこと／勉強・研究・資格取得

リース オリックス（文系・女子）

バランス

質問：大学時代に積極的に取り組んだ授業

　ゼミでの研究です。所属ゼミでは，○○を専攻しています。

　活動では，同期３名と「○○○」について論文を執筆しました。困難だったことは，数式で説明される経済学を用いて，数学に馴染みのない人にも実態を説明することでした。私たちは，新聞やラジオ等，テレビ以外の媒体にも目を向けました。①○○○の理論が，上記の媒体にも応用できることを示しました。複数の例を用いることで，実世界と学問にギャップを感じさせない説明を心掛けました。

　この活動から，多くの視点を持つ大切さを学びました。複数の視点を設けることで，主張に対する説得力を深めることができたと感じました。

人事の目

　①のように，アカデミックな理論を実体経済に落とし込んで説明しようとする発想と実践はすばらしい。分析力やプレゼンテーション能力の高さが伝わり，評価できる。

Part

5

みんなの内定実例―自己ＰＲ編

◆学生時代に頑張ったこと／勉強・研究・資格取得

信金 信金中央金庫（文系・男子） ｜バランス

私はゼミにおいて，①ゼミの仲間と競い合うことで自分を高められる環境を作りたいと考え，ゼミ論文を作成する際のリーダーに立候補しました。私の役割は，M&Aをテーマにした論文を作るための骨組みを作ることと，その骨組みを分割した工程を仲間に割り振るということでした。②論文に対するモチベーションを引き出すため，なるべく仲間の興味分野に近い工程を各自に割り振ることを企画しました。そこで普段の何気ない会話や，それまでの議論を振り返ることで，各自の興味分野に近い内容を割り振ることができました。その結果，自分が望んでいた環境をグループで作り上げることができ，夏休み中，図書館で朝から晩まで議論を行いました。

一連の作業で③「現状の課題を発見し，それを解決する能力」，その解決のための「コーディネート能力」を得ました。自らが率先し，同期との厳しい環境にチャレンジしたことで自分自身を成長させることができたと同時に，ライバルであり生涯の友人たちと一緒に論文を執筆できたことが自分の中では大きなプラスとなりました。

人事の目

①のようなリーダーシップや積極性は評価できる。また②のようにチームのメンバーを統率する勘所を押さえているのもよい。文章全体から，③のような能力が確かにこの応募者には備わっている印象を受け，ぜひ面接に呼んでいろいろ話を聞いてみようという気になる。

◆学生時代に頑張ったこと／勉強・研究・資格取得

銀行 みずほフィナンシャルグループ（文系・女子） ｜努力型

『金融経済論ゼミナール〜ゼミ生の意識を大改革〜』

私は金融経済論ゼミに所属している。ゼミが開始した大学2年の頃，ゼミ生の知識不足から，授業は教授の話をただ聞くだけの一方通行になり，欠席者も多かった。私はこの状況をなんとかして打破したいと考え，下記の3つを行った。①1）知識の底上げを図り，わかりやすく興味を惹くような勉強会を企画した。2）勉強に目的意識を持たせようと3つのゼミを誘い共同論文の発表会を開催した。3）共同論文作成にあたり日系企業を訪問する上海旅行を計画した。これらの努力により，授業でも活発に議論が出来るようになった。教授からも「君がいて本当によかった」と言って頂くことが出来た。私はこの経験か

ら，周囲を巻き込み行動する大切さを学んだ。

人事の目

　ゼミを活発化させるために，自ら問題意識を持ち，①のように積極的に行動している点は評価できる。成果に対する執着心やリーダーシップが伝わる。

◆学生時代に頑張ったこと／勉強・研究・資格取得

証券 みずほ証券 (文系・女子)　　バランス

　私は，ゼミで，5人で5か月かけて「○○○」についての研究を行い，論文を執筆しました。しかし，プライベートとの両立や夏休みを挟んだこともあり，班員の中でも研究に対して温度差がありました。私は，チームの雰囲気を変えたい，自らの手で盛り上げたいと思っていました。そこで，サークルの代表や副代表として，①皆に寄り添い，支えた経験を生かし，自分にできることをするよう心がけました。具体的には，仕事は1番に終わらせることに加え，呼びかけに対するレスポンスの速さや班員とのコミュニケーションの取り方などを意識しました。その結果，徐々に班員全員が研究に同じ熱意を持って取り組むことができ，②大会において全93チーム中上位10本の論文に選ばれました。そして，班員に「いつも皆の間に立ってくれてありがとう」と言ってもらいました。班員の力になれたことや，1つのことに全力で取り組めたことが私にとって貴重な経験となりました。

人事の目

　応募者は，この文章で「リーダーシップ」をアピールしたいのだろう。②のように成果を上げていることは評価できる。できれば①のリーダーシップの具体的な手法が，もう少し採用者を感心させる内容だとよかった。たとえば，「班員とのコミュニケーションの効率化やモチベーション向上のために，エクセルでタスク管理シートや業務改善シートを作成した」など。

内定実例 2

学生時代に頑張ったこと ⑤留学・旅行・海外経験

 質問の狙い

「海外留学」「海外でのインターンシップ」「海外放浪の旅」をアピールする応募者は多い。その場合，企業はここを見る。

- 語学力のレベルは？
- どんな目的，問題意識を持って，その行動を選んだのか？
- その経験を通じて，何かコンピテンシーを発揮した思考・行動があるかどうか？　仕事で活かせることはあるか？

 合否の分かれ目

- ただ単に，「異国の文化に触れて勉強になりました」としかアピールできなければ → ✕
- 海外経験を経て，自分はこんな強みを身につけました，と言えれば → ◯
- 海外経験を経て，身につけた内容が大したことでなければ → ✕
- 海外経験の中で，企業が重視するコンピテンシーが発揮されていれば → ◯

 攻略ポイント

　海外経験の内容をただ説明するだけではなく，そこで何を身につけ，今後，仕事や人生でどう活かされるのか，を詳しく書こう。また，海外で挑戦したこと，学んだことを説明する際も，コンピテンシーが備わっていることを印象づけるような書き方をしよう。

繊維 東洋紡 (文系・男子)

　大学に進学後は，大学から選抜されて行ったアメリカ・カリフォルニア大学での1か月留学プログラムで，世界中から集まったグローバルなクラスでクラスリーダーを務めた。何より苦労したことは文化間の軋轢などといった問題を解消することだった。私はクラスメイト全員と頻繁にコミュニケーションをとることを心がけた。さらに同じクラスの仲間の相談にのったり，皆が楽しめるイベントなどを計画したりすることで，クラス全体をまとめることができた。私はこれらの経験から協調性を重視したリーダーシップを養うことができた。しかし，①まだまだ私の英語力は拙いので，貴社に入社するまでには英語力をビジネスレベルにまで高めようと現在，努力しているところである。

人事の目

　文章全体から，リーダーシップや，コミュニケーション能力を備えていそうな印象を受け，評価できる。また，①のように，自分の弱みを自覚し，克服しようとする意欲を備え，すでに実行に移している点も評価できる。

食品 カルピス (文系・男子)

「私の強みは熱意に溢れた行動力です」

　私は授業で，地震によりインドネシアで多くの子供が孤児になっている現状を知り，現地で長期のボランティア活動に参加し，①プログラムにはない下記の2つの提案をしました。1）日本文化を交えたゲーム大会の企画。2）転落の危険があった階段の修繕作業。ゲーム大会では子供たちに日本文化に触れ，楽しんでもらおうと工夫しました。修繕作業では自費で足りない分を，日本人観光客に事情を話し募金していただくことで，費用を拠出しました。帰国する際には，子供たちから多くの感謝の手紙と言葉をいただくことができました。この経験のように，私は熱意に溢れた行動力で，貴社でもさまざまなことに挑戦していきます。

人事の目

　①から積極性や企画提案力，バイタリティが伝わり評価できる。

旅行 クラブツーリズム（文系・男子） `バランス`

質問：これまでにした『旅』を振り返り，最も感動した，成長できた旅について。その旅が与えてくれたものとは何ですか？

「ゼミ海外研修旅行」でインドネシアへ行った『旅』で大きく成長することができました。約1か月間，国際協力の現場を視察するという目的でした。私は，研修旅行委員長（リーダー）として6か月前から準備に取り掛かり，参加しました。この『旅』から，①「ホスピタリティ」を得ることができました。

②指導教授の引率なしの中，「29人全員無事帰国」という目標を掲げました。慣れない環境に体調を崩してしまうメンバーもいました。事前に緊急対策マニュアルを作成するなど，トラブルが起きても冷静に対応することを心がけました。また，交通事故や鳥インフルエンザなどの事態に遭わないように，事前に注意喚起をするだけでなく，メンバーの行動に目を配るなど，自分がゼミ生であると同時にサポート役でもあることを常に意識して臨みました。結果として，29人全員が無事に帰国することができました。最終日，メンバーのみんなから「おつかれさま」や「ありがとう」と声をかけられた感動のひとときは，一生の財産です。

『旅』というものは，非常に人を成長させてくれるものだと改めて感じました。帰国してから半年経ちましたが，就職活動ということで自分を振り返る良い機会となりました。昨夏の経験が私を「ホスピタリティ」のある人間へと成長させてくれたことを改めて，実感しました。

人事の目

海外旅行という集団行動の中で，①のように「ホスピタリティ」を意識的に持ち，②のような「気配り」をしてきたのは，なかなか評価できる。ささやかなことだが，こんなささやかな行動を，率先して，きちんと実践するのは，なかなかできることではない。

人生のピンチ・逆境

 質問の狙い

「これまでの人生で最大のピンチは？」「これまでの経験で直面した最大の壁は？　それをどう乗り越えた？」「人生で大きな決断を迫られた経験は？　その時，どうした？」といった質問が増えている。企業が知りたいのは，ここだ。

・メンタルタフネス度は？（精神力は強いか？　逆境に強いか？）
・逆境時に，適切な思考・行動が取れるか？
・地アタマは良いか？　対応力はあるか？
・生命力，バイタリティはあるか？

 合否の分かれ目

・そもそも，大した逆境に直面していなかったり，大きな決断を迫られるような経験をしていなければ → △
・逆境に直面し，思いつきで対処していたら → ✕
・逆境時に，きちんと「状況を把握」し，「何をすべきか」自問自答し，「次に打つべき戦略・作戦を考え」，いくつかの「選択肢」の中から「最善策を選ぶ」という，一連の思考・行動パターンが備わっていれば，パーフェクト!!!

 攻略ポイント

逆境時に，きちんと「状況を把握」し，「何をすべきか」自問自答し，「次に打つべき戦略・作戦を考え」，いくつかの「選択肢」の中から「最善策を選んだ」という流れで，自分の経験を書ければGOOD。

銀行 三井住友銀行 （文系・男子）

　私は人と接することが好きで，アルバイトに地元スーパーの食品売場を選びました。苦労したことは，勤務した翌年に大型総合スーパーが近隣に新設されたときの対処です。大手スーパーにお客様が流れてしまいそうになりました。チーフリーダーだった私は，本当にお客様のことを考えて業務していたのか，何か足りないものがあるのではと改めて考え直し，①店長に売場の裁量を増やし，よりお客様にサービスできるように「3か月計画」を提案しました。計画内容は次の4つです。まずポイント付目安箱を設置し，積極的にお客様のニーズを収集。次に季節ごとに売場の構造を一新して，旬の野菜や料理法を店の入り口で紹介。そして定期的に地域住民との懇談会を開いて店側の一方的な考えだけではなく，住民の方からの貴重な意見を取り入れました。最後に近隣エリアの市場調査を行い，価格競争だけでなくサービスの質にもこだわりました。この計画の結果，お客様も戻ってきてくださり，食品売場も店内売場満足度1位を獲得しました。

質問：上記の経験から得られたものは？

　②常に現状に満足・妥協せず，新しいことを提案することです。

　日々の業務に満足してしまうことは，本当にお客様のことを考えた接客とはいえないと考えています。また，不測の事態にも対応できないとも考えています。私は，③大手スーパーの出来事から「現状維持は退行につながる」ということをこの身で感じました。そして，直近の利益や数字だけではなく，長期スパンでお客様のことを考え，計画していくことの大切さを学びました。

人事の目

　①から，周囲を巻き込む力やマーケティングセンスがうかがえ，②③も，若手社員でもなかなか気づかないようなビジネスの極意にすでに気づいており，高く評価できる。

銀行 三菱UFJ銀行 （文系・男子）

　私の人生における「困難な局面」は個別指導の塾講師をしていた時に，不登校児等のコンプレックスを抱えた子達と向き合ったことです。私は人生において初めて，まったくコミュニケーションを取ろうとせず，完全に人を信用しようとしない子達と個室という空間の中

で向き合う状況に遭遇しました。その状況の中で，自分と出会ったことで少しでもいい影響を与えてあげたいという気持ちと学校や家庭からたらい回しにされてきたことに対する憤りを胸に彼らの指導に当たりました。その中で最も意識したのは，<u>①相手の反応を冷静に分析し的確な対応をとること，そして表層面ではふざけて見せても常に誠実に対応すること</u>の２つです。不登校の子に関しては常に彼の嗜好が何なのかを探り，彼の文化に合わせることでその子との心の距離を近づけることを第一に考えながら取り組みました。さまざまな方法を工夫して彼らと接することでこの局面を克服し彼らに自信を与えられました。

 人事の目

　逆境に陥ったとき，上手く立ち回れるメンタルタフネス，思考力，機転を備えているか，また，どんな思考・行動パターンをとり，それはビジネスの現場でも再現できそうかを採用担当者は注目する。この応募者の場合，①のように工夫したわけだが，相手の文化を理解することの重要性や相手に自信を抱かせる重要性を自覚し，対処しているのは評価できる。コミュニケーション力や指導力も伝わる。

◆ 人生のピンチ・逆境

化学 富士フイルム（文系・男子）

質問：今までに直面した一番大きな困難は何ですか？

　部長である自分とエースがケガをする中，「チームの立て直し」をしたことです。高校時代，テニス部の引退間際に，自分を含む２人の離脱で，経験の浅い後輩が大会に出場することが決まり，チームは動揺していました。私自身，悔しさはありましたが，それ以上に，残された時間をいかにうまく活用するかで結果は変わると強く思っていました。私はチーム状況を冷静に判断し，お互いの意見をチームで共有することが優先事項だと考えました。<u>①①対話の重要性を訴えると同時に，②チームの共通目標を部員全員に浸透させて</u>いきました。その結果，各々の弱みを共有し合える関係となり，それを補い合うメニュー作りが可能になりました。各々の能力に合わせたメニューは，<u>②チーム全体の力を上げる</u>ことに繋がり，その後の団体戦では例年以上の成績を残すことができました。この経験から，①苦境でも考え続けること，②チームで同じ方向を向いてやり抜くことの重要さを学びました。

 人事の目

　①でチームを統率する勘所を理解し，マネジメントできている様子がうかがえ，②で一定の成果をあげたことは評価できる。

商社 伊藤忠商事（文系・男子）

　私は勤務していたベンチャー企業で失敗を経験しました。私は当時，ベンチャー以外にも学生団体やゼミの代表，仕事の受注を精力的に行っていました。しかし，同時期に数多く仕事を任された私はすべてを処理する重圧に負けパンクしてしまいました。その結果，ベンチャーでの大型案件が頓挫しました。会社に与えた影響は大きく，多くの人の命に関わる挫折を味わいました。しかし，失敗から多くを学びました。私は政治家の講演会を主催しました。私が初めて有志で作った団体で，思い入れも強く必ず成功させたい企画でした。私は先に学んだ経験で①仲間を頼ることも成功の秘訣であると学び，仕事を効率的に配分した結果，満員御礼の大成功を収めました。

 人事の目

　「人生で直面したピンチ・逆境」についての経験を述べる際，直面した課題や挑戦した課題が困難なものほど，採用者へのアピール度は増す。この応募者は，文章全体から，日々多くの難易度の高いことに積極的に挑戦し，そこからいろいろなことを吸収している様子が伝わり高く評価できる。また①も，よい考え方が備わっていることがうかがえ，評価できる。

商社 三井物産（文系・男子）

　私が人生で直面した最も難しい課題は「自分がプロダンサーとしての活動をやめるべきか」という課題です。私は高校生の頃より，プロダンサーとしての活動に注力してきました。しかし，段々と自分の実力に限界を感じ，ダンスを続けるべきなのか，①自分が将来他に一生懸命取り組めることを探すべきか悩みました。そこで私は，他にしたいことを見つけたらダンスはやめると決めて，自分が将来何をしたいのかを探すため，「とにかく行動」をしてみました。②国家資格を取得し，1万人規模のダンスイベントを主催し，香港へ留学し，同時通訳もしました。その中で，たくさんの国にも行き，さまざまな業種の企業とも関わったことで，「世界という舞台で，当事者として人を巻き込む仕事がしたい」という夢を見つけることができました。私は将来また挫折を経験したとしても，「とにかく行動する」ことで，解決策を自分の足で見つけ，必ず乗り越えます。

①のように行動し，実行に移せるのはよい。その行動内容の②も，他の応募者が真似できないハイレベルなものばかりで評価できる。何より，挑戦してきた組み合せがユニークで採用者に強烈なインパクトを残す。また，文章全体から自分を変える力やチャレンジ精神，学習の速さもうかがえる点もすばらしい。

◆人生のピンチ・逆境

商社 **三菱商事**（文系・男子）

体育会

　困難な状況でも立ち向かっていける私の原動力は，自分の夢や目標です。私は高校から始めた球技をより高いレベルで続けたい，大学としても魅力的，という理由でＡ大学を第一志望校としましたが，２月の受験では落ちてしまいました。他の私立大学へ行くという選択肢もあったのですが，他の大学へ行けばこの球技を諦めなければならなかったので浪人を決意しました。浪人中は，①絶対にＡ大学で試合に出て日本一をめざすという気持ちを常に持ち，高校時代の友人からの遊びの誘いはすべて断り，受験勉強に没頭しました。その結果，Ａ大学に９月入試で合格することができました。これからも自分の中で常に目標を持ち，それに向けてどんな困難も乗り越えてみせます。

「人生のピンチ・逆境」を問う質問に，浪人や編入試験を挙げる応募者は少なくないが，浪人や編入試験を乗り越えただけでは評価は得られない。この応募者のよいところは，単に浪人して憧れの志望校をめざすだけでなく，さらに「スポーツで日本一をめざす（①）」という高く明確な志を備え，自分の夢のためには困難な道も厭わないという気概が感じられる点である。

Part
5

みんなの内定実例－自己ＰＲ編

◆人生のピンチ・逆境

食品 ハウス食品 (文系・女子)　

　某結婚式場のプランナーとして大学1年時から働いてきました。入社までの過程は険しく，無理を言って面接をお願いし，新入社員の2倍の研修を経て，入社することができました。入社後すぐにAさんの結婚式が控えていましたが，最初は会議についていけず，また接客も機械的でした。上司には「相手のことを考えていない」と怒られ，悔しい思いをしましたが，この悔しさから以下の2つを意識して行動するようにしました。

①1．会議では素直な意見を言う

　2．流行や情報を絶えず取り入れる

　これらを意識したことで，お客様と楽しんで会話できるようになりました。（中略）仕事を通して，向上心を持っていることが自分の長所だと気づくことができました。

人事の目

　自分の課題を自覚し，その課題克服に向けて，①のように具体的な改善策を掲げ，実行しているのはよい。

◆人生のピンチ・逆境

コンビニ ローソン (理系・女子)　

　学生時代の最大の失敗は，自ら企画したイベント当日に起こったトラブルです。①ここから私は事前準備の大切さと，臨機応変に行動することを学びました。企画したイベントは社会人の方と学生でグループワークを行うというものでした。当日に社会人の方に急な業務が発生し，全員参加できなくなる事態となってしまい，代用のコンテンツも考えていないという状況になってしまったことがありました。多くの方に協力をいただき，実現した企画だったため，②参加者の方に何としても満足していただきたいという強い思いから，参加者同士の交流の時間を多く取る等，新たなコンテンツを考え実行しました。そして結果的に参加者の方から満足の声をいただくことができました。

人事の目

　②のように，ピンチ時にも代替案を講じてやりきったのはよい。できれば①を膨らませて，同じ失敗をしないために，以後，コンピテンシーを感じさせる行動を実践していることを説明できればもっとよかった。

Part5 内定実例 4 チームでの成果・変革経験

 質問の狙い

「リーダーシップを発揮した経験は？」「何かを変革した経験（イノベーションした経験）を教えて」「周囲の状況の変化により，あなた自身が自己変革を余儀なくされた経験は？」といった質問が増えている。これはまさに，企業が重視するコンピテンシーである「自分を変える力（306ページ）」「イノベーション力（308ページ）」「組織を動かす力（316ページ）」などが備わっているかどうかをチェックしようとしているのだ。

 合否の分かれ目

これは，ダイレクトに「コンピテンシー」の有無をチェックする質問である。したがって，何となく漠然と，「リーダーの経験」や「何かを変えた経験」などを書いても企業からは評価されない。重要なのは，求められる「コンピテンシー」が備わっているか？　つまり，「ポイントとなる行動を的確に押さえているかどうか」が合否の分かれ目となる。たとえば，リーダーシップなら，「チームがめざす方向を設定し→チーム個々人に的確に指示を出し→チーム個々人のモチベーションを上げつつ→チームを引っ張った」などと説明することが重要だ。

 攻略ポイント

PART7の該当ページを参考に，そのコンピテンシーが備わっていることをアピールするためには，どういった行動ポイントを押さえるべきかを，きちんと理解し，それを踏まえた行動を取ったことを的確に書くこと。

銀行 三菱 UFJ 銀行（文系・男子）

　私の勤める店舗では，ベテランの従業員が辞めたことで業務効率が悪くなり，接客の質も低下していました。さらに，店舗の場所がわかりづらく，観光客の多い土地柄を活かせていない状態でした。そのため，売上順位は系列店82店中75位に低迷していました。私は，アルバイトリーダーを任されることになり，なんとかしてお世話になった店長・店舗に恩返しがしたいと思い，次の3つのことを行いました。①1）業務の効率を最大にするルールを作成する。2）接客のロールプレイングを定期的に実施する。3）常に行列を作る呼び込みを行う。業務の効率化では，ホール・炭場・肉場などすべての仕事において「どのポジションが何をどの優先順位でやるか」を考え，最も効率的になるようなルールを定め，実行しました。接客のロールプレイングをする中では，従業員同士で接客しあうことで，お客様目線での接客を考えてもらい，接客の改善を促しました。さらに，呼び込みでは，観光客にお店の場所を知ってもらおうと，牛の着ぐるみを着て，手作りの巨大プラカードを持ち，鎌倉中に響き渡るような大声での呼びかけを行いました。これらの努力の結果，年間の売上順位では過去最高の28位という成績を達成し，アンケートでも「接客や対応が良かった」との言葉を多くいただくようになりました。店長からも「お前にアルバイトリーダーを任せて良かった」と言っていただくことができました。私はこの経験を通して，店舗をまとめることでリーダーシップ，店舗の課題を考え解決策を提案する中では，課題解決力を身につけることができました。そして，②自分一人では頑張れない時も，「誰かのためだから」「誰かと一緒だから」頑張れるということを知りました。私は将来働く中でも，仲間と協力し「お客様・仲間のために」自分の限界以上の努力をし，どんな困難でも打破していきたいです。

人事の目

　この応募者のように，自らがリーダーとなって店舗運営を改革し，売上向上を果たした経験は評価できる。また，やみくもに頑張るのではなく，①のように，課題を抽出したうえで，業務の効率化や改善策を講じたり，集客策を立案・実行したりと，きちんと戦略を立てながら最適な取り組み策を実践している点が評価できる。また，②からも，よい考え方が備わっていることがうかがえ，評価できる。

銀行 都市銀行（理系・男子）

バランス

　「中小企業と〇〇」というテーマで，ゼミの仲間2人と約半年かけて論文を執筆しました。私たちはさまざまな中小企業に直接出向きヒアリングに行ったり，論文提出までの1か月間，ゼミの教授に「こんなに中身のない論文は19年間見てきた中で初めてだ」と言われました。その時はあまりに悔しくて3人とも泣いたのですが，①「泣いても何も始まらない。1か月死に物狂いでやろう」と皆を奮い立たせ，会議を夜中に行ったり，教授にこまめにチェックしてもらったりしました。また，3人で議論を進めるようにしました。議論中も感情的になって話が横道にそれたら，私が軌道修正を行うようにして，議論は必ず3人で行うことで情報共有を円滑にしました。最終的に「〇〇」を提案して，②応募総数約150点中4位という結果を残すことができました。

　私がこの論文で得たことことは2つあります。1つ目は「人間性」です。さまざまな中小企業にヒアリングに行った際，時には経営者の方とお話をする機会があり，多くの価値観を学びました。ヒアリング内容だけでなく，その方々の人柄にも学ぶ所が多く，自分の人間性が高まりました。2つ目は「客観視する目」です。挫折を経験したことで，自分，もしくは自分たちを一度立ち止まって客観視し，自分が今何を優先して行うべきかを見極める力が得られました。

人事の目

　②のように，成果を上げたのは評価できるかが，①からは，ガムシャラに頑張ったというメッセージしか伝わらず，コンピテンシーがあまり感じられない。できれば，分析力や，プロジェクトマネジメント力など，企業が求める能力をもっとアピールできればもっとよかった。

Part 5

みんなの内定実例ー自己PR編

銀行 三井住友信託銀行（文系・男子）

　私はサッカー部において，チーム全体によい影響を与えられるように，より効果的な練習方法を模索し，提案し，改善してきました。たとえば，走りの練習において妥協する者が多いという問題がありました。原因として，監督がいないため競争意識がないということと，ほとんどの部員にとって走りの練習はただ辛いだけと感じているという現状がありました。部活内で最も体力がある私は，走りの練習を改善するために，主将に２つ改善策を提案しました。チーム制にするということと，ポジションごとに練習内容を変えるということです。いずれも練習に採用され，自らも走りの練習を楽しみ，誰よりも声を出し先頭を走って盛り上げるよう心がけました。①チーム制にすることで楽しみながら競争意識を持つことができました。またポジションごとの練習内容を変えることで，走りの練習の目的も明確になりました。すると部員一人ひとりが目的意識と競争意識を持って取り組むようになり，チーム全体に影響を与えました。

人事の目

　文章全体から，チームや組織を動かす勘所を理解し，実行できている様子がうかがえ，評価できる。特に①のように，チームを動かし，変革するための案を立案する際に，ただ問題点の改善案を提案するだけでなく，それを実行した場合にチームに与えるよい効果まで想定した立案ができ，そして実際にその効果が得られている点がすばらしい。

損保 三井住友海上火災保険（文系・男子）

　１年生の４月から働き，現在は社員代理を務める居酒屋アルバイトで，スタッフの士気を取り戻した経験が挙げられます。その店は地域で最大規模の広さであり，スタッフの育成はすべてアルバイトに任せられていました。しかし人件費削減のため，ホールスタッフは毎日少数で，行える業務の少ない数人がシフトを削られる，という日々が多くありました。それに伴い，スタッフ達の士気が下がっていると，私は問題意識を持ちました。経営の知識や経験では社長に劣ってしまうため，私は①得意であった数学の知識を利用し，過去２年間の日報から，従業員数と売り上げの相関を計算し，社長に提出しました。その結果，計算結果に納得してもらうことができ，以後１日あたりの従業員数を約１人ずつ増やすこ

とに成功しました。②シフトがない日にも店を訪れ，計算には1か月ほどかかりましたが，アルバイト全体の士気を保つためにも，リーダーとして責任を持ってやり遂げました。

人事の目

①からは「計数感覚」「交渉力」が伝わり，②からは「成果への執着心」が伝わる。文章全体から，自ら主体的に行動し，課題解決に向けてロジカルに考え，行動できている様子がうかがえ，評価できる。

◆チームでの成果・変革経験

医薬品 武田薬品工業 (文系・男子) `ハイ スペ`

「周りを巻き込んで，チームの意識を変える」ということに私は専念した。

私はパソコン販売のプロモーション活動を行っている。リーダーに就任した当初のチームは，アルバイト感覚で仕事をするメンバーが大半だったため，プロ意識を持たせるために「チームの意識改革」という課題があった。

そこで私は，①メンバーにプロ意識を持たせるために，一人ひとりに本日の反省点や改善点を考えてもらうようにレポート制度を作った。また，そのレポートをチームで共有するために就業前会議を提案した。具体的な会議内容とは，

②・前回の反省を共有し，全体で改善点を明確にする

③・前回の反省から，チームと個人の動きを明確にする

ことである。このように，全体の稼働の効率化を図った結果，担当エリアで上位入賞の業績を残すことができた。

人事の目

この応募者は，「チームの意識改革（①）」「メンバー間での現状認識の共有（②）」「メンバー個々の役割の明確化（③）」といった点を重視してマネジメントするなど，ビジネス社会で求められるチームマネジメントの勘所を理解した行動が取れており，評価できる。日ごろから，マネジメントに対する関心が強い人物なのだろうと，期待できる。

商社 **メタルワン** （文系・女子）

　私は，ある企業講演会の企画・運営に携わり，その変革を完遂しました。具体的には，講演会の進行方法をより効率的な方式に変えることで，来場者数と来場者満足度を向上させるという目標を設定しました。この裏には，私の①「前年踏襲ではなく，自分にしかできない仕事をしたい」という思いがありました。方式を変更するうえでは，②従来の方式に対してこだわりを持っている登壇者の方々に交渉することが難しい点でした。そこで私が最も大切にしたことは「自分の仕事が誰のための仕事であるかを見失わない」ということでした。企業講演会の目的はあくまでも参加者の利益が最大化することであると考えていたため，参加者の声を集め，それを根拠にして交渉を進めていきました。この時，私自身の目的や立場を明確に示したからこそ，相手にスムーズに理解してもらえ，交渉が成功したのだと思います。

 人事の目

　①からは「チャレンジ精神」「自己向上力」が，②からは「交渉力・調整能力」「組織を動かす力」が伝わり評価できる。特に②の「参加者の利益を最大化するために参加者の声を集め，それを根拠に交渉する」というのは非常によい思考・行動パターンである。

商社 **三井物産** （文系・男子）

【人を巻き込む責任を自覚し，自ら当事者になるという変化】

　私は①３か国の海外生活で養った語学力を武器に，シンガポール，香港，ベトナムにて300人以上の外国人採用面接の同時通訳をしていました。本来，通訳の私が企業や応募者に介入することは認められていませんでした。しかしあるベトナム人の応募者からクレームの電話を受け，「自分が企業や応募者の思いを背負っている」ことを自覚し「自分も面接の当事者になる」べきだと企業側を強く説得しました。その後リクルーターとして企業各社と連携をとって各々の求める人材像を把握し，100人の応募者一人ひとりと会って全員のサポートを続けました。結果，面接が効率化されただけでなく，私自身も当事者として関わった合格者18人や企業各社と一緒になって喜びを実感し，感動を得ることができました。ここから私は②「人を巻き込む責任を自覚し，自ら当事者になること」の大

切さを学びました。

◆チームでの成果・変革経験

【自動車】**トヨタ自動車**（文系・男子）　ユニーク

質問：チームの中で果たした役割

　ゲーム・CGサークルでの意見の取りまとめや説得・交渉等

質問：活動概要について

　サークルの立ち上げから始まり，ゲームについてはメンバーで企画・シナリオ・グラフィック・プログラミング・音楽等で分担作業を行い制作しました。CGについては個々が個人作業で制作しました。

質問：チームで成果を出したエピソード

　遠距離通学でありながら，仲間とゲーム＆CG制作サークルを一から立ち上げ，学園祭で作品を発表したことです。大学入学当初だったので，サークル等についての知識がない状態からの学校側との交渉や活動場所の確保，規約の作成等で①メンバーの意見がバラバラとなり，それを自分がいろいろな立場から考え判断することで，みなが納得する形にまとめ上げることに苦労しました。最終的に学園祭では子供達に大学キャンパスをゲーム感覚で体感してもらえ，子供だけでなく大人も楽しめるゲームなどを発表できたことで，来てくださった方々に楽しんでもらえ，大学側からも好評で後に新しい部屋を提供しえもらえることになり，メンバーみんなで喜びと達成感を味わえました。

 人事の目

　①のように，チームの生産性向上に向けて，自分にできることを見つけ，積極的にチーム運営に携わった経験は評価できる。

Part 5 みんなの内定実例―自己PR編

電気機器 ソニー（文系・男子）

質問：何かを解き明かした・成し遂げた・作り上げた，いずれかの経験について

【ビアガーデンのアルバイトでコスト削減をし，営業利益率を上げた】経験があります。

去年の４月〜10月の間で，90人のアルバイトから私を含め４人がチーフに選ばれ，①営業利益率の増加にチャレンジしました。しかし，当初私たちは，目標に対する意識も，行動もバラバラでした。そこで私は，②①意識改革として，アルバイト以外のプライベートの部分でも，直接対話する機会を設け，粘り強く説得していきました。また，③②行動改革として，チーフ４人で共通のスケジュールを組み，毎日行ったことの情報共有と，進捗管理を行い，その都度，微調整していきました。私の粘り強い説得と毎日の進捗管理も相まって，４人で分担・連携して調査することに成功しました。私たちは，④食材によるコスト増加が原因だと考え，⑤【全食材の原価率】と【時間帯別の料理人気度】をグラフ化しました。それを参考に，原価率が高い食材の変更や，提供時間の変更を行い，食材の劣化を防ぎました。その結果，施策の前後で営業利益率が【約３％】増加しました。この経験から，①目標に対して，チームで同じ方向を向いて取り組むこと，⑥②目標から逆算して優先順位をつけ行動することの大切さを学びました。

人事の目

この応募者は，改善目標として①の営業利益率増加を設定し，営業利益率増加を達成するために特に注力すべき目標として④のコスト増加の抑制に着目している。そして，コストを増減させる要素を分解していき，自分たちが意識的にコントロールすべき指標として⑤の食材の原価率と料理の提供時間帯を導き出している。以上の一連の思考・行動からは，「計数感覚」「商売センス」「戦略的思考力」が伝わるとともに，課題を要素分解していき，具体的な改善計画を設定する「課題解決手法」をすでに理解できている様子がうかがえ，評価できる。また⑥や文章全体から，めざす目標（to be）と現状の課題（as is）の差を埋めていき行動計画（WBS）に落とし込む「プロジェクトマネジメント手法」もすでに理解しているようだ。さらに，②③から，チームマネジメントには「意識改革」と「行動改革」の両方が重要だということにも気づいているようだ。普段からビジネス書を多く読み，ビジネスの勘所も理解できている人物なのだろうと期待できる。

夢・キャリアプラン・職業観

 質問の狙い

「10年後の目標は？」「仕事選びの基準は？」「どんなビジネスパーソンになりたいか？」といった質問では，企業は以下の点をチェックしている。

・あなたは，自分の人生を主体的に生きようとしているか？

・あなたは，しっかりした職業観，ビジョンを持っているか？

終身雇用が崩壊し，変化が激しい現代では，主体的に能力向上に努め，自らの力でキャリアをデザインできないと，実社会に出て大きく成長していけないと企業は考えるからだ。

 合否の分かれ目

・職業観が曖昧な人，自分の人生に主体性のない人は → ✕

・自分のめざすビジョン，理想，目標がある人は → ○

・めざすビジョンの実現に向けて，すでにアクションを起こしている人は → ◎

・自分のキャリアプランをある程度，具体的にイメージできないと → ✕，イメージできれば → ○

 攻略ポイント

自分のめざすビジョン，夢，目標をある程度リアリティを持って描き，企業にも説明できないといけない。そのためには，まずは仕事と企業に対する理解を深めることが重要である。

◆夢・キャリアプラン・職業観

輸送用機器 新明和工業 （文系・女子）

質問：どのような業界を志望し，就職活動を行っていますか

　①高い技術力で世界中の人々の生活を支えられる，素材や機械などのB to Bメーカーを志望して就職活動を行っている。そのように考えている理由は②海外4か国を訪れる中で多くの日本企業の活躍を目にし，改めて日本の技術力の高さを実感したからである。特にベトナムを訪れた際には市内に鉄道が開通していないため，バイクや車を利用する人が多く，渋滞や環境問題などの社会問題となっていた。そのため現地政府が日本政府に要請し，日本企業が鉄道を建設する予定であることを知り，③日本の高い技術力は世界から求められているものであり，そうした技術を用いて特に途上国の人々の生活をより豊かにしていきたいと考えるようになった。そのため就職活動の軸として，④（1）人々の生活を根幹から支えるモノづくりに関われる点，（2）海外進出や技術力向上に積極的である点としており，以上の点を満たす業界・企業を志望して，就職活動を行っている。

人事の目

　全体的によく書けている。まず，自分の企業・業種選びの基準を端的に伝え（①），その思いを実証する具体的なエピソードを伝え（②），自分の将来的なビジョンも伝え（③），最後に，もう一度，自分の企業・業種選びの軸をまとめている（④）。伝えたいメッセージやビジョンが明確で，かつ，そのメッセージの背景もしっかりと書けているので，文章に説得力がある。

◆夢・キャリアプラン・職業観

不動産 レオパレス21 （文系・女子）

質問：あなたが考える理想の社会人像とその理由

　自分の仕事を極めるために努力し，またその①努力をして自分で身につけた技術や知識，知恵を，他の人のために惜しみなく使える社会人が理想です。②身近な社会人である，アルバイト先の花屋の店長を見てそのように考えました。出し惜しみすることなく，さまざまなことを教えてくれ，この人に貢献したいと思わせてくれるような人です。そのことが③周囲の人を巻き込み，チームワークを築くことに繋がると考えたからです。

質問：上記を実現するために必須となる要素を未来志向で記入してください

　私は理想である，努力し，その努力を他人のために使うことができる社会人像を実現す

るためには，④努力するモチベーションを高め維持するための環境や制度が必須であると考えます。また，そこで努力した結果を他の人のために使うには，自分の仕事に対する自信や，周囲の人々と友好的な関係を築くことが重要な要素だと考えます。

 人事の目

①のような行動をめざすと③のような効果が期待できると書いているが，これはよい考え方をしている。①③から，この応募者は，リーダーシップや組織を動かす勘所を理解している様子がうかがえる。また，②のような具体的なエピソードも書いているので，①③の内容に説得力がある。④からも，この応募者は普段から「個人の成長と組織の成長を実現する仕組み，制度」について問題意識を持って取り組んでいる様子がうかがえ，評価できる。

◆夢・キャリアプラン・職業観
銀行 三菱UFJ信託銀行 （文系・女子）

質問：就職する企業を選ぶ際にあなたが大切にしていること

私には大きく3つの軸があります。1つ目は，①幅広い業界と関わって社会に大きな影響を与えることです。②私はサークルの代表として，自分の運営するイベントでより多くの人が楽しんでくれた時に最も喜びを感じました。そのため，自分の専門性を活かして多くの人を笑顔にできる仕事をしたいです。また2つ目は，③世界で活躍できる環境があることです。私は④アメリカ在住時から海外に興味があり，大学でも短期留学をしたり英語でゼミ活動をしたりと海外を視野に入れて学業に励みました。そのため，海外に挑戦できる企業に魅力を感じます。最後に3つ目は，社員の方々の雰囲気です。自分の仕事に責任と誇りをもって楽しむことは，さまざまなことに主体的に挑戦する原動力になるため，そういった意欲ある方々と働ける環境はお互いに成長し合えると考えています。

 人事の目

①や③はウソでも言えることだが，この応募者は①には②の，③には④の具体的なエピソードがあるため，①や③の思いに説得力がある。

◆夢・キャリアプラン・職業観

化学 富士フイルム （文系・男子）

質問：自分のよいところと改善したいところ

①小さい頃から，生徒会や部活動，ボーイスカウト等の課外活動を積極的に行っていたせいか，初対面の人でもざっくばらんな会話ができることが私の強みだと思います。そういった自分の性格，個性を活かして，今後もより多くの人と交流し，互いに議論しあうことで，自分の考え方や価値観をより多く，より深く成長させていこうと考えています。また，外的な圧力がないと，つらくて厳しい物事に対して長い時間ふんばることが出来ないのが私の改善点ですが，今後は，②自分の成長のためにも，自己に対し，100％ではなく，120％の負荷を与え続け，「この困難を乗り越えれば必ず成長してやるぞ」という「気概」を持って，自身の短所を克服出来たらと考えています。昨日よりも今日，今日よりも明日，よりよい自分になれるように，日々全力投球していく姿勢を堅持し，明日へ挑戦していきたいです。

人事の目

　この質問は，応募者のキャリアデザインや目的意識，志の高さをチェックしている。この回答は，全体的に表面的で印象に残りづらい内容だが，ところどころ評価できるポイントもある。たとえば①は，何事にも積極的に取り組む姿勢は伝わる。②も志の高さや自己向上意欲は感じられる。できれば②をすでに実践し，「○○をめざし，さっそく○○に挑戦しています」といった具体例を説明できれば，もっと評価される。

◆夢・キャリアプラン・職業観

シンクタンク 大和総研 （文系・女子）

質問：入社後，どんな業務を通してキャリアアップしたいか

　今は，プログラミングなどの専門知識に弱いので，①情報処理技術者の資格やJava，C言語などの勉強を通して，基本知識を養いたいです。また同時に，②自分たちの行う業務だけでなく，お客様やその先のお客様（消費者）のことまで考えられるように，担当するお客様の行う業務についても勉強したいです。そして，お客様が会社の人に相談するかのように相談してもらえる距離が近い，信頼される担当者になりたいです。

　①②のように，志望企業で活躍するために必要なことを具体的に理解しているのはよい。

　特に②のように，顧客理解の重要性を自覚している点が評価できる。

◆夢・キャリアプラン・職業観

コンサル デロイト トーマツ コンサルティング（理系・女子） ハイスペ

質問：入社する企業を選択する場合に，最も重要視すること

　私が入社企業を選択する際に重要視したいことは，①課題解決に対して多面的なアプローチ方法を取ることができる，本質を見抜く，などの課題解決のために必要な力を多く持った人とともに，高い成果が求められる課題に取り組む機会が多くある，ということです。

　私は，②自分が勤める企業，または自分が経営する企業の課題を解決する力を持った人を増やすことで，国力の向上に貢献したいと考えています。現在日本は，グローバル化対応の遅れ，新たな産業における不振，などさまざまな課題を抱えていますが，その具体的な課題は業界・企業ごとに一つひとつ異なり，その企業ごとの課題を解決する力の総和こそが国力だと考えます。また，③学生時代の進学塾でのアルバイトで，入塾者数を増やすための取り組みを行った際，自分の知識や経験を後輩に伝えて育成を行ったところ，入塾者数の増加に繋げることができました。この経験から，自分１人が企業の課題を解決できるようになるよりも，その力を持った人を増やすことで，より早く成果を得られると考えます。

　課題を解決する力を持った人材を増やすために，まずは自分自身が十分な力をつけ成長する必要があると考えます。そのために，④課題解決の経験や知見に長けた人とともに働くことで，必要な力を学び取りたいと思います。また，より高い成果を求められる課題，より多くの課題を経験することで，少しでも早く成長したいと思います。

人事の目

　①②からはプロ意識や志と向上心の高さが伝わり，③からは①のような考え方を持つに至った経緯がわかる。④からはこの応募者がこの企業に興味を持つ理由がわかる。文章全体から，目的意識とキャリアビジョン，および企業選びの軸をしっかりと持った人物であることがうかがえ，評価できる。

◆夢・キャリアプラン・職業観

コンサル マッキンゼー・アンド・カンパニー（文系・女子） ユニーク

質問：長期キャリア目標（10年程度先の将来でやりたい事）

①教育以外の業界に就職し退職したのちに，教育ビジネスに関わりたいと考えています。自分自身が②教育の情報格差に苦しめられた経験があるように，③日本では教育が奢侈品と化しています。そこで④恵まれない家庭であっても低価格で良質な教育ツールを使用でき，地方の人でも教育に関する情報を獲得できるような世界を，ビジネスを通じて実現したいと考えています。また，⑤現在所属する団体の活動を引き続きサポートしていきたいです。

 人事の目

短いが高いモチベーションが伝わる文章だ。①から，明確な目的意識とビジョン，具体的なキャリアプラン，および本気度が伝わる。②の経験があるので①のビジョンに説得力がある。③も鋭い指摘だ。④のように，①のビジョンを実現するための具体的なイメージをすでに描けているのもすばらしい。また⑤からは，今取り組んでいる活動に，人生をかけるだけの価値があることも伝わる。日々，問題意識と目的意識を持って生き，未来に向かって，自ら人生を切り拓いていこうとしている様子がうかがえ，高く評価できる。

◆夢・キャリアプラン・職業観

コンサル アクセンチュア（文系・女子） ハイスペ

質問：「チームワークの可能性を信じる」という当社の大切にしている価値観に共感する　　　理由

私がチームワークの可能性を信じている理由は，①チームで生み出すアウトプットの質の高さを実感しており，また，②チームワークを重ねることこそが個人の市場価値を高めることができるきっかけだと考えているからです。私は，「チームワークが成功する」とは，メンバー全員が最大限に能力を発揮しながら，そのメンバーであるからこその成果を生み出すことだととらえています。そして私は以前，③研究会の同期３人での論文執筆活動において，まさにそのような経験をしました。執筆活動の中で，自分の考えを全員で共有したところ，他の２人からまったく視点の違う意見が挙がりました。そこで，全員が互いの考えを丁寧に理解し，時間をかけて徹底的に議論を重ねようやく１つの解を見つけ出しました。その解とは，私一人では到底たどり着けないまったく新しいものであり，教授から

も高い評価を得ました。この時に，個人の考えはチームで生み出す成果には及ばないことを実感し，さらに自分の考え方の偏りに気づかされ，相手の意見と自分の意見を擦り合わせる能力も鍛えられ，大きく成長しました。この一連の経験から，④どんな仕事においてもチームワークを成功させられる能力は非常に重要であり，その能力が高い人こそが市場価値の高い人になりうるのだと考えるようになりました。

 人事の目

　③の実体験があるので，①②④のメッセージに説得力がある。実際，①②④はよい考え方をしており，中でも②は特によい点に気づいている。

◆ 夢・キャリアプラン・職業観

電気機器 **NEC**（文系・男子）　バランス

質問：これまで培ってきたことを3つのキーワードで表現してください

　1）コミュニケーション能力

　2）①組織を動かす力

　3）目標達成力

質問：それを活かしてNECでどのようなビジネスパーソンになりたいか？

　より多くの人々と接し，話をしていく中で，私にできることは何かということを常に追い求めていきたいと思います。「より多くの人々」とは，会社の内外や国籍・人種にとらわれず，1人でも多くの方とコミュニケーションを図りたいという想いがあります。それらの中で②課題や目標を見つけ，それに向かって頑張っていきたいと考えています。そして，③リーダー的存在になり，活躍できる人間になりたいです。近い将来の目標は，④「成果の上げられる頼れる社員」になることであり，同時に，「他の誰でもないお前でなくてはならないのだ」と言われるようなビジネスパーソンになりたいと考えています。

 人事の目

　①②③④など，コンピテンシーを感じさせる企業受けするフレーズが多く，とりあえず面接に呼んで，実際にどんな経験・行動をしてきたのかを質問してみたいという気になる。

◆ 夢・キャリアプラン・職業観

電気機器 **日立製作所**（文系・女子）

バランス

質問：あなたの将来の夢について

社会人になって，専門性を身につけることで途上国の発展に貢献したい。そのために，御社で経験を積むことでまずなりたい自分像をめざしたいと考える。

なりたい自分像は，大きく分けて２つある。１つ目のなりたい自分は，とにかく①仕事ができる自分になっていたい。どのような業務をしているかは，想像の域を超えない。ただ，どのような仕事をしているとしても，②現状に甘んじることなく，結果で，より上の自分をめざしていきたい。③必要な資格は，取得する。また語学の勉強もして，３か国語くらい話せるようになっていたい。仕事上で関わる有形無形の情報を貪欲に吸収し，何を聞かれても答えることができて，最適の答えを提示できるようになりたい。このような実務的な面での成長を実現し，会社の中で必要不可欠な人材になりたい。

２つ目のなりたい自分は，④人間的に尊敬される自分である。上に述べたような，仕事ができる人間は，とてもすばらしい。私はそれに加えて，同僚や取引先などの他人に尊敬されて，必要とされる人間にもなりたいと思う。こうなるためには，⑤ただ仕事ができて，結果を出すだけでは，不可能だろうと思う。私は他人と関わる時，いつも私なりのオープンマインドでいるつもりだ。それは，相手の発言は，価値判断は後にして，すべて受け入れる。そして自己主張の前には，自分から裸になる。このようなことだ。⑥仕事ができて，結果を出せる人間になっても，常に謙虚さを忘れることなく，オープンな自分のままで，生きていきたい。ビジネスにおいても，すべての基本はやはり人間関係だろうと思う。その人間関係を重視し，尊敬される自分をめざしていきたい。

上記２つのことを兼ね備えた自分になれたならば，私と関わる人は，少しは幸せになってくれるのではないだろうかと思う。⑦仕事ができる自分がそこにいれば，周囲の人もモチベーションが上がり，より上もめざせるだろう。しかし，どんなに仕事ができる自分になっても，その自分は他人との関係性の中に生きていることを忘れないようにする。このような自分になれれば，私の両親，将来築くかもしれない家族，同僚，顧客などの私と関わるすべてのヒト・モノは幸せになってくれるのではないかと思う。

人事の目

①②③④⑤⑥⑦から志の高さが伝わる。優秀な社会人でもなかなか言えないフレーズだ。これを書ける応募者がどんな学生生活を送っているのか，口先だけか，行動が伴っているか，面接で確認したくなる。

◆夢・キャリアプラン・職業観

電気機器 コニカミノルタ (文系・女子)

質問：あなたが働くうえで欠かせない価値観は？

　私が企業を選ぶうえで欠かせない価値観は2点あります。1．①「人の心身の健康に寄与できる仕事」です。私は②両親の病気や祖母の介護経験を通じ，健康によって自分らしい生活ができると学びました。就職では，人の暮らしや働きを支える力になりたいです。自信の自己管理能力も発揮できると思います。2．③「多様な専門性や個性を活かしたものづくり」です。私は④ゼミで，資料訳性や数式の証明等，各メンバーの得意分野を活かすことで，最高の論文を書き上げました。複数の能力や知識を積み重ね，相互にひきたてることが課題解決に有効だと学んだ経験です。そこで，個人の多様な能力を発揮しながら，チームで一つのモノや仕組みを創りあげたいと考えます。

人事の目

　②④の実体験があるから①②の職業観に説得力がある。職業観は口先だけなら誰でも言える。実体験を踏まえて説明することで説得力が出る。

◆夢・キャリアプラン・職業観

IT サイバーエージェント (文系・男子)

質問：あなたの30歳と将来（何歳でも可）のビジョンを教えてください

　◆24歳：①新卒入社2年目以内に子会社の社長または事業責任者になる

　②貴社で2年目で上記を実現した方がいるのでその人以上に結果を出したいから。歴代最高の新卒社員になることでチャンスを多く与えてもらえる立場になりたいから。

　◆30歳：③新しい産業の第一人者になる

　貴社には自分が成長できるチャンスが溢れているので,30歳までには確実にチャンスをモノにしてサイバーエージェントを支える社員になり，社会に新しい価値を生み出したいから。

人事の目

　①③から，志の高さ，プロ意識が伝わる。自分に自信がないと言えないセリフだ。②から企業の特徴を理解していることもうかがえる。企業理解したうえでの①③のアピールなので，本気度が伝わる。

Part **5**

みんなの内定実例ー自己PR編

◆夢・キャリアプラン・職業観

玩具 タカラトミー （文系・女子）

　仕事で経験を積み，会社だけでなく社会にも貢献できるような人になることが私の10年後の夢である。具体的には，多くの消費者の生活を豊かにし，喜ばれるような商品の企画や販売に携わりたい。仕事の能力だけでなく，たくさんの人やモノと出会うことで多くのことを吸収し，人間的に成長して，後輩の社員に目標とされるような人になりたい。

　この夢を実現するために，与えられた仕事をただこなすだけではなく，積極的に自分で考え，向上心を持って仕事をしていきたいと思う。常に自然や周りの人への感謝の気持ちと，新しいことに挑戦し続ける勇気を持ち続けられるようにしてきたいと考えている。

人事の目

　文章全体的に，良いことは言っている。ただ，口で言うだけなら，誰でも言えることである。1つでも，夢の実現にむけて，すでに行動を起こしていることを具体的に説明するだけで，一気にアピール度が増す。

◆夢・キャリアプラン・職業観

携帯電話 NTT ドコモ （文系・男子）

質問：NTT ドコモで叶えたい夢

　①「通信×○○で，一人ひとりの新たな当たり前」を創ることです。たとえば，②通信×ヘルスケアで，家族同士の健康状態を，どんな場所でも，リアルタイムに共有し，病院とも連携させていけるシステムを作りたいです。③そのように考える背景には，祖母が倒れた経験があります。それ以来，私の父は毎週，遠く離れた祖母の健康チェックのために，帰省し，ともに通院しています。このような不安を通信で解消していきたいです。ただ他にも課題はたくさんあると思います。その一つ一つを，通信の持つ「いつでも，どこでも，誰とでも」の強みを最大限に生かし解決していく，そして，一人ひとりに「新たな当たり前」を提供する，そんな仕事を貴社でしたいです。

人事の目

　叶えたい夢（①）を漠然と伝えるだけでなく，②のように具体的に取り組みたいことも説明できているのは評価できる。また，③のような具体的なエピソードがあるため，①や②の思いに説得力がある。

◆夢・キャリアプラン・職業観

食品 サッポロビール (文系・男子)

ユニーク

質問：あなたの一番大切なこと

「自分らしく生きる事」

　人生は誰のものでもない，自分のものだと思います。他人に多大な迷惑をかけない限り，やりたい事を追求してよいと私は考えています。①ただしそれは絶対に中途半端にしない事が最も重要です。舞台オーディションに合格した時，教授は「舞台をやったら留年する」とおっしゃいました。それでも私はどうしてもやりたい，そう思い，それまで以上に勉強に力を入れ，アルバイトに稽古にと頑張りました。その結果，舞台は大成功。学科の試験もパスし，進級できました。もちろんやりたい事をやるうえで，サポートしてくれる周囲の方々，特に家族へは常に感謝すべきだと思います。留学も親の理解がなければできない事でした。1年も猶予期間を与えてくれた両親に非常に感謝しています。自分勝手にやりたい事をやるのではなく，周りのサポートに感謝しつつ，やりたい事をとことん追求する，それが私の一番大切な事です。

人事の目

　「自分らしく生きる」と，言うのは簡単だが，実行するのは容易ではない。しかしこの応募者は，①から，自分がやりたい事，めざすことを徹底的に追及し，とにかく前進し続ける実行力や執着心が備わっていそうで，評価できる。この前進し続けるパワーは，ビジネス社会でも非常に重視される能力である。

Part
5

みんなの内定実例｜自己PR編

◆夢・キャリアプラン・職業観

食品 ポッカサッポロフード＆ビバレッジ （文系・男子） バランス

質問：全国転勤に対する意気込みを記載ください

　①全国で働く中で各地のご当地グルメを把握し，独自の食品や飲料の企画のヒントを集めたいと思います。そして最終的には東京本社に移り活躍したいと思います。私は全国で集めた消費者要望を踏まえ，開発・生産など各部門の方々と連携を取り，貴社のオンリーワン商品を生み出したいと思います。そのため②営業として日本中に商品を広げていくだけでなく，全国で1人でも多くのお客様の声を聞いて学びたいと思います。

 人事の目

　①の転勤をアイデア収集の好機と捉えるのはよい。柔軟性や自己向上意欲が伝わる。②の顧客の声を集める重要性を理解している点も評価できる。

◆夢・キャリアプラン・職業観

情報メディア マイナビ （文系・女子） バランス

私のこれからの「夢」

　まずめざす人物像は「とにかく①人脈が広く，人望がある人」である。私と出会ったことによって相手に1つでも何かプラスαを与えられる人間になりたい。そのためには自分が多様な人に会うことが必要だと考える。だから大学生活も②「あらゆる場所に出向き，1人でも多くの人に会うこと」を心掛けてきた。いろんな人の考え方を素直に吸収して，自分自身の対応力の幅を広げていきたい。営業先の業種を問わない広告営業を志望しているのもこの理由からである。そしてもう1つの目標が③「きらきら働く女性のロールモデルになること」である。第一線で活躍する女性を招く○○大学の「△△」という講義でゲストスピーカーとして登壇するのが夢である。さまざまな業界で活躍する女性が，自身のキャリアや働き方についてお話ししてくださる授業で，私も「将来ばりばり働きたい！」と思うようになったきっかけの1つである。私自身働き続けて，女性も管理職に就くことが当たり前の社会をめざしたい。

 人事の目

　文章全体から向上心，旺盛な好奇心，志の高さが伝わる。①の目標に向かってすでに②の努力をしているのもよい。目標の③も具体的でよい。

Part5

内定実例

6

みんなの内定実例－自己PR編

仕事理解

 質問の狙い

　きちんと自社の仕事を理解しているかどうかで,「仕事理解度」と「志望意欲の本気度」「リサーチ力」をチェックしている。その際, チェックするポイントはここだ。

・当社の仕事に対する理解は十分か？

・当社の仕事理解のために, しっかり情報収集, 学習しているか？

 合否の分かれ目

・仕事内容を漠然と知っているだけでは → ✕

・どんなお客様を相手に, どんな商品を扱うのか, また, その周辺情報まで知っていれば → ◯

・その仕事で求められる能力を理解していなければ → ✕, 理解していれば → ◯

攻略ポイント

　事前にOB・OG や社会人に聞いたり（46ページ参照）, ネット検索などで志望企業の仕事内容や求められる能力について, 広く, 深く調べておくこと。そして, その仕事をするうえで重要なポイントを理解しておくこと。

Part

5

みんなの内定実例－自己PR編

◆仕事理解

ソフトウエア SAP ジャパン (文系・男子)

質問：あなたが思い描くコンサルタントの仕事とは？

　まず，コンサルタントとは①専門技術を持ったスペシャリストでなければなりません。これは専門知識を持たない一般の顧客の方々が相談を持ちかける時に必要不可欠な条件です。次に，専門知識を持たない顧客の方々は多くの不安を抱えています。それを解消してあげるためには②顧客一人ひとりとの信頼関係を築き上げることが必要です。この２つを最低条件とし，③自分自身が持つ専門知識や技術をまったく知識のない顧客の方でも理解してもらい，安心してもらえるようにわかりやすく説明し，アドバイスだけでなく相互理解に努め，一緒に実施し，将来的にも長く付き合いアフターフォローに努める，これがコンサルタントの仕事だと考えています。

質問：あなた自身がコンサルタントとして向いているところは？

　私は④日本料理屋で３年間アルバイトをしています。生まれ持っての会話力とお笑い好きもあり，お店において相談役になっています。アルバイト・社員の方々・店長にも相談され，信頼されていると感じるので大変光栄です。これはコンサルタントが顧客を愛し信頼関係を築き上げるように，コンサルタントに大変重要な資質です。また，⑤日々自分自身を成長させたいと考えています。「自分自身の成長」には終わりはなく，途方もないことです。しかし，逆に考えれば限界がないということができます。これはコンサルタントがプランを練り上げていく中で「完璧はない」ということにも通じると思います。きっとコンサルタントは私の適職です。

 人事の目

　①の専門技術，②の信頼関係，④のコミュニケーション力，⑤の理想の追求等，求められる能力をよく理解している。また，③の実体験があるため②③の能力・資質がすでに備わっていそうな期待も持てる。

◆仕事理解

証券 大和証券 (文系・女子)

　①私は学生時代営業として活躍してきました。そこで気づいたことは営業とは商品に自分という付加価値を上乗せして交渉することです。証券営業では商品の差別化は非常に難しく，そこでの価値は営業としての付加価値であると考えました。私にはその付加価値を

提供できる自信があります。ただの営業ではなく，私に投資してもらい，私自身を商品として売り込む。それが私のとって醍醐味でやりがいです。難しさは売り込む相手のニーズをいかに引き出すかということと考えました。一定の情報からそれ以上のニーズを引き出し，提供することは論理性の他に，創造性も伴います。多様なニーズを把握しアレンジする。その難しさが証券営業にはあります。

 人事の目

　文章全体的に，良いことは言っている。ただ，口で言うだけなら，誰でも言えることである。ただ，この応募者は①のように実際に行動を起こしているため，文章全体に説得力があり，評価できる。

◆仕事理解
銀行 三井住友銀行 （文系・男子）

質問：ファイナンシャルコンサルタントとしてお客さまに提案したいサービスは？

　感動を与えるようなサービスを提案したいと思います。これからは個人資産運用の多様化が求められると同時に他の金融機関との差別化を図る独自のサービスが必要となりますが，<u>①実際に見ることができない商品であるため「人」が重要になります。その時にしっかりお客様のニーズをくみ取り，それに応じたサービスを次々と提案することで差別化を図り，お客様に感動を与えることができる「人」をめざしたい</u>と思います。

 人事の目

　①は正論だが，この職種をめざす多くの応募者が書く内容だ。「人間性」を高めるために努力していることも書けばライバルと差をつけられる。

証券 大和証券 （文系・女子）

バランス

質問：証券営業という仕事の醍醐味・やりがいや難しさとは？

　まず，商品や金融ビジネスに対する知識を習得することは当然必要だと思います。

　しかし，「自分が知っていること」と「お客様に知っていただくこと」はまったく別であると考えます。①私は以前，家電量販店でインターネット契約の営業のアルバイトを行っていたのですが，知識を身につけているだけではお客様には決して伝わりませんでした。お客様に聞く耳をもっていただくだけでも，真心を持って接しなければいけませんでした。そこで大切になってくるのが人間性だと思います。どんな時も人対人になってくるので，自分の人間性によって，お客様の出方が変わってくることが，醍醐味であり，やりがいに繋がるのではないかと考えております。

人事の目

　全体的によいことを言っているが，①の実体験と気づきがあるので文章全体に説得力があり，この仕事に向いている印象も受ける。

商社 専門商社 （文系・男子）

努力型

質問：あなたが描く商社の仕事とは？

　①夢の懸け橋だ。パン，服から飛行機まで，さまざまな商品・サービスが完成し，消費されるまでの，川上から川下までの間で，②不足している機能や高付加価値を生むためにも必要な要素があれば，何でも介在して提供し，人や企業の夢を形にする黒子的役割が商社だ。加えて，③エネルギー問題，環境問題や，日本が「ものづくり大国」から海外投資立国へと転換し，不透明さが漂う現代では，日本経済の救世主となるべきなのが商社だと思う。

人事の目

　①で商社の本質をユニークな一言で表現できているのがよい。また，②③で，商社マンのあるべき姿も具体的に説明できるのも素晴らしい。この仕事をよく理解できていることが伝わり評価できる。

コンサル アクセンチュア (文系・男子)

質問：なぜご自身がコンサルタントに向いていると思いますか？

　私は居酒屋のアルバイトで店長代理という役職に就いた時に，店の売上を上げるため，まず①店の現状の問題点を考えつくだけすべて分析し，次に問題の解決策を考え，実際に実行してみて効果があれば，すぐにアルバイト全員に意識して働いてもらうよう指示してきました。

　まず店の問題点を考える時に，自分で考えることはもちろんでしたが，お客様あっての居酒屋であることを常に考えてきたので，お客様の視点からの生の声が最も重要だと考え，任意でアンケートをとらせていただきました。その中で，店が汚い，料理が遅い，ビルの中にあるから場所がわかりにくいなど，すぐに解決できる部分もありましたが，最も大きな問題点は，私も考えていたことでしたが，店の活気がない，もっと店員さんとしゃべりたいという声でした。高級料亭ではなくチェーン店であるのだから，もっと明るい店，何度も来たくなる店にしなければならないと考え，アルバイト全員，いつもより大きな声で働くよう心がけ，積極的にお客様とコミュニケーションをとるようにしました。

　たくさんの方とコミュニケーションをとることで，ほとんどのお客様は，常連になりたい，他の客よりも店員と仲良くなりたいという心理があることに気がつきました。徐々にリピーターも増え，売上が上がるだけでなく，従業員も以前より楽しく仕事ができるようになり仕事の質が上がるという，一石二鳥の結果につながりました。

　この行動を通して，机上の問題点だけでなく，生の声を聞くということの大事さを忘れないでいることができ，また店の売上と店の質の向上を達成できたことから，コンサルに向いていると思います。

 人事の目

　文章全体から，コンサルタント的な思考・行動パターンが見事に身についているのが感じ取れる。特に，①のような，コンサルタントとしての必須の思考・行動パターンである「分析→仮説→実行→検証」のサイクルで物事を進めることの重要性を，応募者本人がよく理解しているのだろう。

Part **5**

みんなの内定実例|自己PR編

◆仕事理解

コンサル デロイト トーマツ コンサルティング (理系・女子) ハイスペ

質問：コンサルタントのイメージと，コンサルタントに必要なもの

　私が抱くコンサルタントのイメージは，①クライアントの現状と目標を比較して課題と解決法を明確にし，目標達成までの展望を持ちながら仕事をする，というものです。そして必要なものは②「絶対にクライアントの課題を解決する」という強い責任感だと考えます。

　私は学生時代に大手進学塾でチューターとして働き，高校生と保護者様に対して第一志望校合格をめざした支援サービスを行いました。

　具体的には③学習プランの提案，そのための現状把握，学習の進度と達成のチェック，そして生徒のモチベーションを高めるための声かけです。

　その中で，生徒と保護者様は，目標達成に必要な具体的な方法がわからない，という不安をお持ちであるため，明確なプランを提案し，私自身が目標までの展望を持つことの大切さを感じました。また自分を信頼しプランを受け入れてくれたことに大きな喜びを感じたとともに，第一志望校合格という結果を絶対に出さなくてはいけないという強い責任感も感じ，そのことが私自身の仕事の原動力になりました。そして私は勤務時間以外でも生徒を思い自分が何をすべきかを常に考えるようになった結果，担当生徒10名全員を第一志望校合格に導くことができました。

　この経験から，モノではなく提案を買うクライアントに対して，コンサルタントは課題の明確性と解決までの展望性を持って仕事をするものであり，絶対に課題を解決するという責任感が必要であると考えます。

人事の目

　①からはコンサルタントという仕事の特徴を理解している様子が，②からはコンサルタントに求められる心構えを理解している様子がうかがえ評価できる。また③のように，コンサルタント的な思考・行動を発揮する疑似体験と成果をすでに備えている点も評価できる。

企業理解

 質問の狙い

　きちんと自社を理解しているかどうかで、「志望意欲の本気度」と「業界&企業分析力」「ビジネスセンス」をチェックしている。その際、チェックするポイントはここだ。

・自社に対して事前に調べてきた「情報の量・質」とも一定レベル以上か？
・自社の特徴を、的確に捉えているか？
・業界の中での当社の強み、弱みを説明できるか？

合否の分かれ目

・ホームページに書いてあることすら理解していない人は、論外。
・ホームページや会社案内に書いてあることしか知らない人は → △
・OB・OG訪問や独自の調査で、企業の特徴を的確に捉えた人は → ○
・業界動向、同業他社と比較して、この企業の特徴を言えれば → ◎

攻略ポイント

　同業他社、あるいは業界動向を捉えたうえで、志望企業の特徴、強み・弱みについて説明できるようにしよう。

商社 三井物産 (文系・男子)

質問：当社の『挑戦と創造』の中で，最も心を打たれたストーリーは何ですか？

　私が御社の『挑戦と創造』の中で最も心を打たれたストーリーは，「オートバイ・自動車事業の新たな次元」です。どのストーリーも困難なミッションなのだという印象を受けましたが，その中でもこのストーリーが最も大変だったのではないか。そしてその課題をクリアするまでの○○さんの仕事の経験に興味を持てたからです。今までになかった新規事業を立ち上げようとする確固たる意志，多くの人のためにインドネシアで事業を立ち上げようとする思い，より強固な信頼関係を構築するためヤマハのニーズに真摯に応えようとする姿勢，面白いと思った箇所を挙げればきりがありません。その中で私にとって最もインパクトがあると思えた部分は２つあります。１つは，①アジア通貨危機が起こっても，長期的な視点を優先し最後まで諦めなかった熱い思いです。そこでもし諦めてしまっていたら，BAFで働いていた多くの現地社員は路頭に迷っていただろうし，ヤマハとの信頼関係も崩れ去っていたと思います。そしてもう１つは②現地の住人の考え方や価値観，現場の状況は，自分が直接行かないと机上の空論でしかなく，それら多くの課題は一つ一つ徹底的に追究していかないと解決できないということです。私も世界の国々の実態というものをリアルに感じ，仕事をしてみたいと強く思いました。

 人事の目

　　全体的によいポイントに共感している。また①②のような文章を書けるのは，ビジネスをプロデュースするうえで，「全体を俯瞰し，長期的視野に立って判断すること」「目標達成に執着すること」「多様な価値観を理解すること」などの重要性を，この応募者自身が理解しているからだろう。

商社 伊藤忠商事 (文系・男子)

質問：あなたの伊藤忠商事へのこだわりについて教えてください

　テレビのドキュメンタリーでレスポートサックを買収し再生する貴社の取り組みを見て，私はなんてかっこいい仕事なんだと感化されたことを今でも覚えています。私の貴社へのイメージはまさにそのイメージです。デザイナーの選定からブランディングまですべてをグローバルに行う貴社の社員の姿に胸を打たれました。①私はもっと貴社のことが知

りたいと思い，貴社のOBから新入社員の方までお話を聞きました。話を聞いた社員の年齢層の広さは誰にも負けませんし，こだわりがあります。なぜなら，貴社を本当に知るためには社員の生の声を聞くことに加え，各年代の声を聞くことこそが不可欠であると考えたからです。

 人事の目

　文章全体から，この会社に対するこだわりを，一夜漬けでは言えないような具体的エピソードを添えて説明できているのはよい。特に，①のように，実際に行動に移している点は高く評価できる。

◆ 企 業 理 解

水産 マルハニチロ（文系・男子） 体育会

質問：当社の採用ホームページを見て，改善点を１つ提案してください

　社員インタビューのコンテンツに年次の高いベテラン社員さんからのインタビューを増設してほしい。伝統ある貴社を作り上げてきたベテラン社員の言葉も聞いてみたいと感じた。ベテラン社員さんがいかにして「過去」の困難を乗り越え，そして「現在」どういった思いで働いているのか深く理解してみたい。さらに，ベテラン社員さんの「未来」への思いを感じ取ることは非常に重要だと思う。なぜならば，今後入社して①一緒になって働く上司ともなる社員さんがどのようなビジョンを描き，それに向かって一緒になって歩んでいきたいと共感する機会になると考えたからである。こうして②ベテラン社員さんの「過去・現在・未来」とつながる思いをくみ取ることで，貴社が長年にわたって時代や環境の変化に対応しながら成長してきたか，深掘りして知ることができると考えた。ベテラン社員さんには普段接する機会がないからこそ，こうしたコンテンツを増設してほしい。

 人事の目

　②はよい着眼点だ。「人が会社を作る」ことをよく理解している証拠だ。また①からも主体性や仕事に対する意欲が伝わり評価できる。

◆企業理解

コンサル アクセンチュア (理系・男子)

質問：当社のホームページを見てアクセンチュアはどのような会社だと思いますか？

●どのような会社だと思うか

　私は御社を次のように捉えました。「ハイパフォーマンスを実現している企業」。

　クライアントは現在コンサルティングファームを選ぶようになっており，クライアントが本当に求めているのは，戦略系ファームの「優秀な提案」ではなく，投資を行うことによって自社のパフォーマンスを上げることです。御社は戦略からシステムの構築，さらにeラーニングによる新しいシステム定着へのサポートまでも手がけ，クライアントのパフォーマンスを上げるトータルソリューションを行っています。多くの企業改革にITが必要とされる現在において，競争優位に立てているのではないかと考えます。

●もっと知りたいこと

　御社はコンサルティング・アウトソーシング・テクノロジーを軸に事業展開していますが，今後どのように変化する可能性があるかについて，より知りたいと考えました。

 人事の目

　　全体的に的を射た指摘であり，業界やこの会社について基礎勉強をきちんとしているようだ。面接に呼ぼうという気になる。

◆企業理解

機械 ダイキン工業 (文系・女子)

質問：当社の経営理念のうち，共感したものを３つ挙げてください。

　　２．世界をリードする技術で，社会に貢献する

　　７．社会との関係を見つめ，行動し，信頼される

　　８．働く一人ひとりの誇りと喜びがグループを動かす力

質問：上記の項目を選択した理由

　　２に関しては，世界をリードし続ける技術力や技術基盤の向上などの挑戦を続け，広く社会に貢献するために常に努力をする姿勢に魅力を感じたから。７に関しては，何事に対しても責任を持って行動することが信頼につながり，①社会に貢献できると考えるから。８に関しては，会社と社員が相互に尊重し合う関係に共感したから。②その関係のもとで，仕事に誇りや情熱，執念を持って働き，常に夢や目標に向かって努力する大人になりたい。

◆企業理解

不動産 **三菱UFJ不動産販売** （文系・男子）

体育会

質問：説明会を通じて感じたこと，当社への意見・感想

　社員の方々のお話やムービーを通して，貴社がお客様本位を徹底しているということを説明会の中で感じました。困難に直面しても無理だと考えるのではなく，お客様のことをどこまでも考え抜く姿勢や情熱を受け，お客様を心から大切にする貴社の社員の方々と共に仕事をしたいと思いました。また，貴社の強みである①組織力や金融グループでの取り組み等について理解するとともに，お客様のご要望を協力して解決することができる点にも惹かれました。組織力を活かし，お客様と向かい合ってお客様の潜在ニーズまで実現する提案ができるプロフェッショナルになりたいと思いました。

Part 5

みんなの内定実例－自己PR編

損保 三井住友海上火災保険 （文系・女子）

質問：三井住友海上の魅力

　私が考える貴社の魅力は以下の２点です。

【１：社員の方々の魅力】

　貴社の①説明会に３回参加させていただき，社員の方々の向き合う人すべてにベストを尽くすという姿勢に毎回大変感銘を受けました。貴社で働くことに誇りを持っている先輩方とともに，お客様の笑顔と安心に貢献していくことに私は大きな夢を感じます。

【２：サービスと品質の魅力】

　東日本大震災の際に被害の大きなお客様6,000件すべてに電話をすることに決め，「より早くより確実に保険金を支払う」という保険会社の使命を超えた，精神的な安心も提供するという貴社の姿勢に感銘を受けました。また，今後もこのサービスと品質を最大の武器とし，世界のトップ水準の金融グループをめざすという貴社の目標にも大変共感しております。私も②人の何倍も努力し貴社の発展に貢献していきたいと思います。

人事の目

　①のように３回もアクションを起こしているのは評価できる。②は誰でも，ウソでも言えるので，たとえば，「自分は～のような強み，経験を備えているので，御社の魅力である～の点に，自分なら～のような貢献ができます」と締めくくることができれば，もっとアピール度は増す。

信金 城南信用金庫 （文系・男子）

質問：城南信用金庫はなぜ社会貢献企業をめざしていると思いますか？

　貴金庫では，人と人との繋がりを大切にして，地域のお客様の幸せを実現するには，お客様同士が出会い，お互いに助け合って発展，繁栄していこうという志を持って，①お互いに学び，成長するための「コミュニティ」作りに取り組むことが大切であると考え，社会貢献企業をめざしておられると思います。私も同様に，信用金庫の経営理念である「豊かな国民生活の実現」「地域社会繁栄への奉仕」において，お客様同士の「コミュニティ」作りが重要であると考えています。なぜなら，人は周囲の人と関わることで，助け合うことができるだけでなく，切磋琢磨し合い，成長することができるからです。私が大学で所

属している軽音楽部でも，②お互いに助け合い，時には批評し合うことで一人ひとりの部員が成長していきました。こうした経験から，人の成長・発展に対して「コミュニティ」が果たす役割の重要性を痛感しました。

人事の目

信用金庫について一般的な定義を述べるのではなく，①のように独自の視点を②の実体験を踏まえて言えるのはよい。実際，信用金庫にとってコミュニティ形成は時流を捉えた重要なテーマであり，着眼点がよい。

◆企業理解

IT サイバーエージェント（文系・女子）

バランス

質問：会社説明会動画を視聴した感想

社内コンペやあした会議，YMCA といった「新しい21世紀を創る」ための制度が確立している会社だとわかりました。また，説明を受けて広告とメディアに興味を持ちました。AbemaTV やネット広告等の事業は，急成長を遂げています。つまり貴社の持つ世界への影響力も確実に大きくなっています。メディアを通して人は世界を知るので，メディアで力を伸ばしている点で人々の世界を作るパワーを秘めた会社だと思いました。さらに積極的な先行投資を行っている点でも「自分たちが21世紀を作る」という気概を感じます。私も①新しい世界のために挑戦せずにいられない性格なので，この会社で働いたら自分の熱意を活かせそうだと感じました。

人事の目

今回の設問では「感想」を伝えるだけでは採用者には評価されない。評価されるには「関心を持ったのは〜だ。なぜなら，自分は〜がしたいからだ」と，自分の具体的なビジョンを伝えるか，または，「関心を持ったのは〜だ。私も〜ができるから御社に貢献できる」と，自分のバリューを伝えたい。たとえば①も，「挑戦せずにいられない性格なので，この会社で〜に挑戦したい」とビジョンを具体的に説明できればもっとモチベーションが伝わる文章になる。

Part5
みんなの内定実例－自己PR編

内定実例 8

課題文・最近の関心事

 質問の狙い

「○○についての企画を立案せよ」「最近のニュースで関心のあること
は？」といった質問では，企業は，あなたの「問題意識」「教養レベル」「地
アタマの良さ」「社会に対する情報感度」などをチェックしている。特にマ
スコミでは，よく尋ねられる質問である。その際，企業がチェックするポ
イントはここだ。

　・質問内容の状況をしっかり理解しているか？

　・質問内容の状況に対する，独自の視点，多様な視点を持っているか？

　・社会に対する，自分の立ち位置はしっかりしているか？

　・固定観念に縛られていないか？　発想は柔軟か？

合否の分かれ目

　・状況を説明・解説して終わり，という人は → △

　・状況を要約し，ポイントを指摘し，独自の見解を言えれば → ○

　・文章表現の展開が適切であれば → ○

　・独りよがりな「感想」は → ×，主張に「根拠」があれば → ○

　・提案する企画に，独自の切り口があれば → ○

攻略ポイント

「解説」→「主張」→「理由・分析」

「私見」→「理由」→「具体例」→「結論」

　など，論理的で適切な文章構成を考え，独自の視点や切り口を伝えるこ
とが重要。また，批評は，きちんとした「分析」と「根拠」を盛り込むこと。
根拠のない独りよがりな説明はNG。

銀行 北洋銀行 (文系・男子)　バランス

質問：あなたの考える「北海道経済活性化」について

　私は，北海道経済を活性化するために本当に必要なことは，観光地化を進めて，もっともっと観光客を呼ぶこと，ではないと思っています。私は，大学のゼミで，①南幌町民や新ひだか町民に聞き取り調査を行い，町が抱える問題点等について，町民の方々や役場の方々と一緒に話し合いました。そこで感じたのが，「皆観光に頼り過ぎだ」ということです。確かに，観光名物や名所がヒットすれば，即効性のある経済効果は期待できると思いますし，現在すでに観光地として成功している地域は，より発展する事をめざすべきだとは思いますが，道内のどこの地方でも観光地化をめざすのではなく，②その土地に合った強い産業を作り出すことが必要だと思います。そしてそれぞれの土地に強い産業が根付いていけば，北海道経済は活性化していくと思います。

質問：上記「北海道経済活性化」のために北洋銀行はどうあるべきか

　極端な話，「行員全員が孫正義さんになればいい」と思います。銀行の法人営業はコンサルティング的な機能も持っており，貴行の行員はメガバンク等に比べても特にそういった能力を求められるのではないかと私は思います。貴行には，道内外から優秀な方々が集まっており，道内の中小企業の社長さんよりも知識や経験が豊富であるケースも少なくないと思います。そうした環境の中では，貴行の行員の方々がいかによいアドバイスができるかが，お客様である企業の業績にも大きく影響を与え，ひいてはそれが北海道経済の良し悪しにも関わってくると思います。そういった意味で，貴行の行員の方々の質を高めることが，北海道経済の活性化に直結すると思います。③貴行の行員一人ひとりが孫正義さん並みのセンスや知識を持っていて，各地域のそれぞれのお客様のビジネスに的確なアドバイスを与えられれば，北海道経済は必ず活性化していくと思います。

人事の目

　①の着眼点はよく，実際に町民の声を聞いているということもあり説得力がある。できれば②をもっと掘り下げて，有望な産業について具体例を提示したい。そうすればもっと高く評価される。③も発想はユニークだが，「自分も，将来的には孫正義さん並みの能力を発揮できるように，日々，こんな努力をしているところです」とアピールできれば，もっと高く評価される。

Part 5 みんなの内定実例ー自己PR編

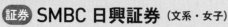

◆課題文・最近の関心事

証券 SMBC 日興証券（文系・女子）

ハイ
スペ

質問：興味を持った資金調達案件

　興味を持ったのは，富士フイルムのセルラー・ダイナミクス・インターナショナル（CDI）社買収案件です。なぜならば，iPS細胞を用いた医療のインフラ構築，また，医療の改革が現実味を増したからです。富士フイルムが今回買収したCDI社はiPS細胞を安定的に大量生産できる技術を持っていることで知られています。一方で，富士フイルムは細胞の培養，また製品化に強みを持つJ-TECを連結子会社化していました。この3社の技術を最大限に活かすことができれば，iPS細胞を用いた医療応用のインフラが確立できるかもしれない，と私は思います。富士フイルムが再生医療イノベーションフォーラムで会長企業を務めていることを考えれば，インフラ化に狙いがあるとも考えられます。時間は非常にかかると思いますが，仮にインフラ化に成功できれば，医療分野に新しい常識が生まれることになります。その意味で，非常にインパクトのある，面白い案件であると思いました。

人事の目

　文章からは再生医療分野の動向に対する洞察力，問題意識を備えていることがうかがえるが，この応募者は，きっと多方面にアンテナを張り巡らせながら社会の動きを捉えるタイプだろうと期待が持てる。

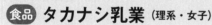

◆課題文・最近の関心事

食品 タカナシ乳業（理系・女子）

バラ
ンス

質問：夢について

　期間限定商品や新商品を見つけると「食べてみたい！どのような味がするのだろう？」とワクワクします。食べる時はもちろん，①味の想像を膨らませて食べるまでの時間も楽しめるような新しい商品をお客様に届けることが私の夢です。その夢に一歩でも近づくことができるように，たとえば，スーパーマーケットやコンビニエンスストアで新商品を見つけ，メーカーやパッケージの特徴をチェックし，大学で友人と食べ比べをして意見を出し合っています。この時に出る意見やアイデアは夢の実現に活かすことができると考えております。貴社へ入社し，新商品の開発や販売に貢献することで，自身の夢も実現させたいと考えております。

人事の目

①はユニークな着眼点で，面白い。夢を実現できるように②のようにすでに努力，準備をしている点も評価できる。

◆課題文・最近の関心事

ファッション ジュンアシダ（文系・女子）

質問：ファッション業界の課題について

　オートクチュールを好むのか，低価格商品嗜好なのか，ターゲットとする消費者層によって発生する問題は異なり，ターゲット層のニーズにピタリとあった洋服作りが昨今の課題であると思います。トレンドの予測，ロングヒット商品の開発が難しいのも事実です。しかし，生産者は新しいファッションの提案が消費者から常に期待され，それに応えていく努力をしていかなければなりません。期待に応えていくことによって，消費者との間に信頼関係が生まれ，強いブランドとして確立されていくのだと思います。

 人事の目

　業界の課題のポイントは押さえている。できれば，「自分ならどうする」「そうすればよい」という提案が書かれていればもっと評価される。

Part 5 みんなの内定実例—自己PR編

◆課題文・最近の関心事

道路 首都高速道路 (文系・女子)

質問：生活基盤を支えるインフラの１つである首都高の社会的役割について

　高速道路を絶えず動かし続けることはもちろん，これからは①地域社会への配慮がます
ます大きな役割になっていくと考えています。なぜなら，互いに協力・理解し合う関係は
長続きすると感じているからです。私は②地域密着型の学園祭で実行委員をしていたので，
地域との関わり方について常に考えてきました。地域の企業の方に協賛していただくお返
しに，地域が活気づくようなお祭りをつくるという気持ちを心の中に持っていました。相
互理解の上でつくるものは長続きし，サークル活動でありながら，18 年続くものになり
ました。貴社はすでに取り組みを行っていますが，さらに道路が走る地域の方と積極的に
交流することで次の 10 年, 20 年も続くような信頼関係を築くことができるのではないで
しょうか。

人事の目

　①は時流を捉えたよい着眼点だ。しかも②のような実体験を交えて地域社会との
関わりの重要性を説明できているので，説得力がある。

◆課題文・最近の関心事

不動産 大手不動産 (文系・男子)

**質問：10年後の世の中をイメージしながら，あなたが提案したい新しいライフスタイル
について**

　10年後は，平均寿命がさらに延び，自動運転が当たり前の世の中になると考えます。
そのような世界での新しいライフスタイルとして，①「街の存在が生きる意味であり，人々
の最大の娯楽場（街がその人の生活を彩る）」になるような生活を提案したいです。つまり，
貴社で②【生きたい・行きたい】と思える街づくりを実現したいです。街づくりをしたい
理由は，アルバイトの経験からです。私はアルバイトにおいて，自分の仕事の先にいる店
舗やお客様に喜びを届けられた時にやりがいを感じてきました。【まだ居たい, また来たい】
と思える環境を提供してきた経験は，「街づくり」という大きなフィールドに挑戦したい
という強い想いになりました。
　③【生きたい・行きたい】と思える街づくりを実現したい理由は，社会の変化により，
ただ長生きするのではなくて，何のために長生きするのか，自動運転でどこへ行くのか，

という目的が大変重要になると考えるからです。この【〜のために生きたい，〜へ行きたい】という目的づくりを行い，街へ行くことが生きがいとなるようにすることで，人々の生活を彩り，豊かにしていきたいです。たとえば，④MaaSによる都市交通の変革で，街に足を運びやすくなるので，さらなるコミュニティ機能の充実が求められます。変化の激しい時代において，真にお客様が求めるもの，真に社会から必要とされるものを提供していく，そんな仕事を私は貴社でチャレンジしていきます。

人事の目

①も②もよいコンセプトであり，よいコピーである。また①②のコンセプトを掲げる背景として，③のような社会的意義や，④のような今まさに注目を集めているライフスタイルのキーワード「コミュニティ機能の充実」もきちんと押さえている点も評価できる。

◆課題文・最近の関心事

飲料 カルピス（文系・男子） バランス

質問：未来の子供に対して当社が取り組むべきこと

子供たちが将来生活する地球環境を守っていくためにも，我々が率先して環境保全に取り組むべきである。カルピス商品を通じて，子供の生活と密になった活動を展開して社会へ発信していきたい。大学では企業環境法を学び，企業は廃棄物を減らすだけでなくそれを資源として社会へ還元していく必要があると学んだ。したがって，余剰した商品が廃棄物として処分されることは非常に環境負荷が大きいと思う。そこで①余剰した商品が再生紙に生まれ変わり，再び生活に戻っていく場面を創造したい。この「カルピスペーパー」を小学校に普及させ，たとえば学習用の用紙やか飛行機作りなど身近な生活を通じて子供たちを巻き込んだ環境保全活動を行いたい。

人事の目

①のように具体的なプランを提案しているのがよい。しかもその内容も時流を捉え，企業PR的にも的を射たものであり，高く評価できる。

◆課題文・最近の関心事

食品 大手食品メーカー（文系・男子）

質問：当社の事業戦略を立案してください

「麺処○○」のオープン

　価格競争が進む外食産業に進出して，学生やサラリーマンといったいわゆるラーメン好きな世代をターゲットとした低価格かつスピーディーな商品提供ができる外食ラーメン店を開業する。開業にあたって，この「麺処○○」を御社の傘下に新たに立ち上げる。以下，4つの戦略に分けて考える。

　①製品戦略→既存の袋麺とカップ麺製品をどんぶりに移して提供する。既存の製品に比べて少々高級感を出すために，トッピング具材を豊富にそろえ，旬の食材や有名ラーメン店からの食材を購入して取り入れる。

　②販売チャネル戦略→学校帰りの学生や〆の一杯を求めるサラリーマンを対象とすると，彼らが最も集まるであろう場所が，ターミナル駅構内やホーム上だと考えられる。

　③販売促進戦略→駅構内のポスターに加えて，電車への広告を行う。たとえば，中吊り広告だけでなく電車の内装も外装もすべてを広告で埋め尽くした電車を導入する。

　④価格戦略→既存の製品の価格からあまりかけ離れたものでは，消費者を取り込めないと考えられる。しかしラーメンチェーン店や大手牛丼チェーンとの価格競争が懸念されるので，1杯の価格を300円前後とする。

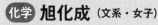

　①②③④や文章全体から，この応募者はマーケティング戦略立案の基礎を理解していることがうかがえるとともに，書かれている内容も現実的なビジネスを想定して練られており，評価できる。

◆課題文・最近の関心事

化学 旭化成（文系・女子）

質問：次のワードから3つ以上を使って自由作文

「虹，成長，プロジェクト，理想，標準偏差，力，科学，競争，龍」

　漢字では雨と虹の繋がりが見えない。どうやら虹の文字に虫があることからも，昔は龍の一種だと思われていたそうだ。一方英語だと，rain（雨）＋bow（弓）のように，関連が明らかだ。虹（rainbow）の中に雨（rain）が隠れているように，漢字で言えば，幸せの

中には辛いことが隠れている。これから私が社会に出て成長していくにあたり，逆境や困難が多く待ち受けていると思う。就職活動は第一関門だろう。辛い局面でも後に待つ幸せを確信して前に進んでいきたい。

 人事の目

> レトリックも巧みで，全体的によくまとまっている。企画のセンスがありそうな印象を受け，評価できる。

◆課題文・最近の関心事

IT ソフトバンク （文系・男子）

バランス

質問：「情報革命で人々を幸せに」をテーマであなたが成し遂げたいこと

①「ハンズフリーで完全キャッシュレスが可能なサービス」

現在スマートフォンの発達により携帯電話が財布の役割を一部になっていたりと，物や情報の統合が進んでいる。30年後には現金を使わないのが当たり前の世界になる。そこで②スマホではなく手や体の一部にICチップなどを埋め込み，それで支払いや個人情報などを管理したりIoTが日常化される時代がくるだろう。病院に行くときや個人情報の開示が必要な場面でも体の中のICチップを読み込んだりするだけで済むし，交通機関の支払いもこれで済む。

仮想通貨やキャッシュレスが流行っている現在から考えると，硬貨や紙幣という概念がまったくなくなる可能性が多大にある。その時に③必要なクラウドやセキュリティ面，製品の整備など障壁が色々あるのだが，確実に便利な世の中になる。

貴社ではそのデバイスの企画や関連各社への交渉を始め，技術の進化に携わって一人でも多くの人にこのサービスが出てきてよかったと思われるようなサービスを提供していきたいと考える。

人事の目

> ①のコンセプトはユニークでよい。コンセプトを言い表すタイトルも明快でよい。また，このコンセプトの利用シーン（②）も具体的に描けており，イメージがよく伝わる。また，③のように，このアイデアを実現する上での課題まで想定できているのもよい。文章全体から，新たな構想を打ち出す力を感じる。

Part

5

みんなの内定実例｜自己PR編

◆課題文・最近の関心事

商業施設 オリエンタルランド (文系・女子)

体育会

質問：10年間に起こると予想されることとその影響および対応策

　日本の人口構造の変動および外国人観光客の増加が見込まれています。この社会変動が，①「来園者層の多様化（客層比率の変化）」と「ニーズの複雑化」を引き起こし，それらへの対応として②「人的コストの増加」や「キャスト1人あたりの負荷の増加」を誘発すると予想されます。この変動に伴う負の影響を最低限に止め，かつ10年後の来園者満足度を高く保つために，③【人間の根源的欲求】を【多様化・複雑化する欲求】と別のレイヤーで捉えるための市場調査を行うことを対応策として提案します。2つの欲求を分けて捉え，人的資源の活用を図ることが，あらゆる来園者の感動に繋がると考えます。たとえば，根源的な欲求の1つとして，④人間は誰しも「人とのつながり」を求めますが，中高年層はさらに「＋αの価値」を求める傾向にあります。そこで，具体的な一対応策として，キャストによるパークのミニ講義の場を各園内に設定します。来園者は，キャストとの講義を通じ注目すべきポイントや背景のストーリー等を知ることができ，効果的にパーク内を循環できます。また，来園者は，パークを理解したうえでさまざまな体験をすることができるため，満足の深度化を見込めると考えます。

人事の目

　①の洞察も，②の想定リスクも的を射ており評価できる。③の対応策の考え方も的確で，④のように現実的かつ魅力的な具体例を説明できているのもよい。文章全体から，社会に対する問題意識や独創的企画力，戦略的思考力が備わっている様子がうかがえ，評価できる。

◆課題文・最近の関心事

百貨店 大丸松坂屋百貨店 (文系・女子)

バランス

質問：10年後に最もお客様から支持を得ている百貨店とは？

　現在どの百貨店も「お客様に対するおもてなしの心」を重要視しているように思うので，この意識が全従業員に浸透しているのが前提で検討する。お客様の来店目的が「必要なモノを買うため」でなく，①「楽しい時間を過ごすため」である百貨店が最も支持されているのではないだろうか。単純にいうと，「モノを買わなくても，身を置くだけで楽しめる」百貨店である。価値観の多様化による消費者の消費行動の変化などによって，現在百貨店

業界は大きな転換点にあるという話をよく耳にする。消費行動の変化に順応するための1つの方策として，従来百貨店に対して抱かれてきた，②「高級生活用品を揃えた小売店」という敷居の高いイメージを払拭することが挙げられると考える。たとえば，フロアごとにコンセプトを定め，景観を重視した内装に一掃する。③ブランドごとに区切られた区画を撤廃し，フロア全体で1つの世界観を共有させることを思いついた。

 **人事の目**

　　①②③は着眼点としてはよい。ただ，それは"思いつき"のレベルなので，"思いつき"を深く掘り下げるためのリサーチや，"思いつき"にもう一工夫したプランの提案があれば，もっとよかった。

◆課題文・最近の関心事

広告 大手広告代理店（理系・男子）

質問：1．モノと会話でき，モノの悩みを聞けるとしたらどんなモノの悩みを聞く？

　中央値。データを小さい順に並べたとき中央に位置する値。

質問：2．そのモノが抱えている悩みは何？

　母集団に固有の中心位置を表す量として平均値と類似した目的で使うが，平均値よりも異常値に影響されないというメリットがあるのに何でもかんでも平均値を使われて悩んでいる。年収の場合を考えてみる。貧富の差が激しい国では，一部の超大金持ちが平均年収をつり上げてしまっているため，平均年収は「普通の人」の年収よりもずっと高い値になる。このため平均年収では「普通の人」の生活水準を推し測れない。一方中央値は，一部の超大金持ちの年収は中央値に影響せず，「普通の人」の生活水準により近くなる。長者番付にランクインするような超大金持ちが1万人の市に引っ越してくれば平均年収はつり上がるが，年収の中央値はほとんど変わらない。中央値のほうがより直感に近いことがわかる。平均は散らばったものを均すことでわかりやすいとされ使われているが，ニュースなどで統計資料を発表の際には平均値とは別に扱ってほしいと中央値は思っている。

 **人事の目**

　　着眼点や論調がユニーク。具体例も秀逸。発想力や構成力が備わっていそうな印象を受け，評価できる。

コンサル アクセンチュア （理系・男子）

質問：人口の減少で，グローバルの中の日本の競争力の低下が心配されている。今後の日本が向かうべき方向性としてどんな選択肢があるか？

　現状の日本の問題点は大まかに２つ存在する。１つ目は，日本の経済規模が大きいために日本国内だけでもある程度の収益が見込めてしまうという安心感ではないか。また，日本の島国という性質もこの安心感を助長している。たとえば，国際競争力を身につけてきた近隣国として韓国が挙げられる。韓国の経営者は，韓国国内で事業を展開したとしても長期的には市場が飽和し，収益の伸びしろが見えてしまうという現状を把握している。そのため，起業当初から多くの企業は国際進出を念頭に置いた経営を心がけている。日本においては，多くの中小企業が国内向けのビジネス展開を軸にしている。そこで，２つ目の問題点が浮上する。

　それは，国際化する中小ベンチャー企業の成長が求められる一方で，日本には中小ベンチャー企業を育成，発展させるような土壌や国民性がない。土壌というのは，国際的に見て日本の政府や政策が中小ベンチャーにまだ親和性があるとは言えない状況である。そして，国民性というのは，多くの国民が大手企業志向という現状である。たとえばアメリカにおいては中小ベンチャー志向が強い。

　ここで，日本が向かうべき方向は，国際競争力を持つモデルとなる企業を政府のバックアップの下で輩出し，国内を先導する。政府の協力なしにこれらの施策を実行することは難しい。たとえば，フェデックスのように実行の困難だったハブ＆スポークが完成できたのも米国政府の全面協力によるものが大きい。しかし，政府以外でも協力できる業界がある。それがコンサルタント業界である。つまり，これからは日本政府やコンサルタントと企業の協力体制を強固なものとし国際競争力を得ていくべきであり，また国内の国際ビジネスへの意識改革をすべきである。

人事の目

　文章が起，承，転，結で構成されており，わかりやすい。また，論調も妥当で具体的事例も秀逸でよい。文章全体から，経済やビジネスに対する理解力，論理的思考力が備わっていることがうかがえ，評価できる。

性格・長所・短所

質問の狙い

「あなたの性格について教えてください」「あなたの長所・短所は？」といった質問は，まずは，「あなたの人柄やセールスポイント」を知ろうとしている。一見，何をアピールしても正解・不正解のない質問に思えるかもしれないが，企業はしっかりと「この応募者は自社で活躍できるタイプかどうか」をチェックしている。また，短所は，できる限り書かないほうがよい。もし書く場合は，短所を克服しようとしている点も併せてアピールしよう。

合否の分かれ目

・長所，強みに，企業が重視するコンピテンシーがあれば → ○
・長所，強みが，平凡であれば → △
・長所，強みを実証する具体的エピソードが平凡だと → △

攻略ポイント

積極的に，自分の強みを，具体的エピソードを交えてアピールする。そして，常に，平凡な内容になっていないか，自問自答する。

また，ESの中で，「あなたの長所は？」の問いとは別に，「あなたの強みは？」「学生時代に頑張ったことは？」などと，自分のセールスポイントを複数箇所で書ける場合は，なるべく，企業に自分の違った一面を見せ，人間としての幅の広さをアピールするよう工夫したい。

たとえば，ある質問では，税理士試験に没頭し，学習するスピードの速さや，志の高さをアピールし，別の質問では，「熱烈なファッションウォッチャーでトレンドセンスに自信あり」とアピールするなど。

◆性格・長所・短所

サービス **エスクリ** (文系・男子) バランス

　私は「皆と喜び合いたい」。この気持ちを誰よりも強く持っている。それは昔，皆と喜び合うことが出来なかったからだ。中学2年生の時，私はサッカーの大会で自分のミスから失点した。試合には勝ったものの，監督に「もう試合出なくていいよ，お前は」と言われ，非常に悔しくチームメンバーと勝利を喜び合うことが出来なかった。①「皆と喜び合う」ためならどんな泥臭いことでもやり通すことが出来ると自負している。これまで大学時代はその泥臭さを活かして，②ビジネスコンテストや米国でのリーダーシッププログラムに参加し，皆と喜び合ってきた。今後，御社では，泥臭く行動しながら，あらゆる地域であらゆる人々と喜び合えれば最高だと考えている。

 人事の目

　①は，チームワークや成果への執着心が備わっていることを期待させるフレーズである。嘘でも言えるが，②の実績があるため，①のセールポイントに説得力がある。

◆性格・長所・短所

化粧品 **コーセー** (文系・女子) バランス

　私を一言で言い表すならば「やればできるポンコツ」です。肩書こそ立派なものも多いのですが，まったく器用な人間ではありません。何かを始めるときは人一倍時間がかかり，人一倍ヘタクソです。ドジで不器用だからこそ，常に上を見上げ努力することの大切さと必然性を実感し，実行してきました。中学受験の悔しさをバネに①大学受験まで常に成績上位をとり，中高6年間続けたバドミントンでは素振りが下手だと馬鹿にされた悔しさから②部長まで上り詰めました。ポンコツだからこそ人より努力すること，前向きでいることを肝に銘じ生きています。どんなに圧力がかけられ縮こまろうとも，どこまでも愚直にアクティブに跳んでいけます！

 人事の目

　文章全体からハングリー精神や向上心，逆境を克服する力，謙虚さなどが伝わり，また①②のように成果も上げているので評価できる。

ファッション モエ ヘネシー・ルイ ヴィトン・ジャパン （文系・男子）

質問：今のあなたの人間性を形作るキッカケとなった経験を教えてください

　私の人間性を形作ったのは多様かつ多人種との出会いです。バイトではバーテンダーを
キッカケにお客様である各界の著名人の方や多人種の外国の方と信頼関係を結び，人間力
の向上に努めました。そこで得た人間力を活かし，最高の仲間と最高のパフォーマンスの
達成をめざし，日本中の学生を刺激する，圧倒的な巨大プロジェクトを成功に導きました。
そこで得たのは多くの人のニーズを把握する能力や多種多様な人を満足させたいという奉
仕の心です。

人事の目

　文章全体から，人間的な器の大きさや志の高さ，周囲を巻き込むパワーやコミュ
ニケーション力が備わっていそうな印象を受け，評価できる。

◆性格・長所・短所

ファッション エルメスジャポン （文系・男子）

　いつも笑顔で明るく元気に人と接することを心がけています。製造小売業（アパレル）
のアルバイトで2年ほど接客をしています。①自己の商品知識を活用し商品を提案し，お
客様から笑顔がこぼれて喜ばれると，とても嬉しくやりがいを感じます。流行にとらわれ
ず，世界中で幅広い年齢層から愛される品質の高い標品と，最高のサービスを提供し続け
る御社に非常に魅力を感じています。

人事の目

　すでにアパレル業界での接客経験があり，①のように商品知識を活用して顧客に
満足感を与えられる成功体験があることは評価できる。

◆性格・長所・短所

外資系金融 BNP パリバ（文系・男子）

質問：小学生時代にあなたはどのような学生だったか？

　私の小学生時代は「好奇心」「集中力」この2つの言葉で表現できます。好奇心が私の活動するうえでの起爆剤でした。たとえば，宇宙に興味を持った時は疑問を一つ一つ解決し，新たな仮説を立証する等深くアプローチしていました。興味の幅は広く，宇宙だけでなく，スポーツで言えばゴルフ，テニス，サッカー等。美術では小学生ながら数々の作品を出品し，教科書に掲載されるほどでした。この好奇心に関しては，現在振り返っても驚嘆するほどの視野の広さと探究心でした。

　また2つ目のキーワードである「集中力」は，私の好奇心に磨きをかけました。常に負けず嫌いの私は，スポーツでも勉強でも一番をめざしていました。そのストイックさは大人に匹敵するものでした。

　つまり，①小学生の自分を客観的に評価するならば，非常にエネルギッシュな人物で，そのエネルギーは周囲を巻き込みプラス効果を与えていました。

　どんな環境にも影響を与える姿はたとえるならば太陽です。

 人 事 の 目

　この質問は，小学生時代の様子を尋ねることで，応募者の根源的な人格を探ろうという狙いがある。この応募者は，文章全体から，小学生の頃からスケールが大きく何事にもエネルギッシュに取り組む姿勢がうかがえ，評価できる。特に①のようにストレートに断言できるあたり，相当自分に自信のある応募者なのだろう。面接にこの応募者を呼んで話を聞きたい，という気にさせる。

◆性格・長所・短所

銀行 きらぼし銀行（文系・男子）

質問：自分の長所

　私はアルバイトで塾講師をしている。生徒にとって高校入試は，人生で初めて直面する壁であり，今後の人生を大きく左右するものである。そんな重大な時期の子供を預かっているので，①授業ごとに「今までで一番の授業」を心掛け，日々努力をしている。また，②中学生は精神的にも不安定な時期であるので，何気ない会話からその子のいわんとしていることを察し，それに対して的確なアドバイスができるよう，常に心掛けている。

質問：自分の短所

　私は自分の中に確固たる信念を持っている。どんな時もそれは譲れないものであるし、人と意見が対立したらとことん議論してしまう。

　アルバイトにおいて生徒の指導方針について他の講師と意見が分かれた時、自分の考えを最後まで主張し、他の人が驚くほど熱く議論してしまうことが多々あった。最近は③頑固であることを自覚しているので、自分の意見は大切にしながらも、他の意見にいいものがあったら取り入れるように心掛けている。

> **人事の目**
>
> 　①からは「志の高さ」、②からは「対人感受性」がうかがえ、評価できる。また、③のように、自己の欠点を自覚するとともに、克服しようとしている姿勢も評価できる。

◆ 性格・長所・短所

新聞 読売新聞社 (理系・男子)　バランス

　(長所)精神力の強さには自信があります。これは2つの信条を大切にしているためです。1つは「自分にしかできないオリジナリティあふれる発想」。もう1つは「何事においても自発的に行動するスタンス」です。①○○年に××という会社を設立し、何十社も営業でまわりましたが、この2つを大切にしていたため辛い時も乗り越えられたと思います。

　(短所)②自分の体力を考え、自己管理能力を身につけることが今の課題です。新しいことを始める時など、とにかくがむしゃらに動いてしまうことがあります。冷静な頭で物事を考え、熱い心を持って行動する社会人をめざそうと思います。

> **人事の目**
>
> 　長所や短所を問う問題に対して、それとなくいろいろとアピール材料を盛り込んでいる。①は"ぜひ、会っていろいろと詳しく話を聞いてみたい"と思わせるには十分なエピソードである。②は、短所と言いながらも、自分の自己向上意欲を上手くアピールしている。

百貨店 阪急阪神百貨店 (文系・女子)

イノシシ：1つの目標に向かってまっしぐらに努力します。

仲間や家族を大切にする一面もあります。

豆腐：柔らかな口当たりです。

鍋に入れてもおいしいし，単品でもおいしい。誰とでも調和できます。

ホットカーペット：必要とされるなら，踏まれても踏まれてもへこたれません。

 人事の目

自分自身をウィットに富んだ表現で言い表せており，好感が持てる。

電力 大手電力 (文系・男子)

「芯のある とうふ」

①ぷるんと滑らかな人当たり

②でも崩れないタフさ

③実は冷や奴，冷静沈着です

④ちょっとひと口つまみたい

食卓全体のパフォーマンスが向上！

①名バイプレーヤーとして皆の良さを引き出し，組織に大きなうねりをもたらします。

 人事の目

表現がウィットに富んでいて面白く，また，この応募者の人柄をイメージしやすい。アピールしている能力・長所が，実際に企業で活躍するために必要なものである点もよい。また，採用試験で多くの応募者が「リーダーシップ」をアピールするなか，①のように，あえて「名バイプレーヤー」であることをアピールしているのも興味深い。面接では，ぜひ，名バイプレーヤーとしてどんな活躍をしてきたのか，質問したくなる。

 Part5
内定実例 みんなの内定実例ー自己PR編

10

専攻科目・研究課題

 質問の狙い

　企業は，大学の授業で学ぶことはほとんど実社会では役に立たないと思っている。ただ，応募者がアピールする「専攻科目・研究課題」を知ることで，応募者の志向や関心がどちらに向いているかを知ることができる。

　取り組んでいる研究課題が，時流を捉えた，キラリと光るセンスを感じさせるものであれば，当然，企業は関心を示す。その他，企業の関心を引く「専攻科目・研究課題」の書き方は，以下の「攻略ポイント」を参照。

 合否の分かれ目

・志の高さやキラリと光るセンスを感じさせるものがあれば → ○
・企業の仕事に関係のある高度な専門分野の研究なら → ○

 攻略ポイント

　大半の応募者は，専攻科目や研究課題の内容を，ただ説明しているだけである。しかし，自分の研究課題で身につけた知識・ノウハウを活かせば企業にどんなメリットをもたらすのかという「具体的な提案」も添えて書けば（それが，本当に秀逸であれば），企業の関心度は一気に高まる。また，勉強・研究の過程で，自ら工夫したことも積極的にアピールしたい。

　書類選考に通過し，面接に呼ばれれば，面接では「専攻科目・研究課題」についても質問される可能性が高い。その際，研究課題の話をしながら，的確にコンピテンシーをアピールできる準備をしておくことが重要である。

システム開発 NTTデータ・フィナンシャルコア （理系・女子）

①プログラミングと統計学について学んでいます。

使用したことがあるのは，②C言語，VBAです。たとえば，サッカーのPK戦ゲームや，複数存在する点の最短距離を求めるプログラムを作成しました。

統計学とは，ある程度以上の数のバラツキのあるデータの性質を調べたり，大きなデータから一部を抜き取って，その抜き取ったデータの性質を調べることで，元の大きなデータの性質を推測したりするための方法論です。過去に蓄積したデータに意味を持たせることによって未来に繋げることが目的です。

たとえば，③SASやJMPといった統計解析ツールを用いて「熱中症とその要因」について調べました。

統計解析をした結果，熱中症になりにくくすると思っていたクーラーの使用率という要因が，熱中症になりやすくする要因となっていたことがわかりました。このとき，私自身が固定概念をもっていることに気づきました。ここで，クーラーを使用しているから大丈夫と思い込み，水分補給を怠っている方が多いからだと考えました。一般的に言われていることを正しいと思いこまず，自ら調べ，視点を変えることが大切であると学び，結果から原因を考察する力もつきました。

人事の目

①のプログラミングや統計学のように，ビジネスですぐに活かせるスキルを備えているのは評価できる。また，②のようにプログラミングした成果物が複数あるのもよい。プログラミングの習熟度が伝わる。また③のように，いろいろなツールを使いこなせているのもよい。新しいツールや技術トレンドに対する適応力が期待でき，評価できる。

電気機器 ソニー （文系・男子）

ゼミでは，企業の租税回避スキームを分析し，その規制において生じる問題を，模擬裁判形式で検討しています。日本では，一般に，節税，租税回避，脱税という3つの区分があります。節税は合法ですが，脱税は違法で問題となります。ここまでは合法か違法かはっきりしていますが，①租税回避については「合法ではあるが問題がある」という考え方を

しています。その中でも，私はTreaty Shoppingによる租税回避スキームを中心に学んでいます。Treaty Shoppingとは，ある租税条約について，条約の利益を享受できないはずの第三国が，条約を結んでいる一方の国に自己の支配するペーパーカンパニー等を置き，これを通じて他方の締約国に投資することによって，間接的に租税条約による課税減免の利益を享受することをいいます。そもそも租税条約とは，一方の締約国の居住者で，他方の締約国において所得を獲得する者に対する国際的二重課税を排除することを目的とするもので，条約適用外の者に対して課税減免を享受させることを目的とするものではありません。以上のような②企業が行う租税回避スキームを分析し，その規制の是非を勉強しています。

人事の目

　過度な租税回避防止規定が，企業活動を制限することも事実である。そこで，②の「(Treaty Shoppingによる) 租税回避スキームを分析・勉強した」結果，①の「合法ではあるが問題がある」租税回避に関して，企業活動を過度に制限しすぎないために，自分自身が考える，あるべき租税回避スキームや，導入すべき規定案なども説明できれば，さらに評価される自己PRになるだろう。

◆専攻科目・研究課題

人材 ウィルオブ・ワーク（文系・男子）　努力型

　女性が虐げられていた奈良時代において，聖武天皇の皇后である藤原光明子が独裁を振っていました。彼女が独自に作り上げた組織「紫微中台」をテーマに研究しています。なぜ虐げられていたはずの女性が天皇を超えるほどの権力を持つことができたのか。天皇は黙っていたのか。など多くの謎が秘められており，知的好奇心を刺激されます。私は①このことが女性の地位回復・確立の意思の芽生えであるという仮説を立て，日々研究に全力を注いでいます。

人事の目

　①のように自ら問題意識を持ち，仮説を立て，研究に取り組む姿勢は評価できる。

◆専攻科目・研究課題

食品 タカナシ乳業 (理系・女子)

 努力型

　給食管理実習で食券の販売に力を入れました。給食管理実習では,13人で250食の給食を提供し,食券を責任者2人で販売します。しかし,なかなか食券を売り切ることができず苦労したため,販売方法を見直しました。たとえば,①試作品の写真と女性に嬉しい栄養素の効果をイラストも入れてまとめたり,SNSを利用して多くの人に給食の存在を周知させました。その結果,一度も残すことなく食券をすべて売り切り,購入していただいたお客様にも「次も楽しみにしています」という言葉をかけていただけました。この経験より物を売る際の工夫方法を学んだので,就職後も活かしていきたいと考えております。

人事の目

　①のように,独自の「売れる販売方法」を見つけ,成功体験を備えているのは評価できる。また,①の方法は,実際にビジネスの現場でも使えそうで,採用者も大いに興味がわくことだろう。

◆専攻科目・研究課題

教育 ベネッセコーポレーション (理系・女子)

 ハイスペ

　研究課題:大豆発酵食品中のオリゴ糖(マンニノトリオース)について
　近年,機能性成分としてオリゴ糖が注目されていますが,日本食に欠かせない納豆や味噌などの大豆発酵食品はその分析方法が難しいことから,含まれているオリゴ糖についてあまり研究がなされてきませんでした。そこで,大豆発酵食品中のオリゴ糖の分析方法を確立したところ,①大豆発酵食品に含まれる特徴的なオリゴ糖(マンニノトリオース)を明らかにすることができました。現在は,②その機能性について研究を進めています。

人事の目

　採用者が①の研究内容に明るくなければ,①の凄さがわかりづらい。たとえば②をもっと膨らませて,この研究を通じてめざしていることや,ベネッセコーポレーションの事業やサービス・製品,また世の中の人々にどのようなインパクトを与えられるのかを説明できると,もっと評価される自己PRになるはずだ。

アパレル ファーストリテイリング （文系・女子）

「企業による行動経済学の活用」を卒論のテーマにしている。経済学と心理学を融合したような学問である。このテーマにしたのは，留学先で行動経済学を学び，行動経済学が従来の経済学に対して「感情的な人間」を前提に人間心理も考慮している点に興味を持ったからだ。また，①「経済学は役に立たない」という社会通念を変えたい，という想いもあった。大変なのは，②英語の論文を数多く読み込む必要があること，心理学やマーケティング等の知識も動員しなければならないことであるが，苦労以上に経済学の応用範囲の広さに面白味を感じている。

人事の目

①からは，この応募者が普段から何事にも問題意識を持ち，高い志を発動できるタイプの人間であることがうかがえ，評価できる。②からは，さまざまな視点，知識を融合しながら課題解決に臨む力が備わっていそうな印象を受け，評価できる。行動経済学で学んだことを活かし，独自に取り組んでいる試み，構想なども書ければ，もっと高く評価されるだろう。

サービス パーク24 （文系・女子）

私は大学のゼミで「大学生が地域の活性化にどのように貢献できるのか」ということをフィールドワークを中心に研究しています。現在，青森県○○村にて新たな移住者を呼び込むための提案・実践を村役場と協同で行っています。また，大学の近くの神奈川県○○市にある○○商店街では，本来商店街の多面的機能としてある「顔の見える関係」や「地域の対外的な顔」という特性を回復することを目的とした活動を行っています。その他にも人との交流と継続性を重視し，活動を行っています。

人事の目

エリアマーケティングが重要な経営課題であろうパーク24には，この応募者の研究内容は興味深いに違いない。できれば「ゼミで学んだことを活かして，パーク24ではこんなことができます」というレベルまで書きたい。そうすればもっと高く評価されるだろう。

情報通信 日本ヒューレット・パッカード (理系・男子)

特許法，実用新案法，商標法，意匠法などの勉強。特許法を例に挙げて説明しますと「発明等の保護及び利用を図ることにより，発明を奨励し，これにより産業の発展に寄与」するために制定された法律です。弁理士試験をめざしていることと，某総合家電メーカーの①知的財産権本部でのインターンを通して，実務に近い勉強をしております。

 人事の目

①のように実務を通して，より生きた知識を吸収しようとする姿勢は評価できる。

IT ソフトバンク (大学院・理系・男子)

私の研究内容は，映像データを対象とした圧縮技術の開発です。この研究活動をする際「学会で発表できる研究成果を出すこと」を目標に掲げて取り組みました。①国際標準方式より優れた圧縮率を実現するために，ほとんど研究がされていない分野で新しい圧縮方式の研究に挑みました。なかなか思うような成果が出ないので研究内容を変えようと諦めそうになりましたが，結果に対してなぜそのようになったのかを深く考え，打開策を模索し続けた結果，学会発表できる成果を出すことができました。私はこの研究活動を通して，目標を成し遂げるには強い信念を持つことがいかに大切であるかを学びました。高いレベルの成果を追い求め，諦めずに努力し続けたことが目標達成の意欲を駆り立てたと考えているからです。この研究活動で培った経験は，②貴社の「情報革命で人々を幸せにする」という大きな目標を達成することに活かせると確信しています。

人事の目

①からは，志の高さや，成果に対する執着心が伝わり，評価できる。また，②のように，自らの経験を志望企業にどう活かせるかを説明することで，志望意欲が一層伝わりやすくなる。

◆ 専攻科目・研究課題

自動車 トヨタ自動車 （大学院・理系・男子）

　少子高齢化で日本では労働力不足が問題になると考えられ，将来的に工場での自動化や熟練者の技能の保存や継承をめざし，ロボットに簡単に教示が可能な教示システムの開発をめざし研究を行っています。①専門の技術者が行うロボットへの教示という難しいものを，VR技術を用いて人間がロボットアームに教示することで上手く制御できないだろうかと考えています。

質問：大学の授業で興味を持った内容について

　私は科学技術と歴史についての講義に大変興味を持ちました。それまでは私は高性能で高品質なものづくりをすればいいと単純に考えていました。しかし，②今日の発展のために必要な現在の科学技術を生み出す過程において公害問題や地球温暖化，戦争などさまざまな出来事が密接に絡み合っているということを知り，技術者としてただ単に科学技術の発展のためだけに研究・開発をしていてはいけないということを学びました。

 人事の目

　①からはフロンティアスピリットが，②からは多面的な視点を備えているなど，エンジニアとしてのバランス感覚のよさが伝わり，評価できる。

◆ 専攻科目・研究課題

商社 三菱商事 （文系・男子）

　私はゼミの卒業論文で「スポーツ競技人口の増減はスポーツマンガの人気に比例するか」を研究しました。私が所属していたゼミはミクロ経済学を中心に学ぶゼミですが，自分が疑問に思ったことならば卒業論文の課題は自由でした。①この卒業論文の結果，上記の命題は必ずしも正しくないことがわかり，世間で言われている常識が必ずしも正しいとは言えず，まずは世間の常識が本当か自分で考えることが必要だと感じました。

 人事の目

　採用者ウケするような興味深いテーマを研究しているが，①のように「命題が正しくない」のなら，自ら発見した法則についても言及できれば，もっとアピール度の高いESになる。

Part 5

みんなの内定実例ー自己PR編

◆専攻科目・研究課題

商社 丸紅（文系・男子）

　私が学業において取り組んだことは，さまざまな分野について幅広く学ぶことです。私の学部では，１年生から４年生までが同じ講義を受け，また文系も理系の講義を取れるなど，かなり自由度の高い授業設計になっています。その特徴を活かして，研究会のなかでビジネスについて深く学ぶ一方で，①それに凝り固まらないように，他の講義では言語やプログラミング，宗教や地域，ソーシャル活動，キャリアについてなど幅広く学ぶことを心がけました。まったく関係ないように見える分野の勉強もビジネスプランを作るときに役立つことがあり，現在研究会で取り組んでいる「チャリティージュエリー」にも活かされています。

 人事の目

　①はよいことを言っており，視野の広さ，志の高さ，柔軟性を備えていそうな印象を受け，評価できる。

◆専攻科目・研究課題

証券 SMBC日興証券（文系・男子）

　【ゼミ活動において30社に取材を行うことで，ニーズに合った持続可能な林業形態】を提案した。経済的利益を追い求めるためにインドネシアでは環境的リスクを顧みていない。海外の産業についての研究なため，私は30社に取材を行い情報収集した。地道な行動の積み重ねで，①机上の空論にならない，②ニーズに合った研究を進めることができた。

 人事の目

　この文章だけでは研究内容はよくわからないが，①の「机上の空論にならないこと」，②の「ニーズに合わせること」という視点を備えているのはよい。ビジネスでも非常に重要な視点だ。

◆専攻科目・研究課題

音楽 **大手レコード**（文系・男子） 努力型

　経済に関することを幅広く学んでいますが，一番面白いのはデリバティブやポートフォリオ理論などの金融工学です。巷に溢れるたくさんの金融商品について，それらがどのような意図と仕組みで作られたのかを学びました。特に，株が下がれば下がるほど儲かる金融商品や，リスクをすべて相手に押し付ける金融商品があるのは大変興味深かったです。①音楽業界にもファンドでアイドルやレコードを売り出す仕組みなどを企画したい思います。

 人事の目

　学校で学んだことを①のように志望企業でどう活かしたいかを述べると，採用担当者の興味を引きやすい。しかも①は，実際レコード業界が食いつきそうな提案だろう。

◆専攻科目・研究課題

コンサル **山田コンサルティンググループ**（文系・男子） バランス型

質問：大学で学んでいる学問のうち，興味を持っているテーマ

　最も興味を持っている分野は，マーケットデザインです。これは現在私が所属しているゼミで扱うテーマです。この分野は日本ではあまり浸透していませんが，経済学の中で比較的新しい分野で，従来の経済学の知見を活かし，公平性，効率性，インセンティブの観点から世の中の財を配分する際の制度やルールを見直し改善するものです。したがって社会への実装を目的としており，机上の空論で終わらずに実験検証したうえで社会に実装する経済工学であることが特徴です。興味を持った理由は，海外では論文のモデルが実際に使用され成功しているのに対し，日本では知られておらず研究の余地が大きくある点，机上の空論で終わらず実際に社会に貢献できるかもしれない点などに魅力を感じたからです。

 人事の目

　近年注目されているマーケットデザインを自ら実践し，自分ならではのビジネスアイデアも説明できれば，もっとよかった。

内定実例 11 趣味・資格

 質問の狙い

「趣味・資格」では，応募者のプライベートな部分や普段の生のライフスタイル，関心事をチェックしている。

しかし，実は，「趣味・資格」は，合否を左右するほど大きな力がある。「ES選考で落とそうと思ったが，意外な趣味を持っているので，とりあえず，面接に呼びたくなった」という声をよく聞く。

面接に呼びたくなる趣味とは以下の通り。

 合否の分かれ目

- ・一芸に秀でた趣味を持っている人は → ○
- ・多彩な趣味を持ち，マルチな才能を備えていそうな人は → ○
- ・ESの他の箇所でアピールしているセールスポイントとはまったく異なる，意外性のある趣味を持っている人は → ○
- ・当社の仕事に関係のある高度な趣味を持っている人は → ○
- ・難関資格試験の合格者は → ○
- ・難関資格試験に挑戦中の人も → ○

 攻略ポイント

「趣味・資格」を記入するスペースは大抵，小さい。そこに，上記のような趣味を記入できれば効果大。

◆趣味・資格

サービス あどばる (文系・男子)

努力型

　貴社が事業の中心にされている「食」に常に関心を持ってきた。たとえば，①実家は飲食店を経営しているため，幼い頃から食が身近にあったことや，②学生の料理サークルに所属していること。また③調理場でアルバイトをしたり，④食べ歩きをしたりと食が素直に大好きである。

 人事の目

　志望企業の事業の柱である「食」に対する興味をアピールする情報として，これだけ具体的な体験（①②③④）があれば申し分ない。

◆趣味・資格

商社 双日 (文系・男子)

ハイスペ

　①大学生活３年間で，学生や社会人を含めて1,000人以上の人々と交流しました。そこでは，自分と違った考えや価値観を持ったさまざまな人と触れ合い，自分の価値観を広げるとともに，多くの刺激を受けてきました。

 人事の目

　①はインパクトがある。きっとアピールしたいことがいろいろとある，自分に自信のある応募者なのだろうと，期待が持てる。

◆趣味・資格

情報メディア リクルートホールディングス (大学院・理系・男子)

ユニーク

趣味：読書(ビジネス書，自己啓発書等)

特技：①速読 （日本人平均の約６倍の速度）

 人事の目

　①の特技は，ユニークで興味深い。

Part **5**

みんなの内定実例ー自己ＰＲ編

◆ 趣味・資格

不動産 三菱地所コミュニティ（文系・女子） 体育会

2年生の冬，受験したTOEIC®600点という結果に奮起し，1年間で最低800点獲得を目標に，授業と練習の合間を縫って勉強しました。その結果，815点まで上げることができ，①現在900点を新たな目標に勉強中です。

 人 事 の 目

特に①のフレーズが良い。TOEIC®を200点アップさせただけでなく，さらに上のレベルをめざしている様子から，自己向上意欲が伝わる。

◆ 趣味・資格

ソフトウエア 日立産業制御ソリューションズ（理系・男子） バランス

初級システムアドミニストレータの資格。①大学の勉強だけでは物足りないと感じ，パソコンと英語のダブルスクールに通う。パソコンはまったくの初心者だったが，②自分への挑戦のため3か月で資格取得をめざす。授業以外に自分で本を買い，毎日3時間以上勉強し，わからないところは先生に聞く。努力が実り，模試で250人中6位を取り，本番でも合格。このほかにもVisual Basic等のスキルを大学の授業で学ぶ。

 人 事 の 目

①から自己向上意欲が，②から学習スピードの速さが伝わる。単に取得資格を記入するより，こういう文章を添えるほうがアピール度が増す。

◆ 趣味・資格

情報通信 みずほリサーチ＆テクノロジーズ（理系・女子） バランス

読書です。現代日本文学，アメリカ文学を中心に年間50冊以上読みます。①読書記録代わりに自分なりの評論も書いています。

 人 事 の 目

本を読むだけでなく，①のように，日頃から，自分の考えをまとめて書く作業を習慣化している点は評価できる。

実例を参考にESを総仕上げ！

みんなの内定実例
志望動機編

業種別（インターンシップ，本選考）
1　インターンシップ
2　自動車・電機・食品・製薬，各種メーカー
3　銀行・証券・生損保
4　商社
5　コンピュータ・情報通信
6　新聞・出版・広告・TV・音楽
7　コンサルティング・シンクタンク
8　百貨店・コンビニ・小売り
9　ファッション・ビューティー
10　物流・運輸・エネルギー
11　建設・不動産
12　人材・教育
13　旅行・アミューズメント・飲食
14　ITベンチャー・その他サービス

Part6 内定実例

みんなの内定実例－志望動機編

業種別
（インターンシップ,本選考）

 質問の狙い

●**インターンシップ選考の志望動機で企業が知りたいこと**

・インターンシップに参加して学びたいこと，挑戦したいことは何か？

・なぜ，他社ではなく自社のインターンシップを選ぶのか？

・自社に入社したいと思っているか？

●**本選考の志望動機で企業が知りたいこと**

・応募者はそもそも何をめざし，何をしたい人物なのか？

・なぜ自社なのか？　本当に自社なのか？　自社を理解しているのか？

・仕事に対する意識は高いか？

・応募者が自社に入社すると，応募者，自社ともにメリットはあるか？

 合否の分かれ目

・自社に対する志望意欲が本当に強ければ → ○

・自社を表面的にしか知らないと → ✕

・応募者のビジョン，志望意欲が薄っぺらだと → ✕

・応募者のビジョンと自社の実情がズレていたら → ✕

 攻略ポイント

　自分がやりたいこと，ビジョンを書く際，その「バックグラウンド」や「現在進行形の努力」を記入するとよい（95ページ参照）。自分がやりたいこと，ビジョンを実現するために，すでにどんな準備・努力をしているのかも記入するとよい。

　また，この会社を選ぶ理由は，非常に深く企業分析したことが相手に伝わるくらい，具体的に書くとよい（46ページ参照）。

1 インターンシップ

◆インターンシップ

IT 楽天 (文系・女子)

①最も興味のある業務は，楽天市場です。楽天市場は特にさまざまなジャンルでたくさんの商品があります。そこで，お客様が欲しいと思うような，AI などのIT 技術を用いたワクワクする次世代商品だけでなく②社会問題を解決できるような商品を考案するということも楽天市場なら実現できると考えました。たとえば近年著しい③高齢化に伴って高齢者による交通事故が増えているという問題があります。その④対策として私は高齢者には免許返納をしてもらう必要があると思いました。しかし免許返納したら生活が不便になるため，促すだけでは実際に返納してくれる人は少ないでしょう。そこで，⑤返納した人にはGPS 付きの持ち運び可能なボタンを配布し，単純な操作で送迎車やバスを呼べるシステムを提案できると思います。こういったボタンも配車サービスの提携や商品開発を掛け合わせることで，楽天市場でならそれを実現させて社会問題解決の一手を打てると考えました。

人事の目

①に興味がある理由として②の商品の考案の実現を掲げ，そこで解決したい一例として③の問題に着目し，その解決案として④の課題と⑤の対策案を説明している。興味のある業務の「理由」「取り組みたいこと」「企画案」まで具体的に説明できるのがよい。志望意欲が伝わる。「構想を打ち出す力」や「戦略的思考力」も伝わる。

◆インターンシップ

コンサル 大手IT コンサルティング (文系・男子)

BizDev を強力に推進する①御社に提案したい新規事業案があります。（中略：事業案を解説）御社のインターンシッププログラムを通じて，テクノロジーをビジネスに還元する御社の仕事の進め方，事業立ち上げのノウハウを体験させていただきながら，私の新規事業案の精度を上げて，御社にプレゼンテーションさせていただきたいと思います。

人事の目

①のようにインターンシップを自分の企画を売り込むチャンスと捉え，参加する意欲が評価できる。実際，その企画が採用され，内定はもちろん，入社後にいきなりその責任者に抜擢される応募者もいる。

Part 6 みんなの内定実例—志望動機編

◆自動車・電気・食品・製薬,各種メーカー

広告 IT 広告会社 (文系・男子)

努力型

　①インターンシップに参加して得たいものは，新しいメディアを生み出す発想法です。私は②これまで2社のインターネットメディア会社でアルバイトをしてメディアと広告の関わり方には2種類あることを知りました。1つは最初にメディアを作って広告を集めるビジネス。もう1つは最初に広告を発信したい企業を集めて，その受け皿になるメディアを作るビジネス。私がアルバイトで携わったメディアのうち，前者のメディアはすでにサービスを終了しましたが，後者は事業がどんどん拡大しています。以上の経験から，③広告費を最初に確保して新しいメディアを生み出すスタイルが理にかなっていると感じ，④ゼミでも，このテーマに関する成功事例を研究しております。

　本インターンシップでは，広告ビジネスで経験豊富な社員の方々や，広告ビジネスに熱中している優秀な学生たちと，これからの広告ビジネスの可能性と，広告ビジネスから新しいメディア，サービスを生み出す可能性について議論したいと思います。

　そして，⑤自分がそれを実現できる人間になるためのマイルストーンを設定できようになることを，本インターンシップのゴールと考えています。

 人事の目

　　①のインターンシップの参加理由が，受け身ではなく，自ら新しいことを生み出そうとする積極性が感じられるのがよい。②のような実体験があるため①のフレーズに説得力がある。③の着眼点もよい。④のように，すでに自分の目標達成のために準備を開始しているのもよい。⑤からは，何事も目的意識を持ち，きちんと計画を立てて取り組もうとする姿勢が伝わり，評価できる。

◆インターンシップ

商社 総合商社 (文系・男子)
バランス

　私は，インターンシップに参加し，①総合商社での仕事が天職であるという「確信」と，御社に入社して活躍していける「自信」を得たいと思います。私は②世界にない新しい価値とビジネスモデルを作れる人間になりたいと思い，就職先として御社に注目しました。御社の持つ③世界規模のネットワークとビジネスインフラがあれば，新しい価値創造をするアドバンテージが得られると思っています。インターンシップに参加させていただき，御社の社員の方々の仕事の進め方や，考え方に触れ，その輪の中で，入社後にすぐに活躍

する自分のイメージが持てるようになりたいと思います。

人事の目

①からは，志の高さや，自信，負けん気の強さがうかがえ，好感が持てる。②のようにアウトプット志向の応募者は評価されやすい。また③からは，総合商社の特徴をよく理解しているのも伝わる。

◆インターンシップ

生保 **大手生命保険** （文系・女子）

努力型

所属する①NPO団体でピンクリボン運動に参加し，乳がんを患った10名の方たちにインタビューさせていただきました。インタビューを通じて，生命保険が人生のパートナーとしていかに心強いかを痛感しました。そして，②社会のライフプラン形成を支える仕事に就きたいと思い，就職先として生命保険会社を希望するようになりました。③すでにFPの勉強をしており，生命保険，医療保険，社会保険の基本的知識を身につけております。御社のインターンシップでは，④ライフプラン設計に関する知識を深められるだけでなく，ライフプラン設計と提案の実務にも挑戦できるプログラムがあり，とても楽しみにしております。また，社員の方たちがどんな意識や考え方で，お仕事に取り組んでいるのかを伺い，自分の将来のキャリアプランの参考にさせていただきたいと思います。

人事の目

①のような実体験や，③のようなすでに努力していることがあるので，②の生命保険業界を志望する理由に説得力がある。④のように，このインターンシップの特徴をきちんと理解しているのもよい。

◆自動車・電機・食品・製薬,各種メーカー

自動車　トヨタ自動車（大学院・理系・男子）

　自分のソフトとハード，幅広い知識を生産ラインの自動化等に活かせると感じました。①貴社のインターンシップで自分の知識を課題に活かすことができ，とてもやりがいを感じたからです。また，自動車には最先端技術の塊とも表現できるありとあらゆる技術が使われており，その技術に触れられることと，必要不可欠な存在である自動車を扱っているので世界中の人々を幸せにするという社会貢献的な観点から見てもとても魅力的であるためです。

質問：トヨタで実現したい夢・目標

　私はより高品質・高性能でエコロジーな車をなるべく低価格で世に送り出すことで世界中の人々の生活を豊かにしたいと考えています。そのために車を生産するための生産技術分野で革新的な技術を開発し，社会貢献をしたいと思っています。そして，研究で得たソフトとハードの知識を基に，幅広い価値観やさまざまな視点から物事を捉え，考えることができる技術者になることが目標です。

 人事の目

　文章全体に，これまで学んだことを会社でどう活かして，今後どのような技術者になりたいかという「筋道」が通っているので，志望動機に説得力がある。また①の経験もあるので，志望動機により説得力が出る。

◆自動車・電機・食品・製薬,各種メーカー

自動車　トヨタ自動車（文系・男子）

　①これからますます進む環境問題に真正面から取り組みたいからです。現在，先進国はもちろんのこと，開発途上国でも自動車の乗車率は増えてきています。自動車が普及することで行動範囲は広がり，ライフスタイルは劇的に変わり，私たちの生活は豊かになります。しかし同時に自動車による環境問題も顕在化してきました。こうしたとき，私は自動車をただ批判する人にはなりたくないのです。人々が自動車に乗って幸せな生活をすると同時に自動車と自然とが共存できるような方法を考え，実行したいのです。

　御社はハイブリッド等の技術をいち早く市場に投入し，先陣を切って環境問題に取り組んでおられていると伺っております。また，販売開始当初は売れば売るほど赤字になって

しまうプリウスを地球環境への貢献のために構わず売り続けるなど，御社の環境問題に対するこのような積極的な姿勢に，私は非常に大きな感銘を受けました。

　この環境問題を解決し，自動車と自然とが共存できる企業は御社以外にはない。そう考えて御社を志望しました。

【御社に入ってやりたいこと】

　②学生時代にインターンや環境フォーラムなどで営業を経験してその面白さに気づきました。だからこそお客様の一番近くでニーズや市場を把握し，最良の自動車を提供したい。そして自分が話したお客様一人ひとりに，満足して自動車に乗っていただきたいです。

 人事の目

　①のように，具体的に取り組みたいテーマがあるのは評価できる。また，「環境問題」についても深く勉強しているようだ。ただ，企業の目的はあくまで利益追求である。単に「環境問題」に興味があるだけでは，採用者から評価は得られない。しかし，この応募者は②のように営業経験があり，営業の面白さについても実感しているため評価に値する。

◆自動車・電機・食品・製薬, 各種メーカー

機械 ディスコ（文系・男子）　バランス

　私は，日本のモノづくりを根底から支える貴社を志望します。貴社は高度な切る，磨く，削る技術を駆使し，世界のモノづくりに革命を起こしてきました。貴社はこれからの高度な技術によって，従来では考えられないレベルでの製品の小型化やきめ細やかさを実現し，社会に貢献してきました。①日本特有の細部にまでこだわったきめ細やかな技術を世界に発信したいです。私は，今までできなかったものを貴社の高度な技術力を集結させることにより，世界初の製品を開発したいです。

 人事の目

　①から，「世界のトップをめざしたい」という志の高さが伝わり，好感が持てる。できれば，具体的に開発したいことや，取り組みたい技術なども語れれば，もっとよかった。

輸送用機器 **新明和工業**（文系・女子）

　①海外を４か国訪れる中で改めて日本の技術力の高さを実感したため，そうした②高い技術力に裏打ちされた商材を国内外に広め，世界中の人々の生活を支えていきたいと考えている。そのような中で③貴社を志望する理由は大きく分けて次の２点である。（１）製品群が非常に幅広く，またそのどれもが社会にとって不可欠である点。（２）高い技術力を持っており，貴社でしか作れないものが多くある点。

　以上の２点から貴社で働くことは世の中のさまざまな側面から世界中の人々の暮らしを支えるという，非常に責任とやりがいのある仕事だと感じた。私が貴社に入社させていただいた際には，④モノづくりの現場に近い場所で裏から支える資材調達や，語学力を生かして当初志望したきっかけである海外営業として働きたいと考えている。貴社の製品はすでに多くの地域・国で使用されているが，⑤それに満足することなく積極的に新たな市場や調達先の開拓に取り組むことで貢献していきたい。

人事の目

　自分の夢（②）と，その夢を抱くようになった理由（①），および，その夢を実現するためにこの企業を選んだ理由（③）。さらには，入社後の自分の働くイメージ（④）と，自ら新しいことに挑戦しようとする抱負（⑤）。文章全体から，この応募者の主体性や問題意識，仕事理解度が伝わり高く評価できる。ただ，③は，同業種の中でもあえてこの企業に注目する，この企業ならではの特徴をもっと具体的に書ければ，志望動機の本気度はさらに増す。

輸送用機器 **川崎重工業**（文系・男子）

質問：川崎重工業でどんな仕事，ビジネスをしたいですか？
受注営業業務を志望します。

　①顧客とのコミュニケーションが密接な仕事に大変興味があります。学生時代，インターンや環境フォーラムの営業などを経験し，いろいろな人とコミュニケーションをしていく営業の仕事が楽しいと感じました。受注営業は，まだできていない製品に対して，顧客のニーズを聞き，技術者と一緒に考えながら契約を進めていくので，営業の果たす役割も大きくなり，それだけ仕事が面白いのではと感じています。御社の一員として，仲間と

一致団結して仕事に取り組みたいと思います。将来は②開発途上国のインフラに携わるプロジェクトに挑戦し、世界の人々の生活を支える仕事がしたいです。

人事の目

　①のように、実体験を踏まえて「営業の面白さ、やりがい」を書けるのはよい。②のように、将来的なビジョンを持っているのも評価できる。

◆ 自動車・電機・食品・製薬, 各種メーカー

電気機器 ソニー（文系・男子） `バランス`

選択コース：ビジネスマネジメントコース
質問：選んだコースで、あなたがソニーで取り組みたい内容について
　貴社の革命的な商品の未来を正確に捉え、世界中の人々に「感動」を届け続けたいです。そのように考えるきっかけに、アルバイトの経験があります。アルバイトにおいて、私が喜びを感じた瞬間は、自分のためだけに働き、お金を稼ぐ時ではなく、自分の仕事の先にいるお客様に「感動」を提供できた時でした。①貴社のインターンシップを通じて、ただ優れた商品を生み出すだけでは世界という大きなフィールドで戦うには不十分だと感じました。市場を正しく分析し、将来の見通しを立て、具体的な戦略を立てていくことこそが、変化の激しい時代に求められていると考えます。自分の強みである行動力を活かして、貴社とともに「感動」を世界中に届けていきたいです。
質問：選択した領域・カテゴリーで最近注目しているプロダクト・サービスとその理由
　「PlayStation」です。現在、アマゾン、マイクロソフト、グーグルがこぞってクラウドゲーミングに乗り出しています。これを受けて、今後貴社が、クラウドゲームへの対応を加速させていくのか、はたまた、クラウドにはできない価値を提供していくのか、②一消費者としてワクワクしています。そして私自身も「感動」を創り、届けていける人になりたいと強く思っています。

人事の目

　①の考え方はよい。インターンシップを通じてよい考え方、視点を身につけてくれて面接官も喜ぶことだろう。できれば、せっかく①の「分析力」や「戦略立案力」の重要性に気づいたのだから、②のように一消費者としてワクワクするところからもう一歩踏み込んで、「自分ならこうしたい」という具体的な構想まで説明できればもっとよかった。

◆自動車・電機・食品・製薬, 各種メーカー

電気機器 パナソニック (大学院・理系・男子)

　私が御社を志望する理由は，①御社が常に「○○」の精神で，家電製品などを提供し，「商品」というかたちで社会へさまざまな提供を行ってきた点に共感したからです。一人ひとりの個性を大切にし，独創性を尊ぶ社風から，テレビなどの家電製品から建設設備に至るまで幅広いカテゴリーにわたる独創的な技術・商品を開発・生産する御社に魅力を感じました。②私の夢はモノづくりの一端を担い，「社会に貢献できるスペシャリストになる」ことです。③その夢を実現できるフィールドが御社だと確信しました。松下幸之助氏の「人生は成功するものとまず念ぜよ」というお言葉を胸に，御社で夢を実現したく，志望します。

人事の目

　「②の夢を実現する環境が御社にあるから志望する」と③で述べている。また，②の夢を実現するために，他社よりもこの企業が魅力的な理由も①で述べており，志望動機も明確でよい。ただ，①の企業分析は内容が浅い。もっとこの企業の特徴を深く理解していることをアピールできればよかった。

◆自動車・電機・食品・製薬, 各種メーカー

電気機器 富士通 (文系・男子)

質問：当社はICTの力で快適・便利で，安心・安全な世の中を創ることをめざしている。学生生活で学んだことを踏まえて，どのような世の中を創りたいか？

『日本の技術を世界に発信していくことで，新興国がより豊かな世の中へ』

　①次世代医療，次世代交通，食・農業分野でのICT活用をめざす御社で実現させていきたい。②ゼミ活動において行ったインドネシアの研究を通してそのような思いを抱くようになった。私は，チーム研究にてチーム員4人が一丸となり，インドネシアの林業に関する研究を成し遂げた。その中で，私は現地の人々が直面する労働環境・生活環境を知った。未だに医療技術が遅れた地域，非効率な輸送機関，熱帯雨林を切り開き未だに続く非効率な農業形態。どれも日本とはかけ離れた状況であり，私がこの世界をより豊かな世界へと変えていきたいと考える。しかし，これからの成長業界である『ビッグデータを用いれば将来的に最適な効率化を実現可能である』と考える。現在，ビッグデータは急成長産業である。自動車の位置情報活用サービスも手掛ける御社なら，今後ビッグデータ業界を席巻する存在になれると考える。『その目標実現の一員になりたい』。ゼミ活動やテニスサーク

ルの代表として，チーム一丸となって目標実現のために今まで行動してきた。同じように御社でも社会への影響の大きな事業を会社一丸となって実現していきたいと考える。

 **人事の目**

①はよい着眼点だ。②のような実体験があるので，①に着目する理由にも説得力がある。できれば，①のフィールドで具体的にどのようなサービス，インフラを提供したいのかまで説明できれば，採用者からもっと高く評価されるだろう。

◆自動車・電機・食品・製薬，各種メーカー

電気機器 コニカミノルタ（大学院・理系・男子） バランス

　私は貴社に入社して①「顧客視点で開発を行い，世界で活躍する技術者」になりたいです。私は貴社で医療機器の開発業務に携わりたいと考えています。医療現場では献身を何度も行う患者や，日夜問わず働いている医療関係者が多くいます。また，貴社はグローバル企業であるため多くの国で貴社製品が使われますが，②国により環境が大きく違います。そのため，患者の負担軽減や，医療関係者にわかりやすい操作性，使用される環境を考慮した医療機器の開発が必要だと考えます。私はこれらの状況を常に考えて商品開発に取り組みたいと考えています。そして③自ら医療機器が使われている世界中の現場に赴き，利用者の生の声を得て，商品の改善や商品開発に生かしたいと思います。そして将来的に患者と医療関係者の両方の満足度で世界一の商品を開発する技術者になりたいです。

 人事の目

①②③から，すでに，商品開発で顧客視点やグローバルな視点を併せ持つことの重要性を自覚していることが伝わり，評価できる。また，文章全体から志の高さも伝わる。

Part

6

みんなの内定実例ー志望動機編

電気機器 富士ゼロックス （大学院・理系・男子）

質問：当社でどんな仕事をし，お客様にどう役立ちたいか？

【世界電子カルテネットワーク】

　SE職を希望します。SEは，お客様の漠然とした要望から本質を見抜き，システムを論理的に構築していく仕事であり，研究等で身につけた分析力を活かせる職種だと考えました。入社後は，まず小規模案件に携わり，業務知識や技術力，提案する力を身につけたいと思います。お客様の要望に加え，営業，技術系の主張も理解できるSEになります。その後，大規模案件に携わり，お客様が気づいていない問題を見つけ，お客様の期待以上のシステムを提案できるSEをめざします。現存するシステムを改善することはもちろん，ゼロからシステムを構築できるようになりたいと思います。①将来は，『世界電子カルテネットワーク』の構築を実現したいです。超高齢社会に突入した日本社会は，これからますます医者の負担が増えていくため，短時間で正確に診断することが求められます。私は，世界の電子カルテシステムをネットワーク化し，世界中の病院が医療情報を共有できれば，医者の技術は格段に向上し，患者はどこでもより正確な診断が得られるため，医者にも患者にも満足してもらえると考えました。このネットワークができれば，日本だけでなく医療技術が高くない国にも貢献できると思います。貴社には，文書情報をPDFやJPEG等の汎用フォーマットに記録できる「高い技術力」と，営業・SE・技術系の「団結力」があるため，この夢を実現できると思いました。

人事の目

　やりたい仕事について①のように具体的な構想を提案できるのは評価できる。また，医療現場向けのソリューションビジネスを積極的に展開中の同社からすると①は興味深い提案に違いない。面接では①について突っ込まれるだろう。自分の考えを整理しておくことが重要だ。

電気機器 日立製作所 （大学院・理系・男子）

　①父がエンジニアであったこともあり，小さい頃から図面などをよく目にしてきました。自然にエンジニアへの憧れが生まれ，私は学部から修士に至るまで一貫して機械工学を専攻し，材料力学，熱力学，流体力学，制御工学などを習得してきました。そこで，これら

の知識を存分に活かし，実際にモノを造りたいと考え，日立製作所を志望します。日本だけでなく，世界にその電力発電設備，パワーエレクトロニクスを発信している点に惹かれ，私もここで社会貢献できる人間になりたいと考えております。

質問：希望業務，分野

　火力，水力，原子力の大型発電機や各種電動機，および放射線応用医療製品の設計開発に携わりたいと考えております。

質問：上記理由

　私はかねてから，②「エンジニアとして社会貢献できる人間になりたい」と考えてきました。特に，人間の生活の根源にあり，必要不可欠な技術製品が発電設備や医療機器だと考えます。学部から修士まで一貫して機械工学を専攻し，ここで培った知識や工学実験，CAD実習の技術は各種製品の設計開発に活かせるものと自負しております。現在は修士論文研究において有限要素法を用いた構造解析を行っており，これらの技術は製品を作るうえでの性能評価などを数値解析する際に活かせるものと考えています。

人事の目

　①のように，幼少期からエンジニアの親の背中を見て育ち，また，長年，機械工学を学び，かつ，②のように自らの仕事に対し確固たる信条をすでに持っており，すべてにおいて一貫性がある。

◆自動車・電機・食品・製薬，各種メーカー

精密機器 オリンパス（大学院・理系・男子） ハイスペ

　世界的に高い技術で人々のココロとカラダの幸せをめざしているからです。私は①ドイツで医療分野の研究に携わり，興味を持ちました。その中で，御社の内視鏡は患者だけでなく，それを使用する医者まで気遣える製品と知り，利用者目線に立った人に優しいモノづくりの考え方に共感しました。私の②祖母は内視鏡手術でお世話になり，元気になりました。ぜひ，御社で利用者目線の医療機器開発に携わり，人々を幸せにしたいです。

人事の目

　①や②のような実体験があるので，医療機器開発に携わりたいという志望動機に説得力がある。

Part 6 みんなの内定実例─志望動機編

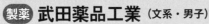 **製薬 武田薬品工業**（文系・男子）

　病院の先生方に薬品の説明をすることを通じて, 人々の健康の役に立ちたい。高齢社会の進行とともに, 世代を超えて健康への関心が高まりつつあり, 誰もが安心して利用できる薬品の需要は, 今後ますます高まっていく。①MRとして薬品の販売をするだけでなく, 人々がどのような薬を求めているか, ニーズを把握できるようになりたい。日本の薬品業界の中で最も大きな規模を誇る, 御社の恵まれた環境を活かして, 自分の夢を実現させたい。

人事の目

　①のような顧客のニーズを探ろうとする姿勢は評価できる。

薬品 エーザイ（文系・女子）

　私には「笑顔の多い人生を送る」という夢があります。"笑顔"は自分から発する笑顔と, 受ける側も笑顔になる, 相手の笑顔のことを指します。人とコミュニケーションする場は普段の生活の中でも仕事の場でもさまざまな場であるのですが, どんな場であっても笑顔を向ける側も受ける側も気持ちいいものです。

　そのため私は多くの人と接し, ①その人の何らかの問題や要望を聞き, それを解決してあげたり叶えてあげることにより, 結果的に相手に満足を提供し, 笑顔になっていただけるような仕事をしたいと思っています。その仕事を通じてたくさんの笑顔に出会いその数を増やしていき, 自分も笑顔になることができれば素晴らしいと思います。一方が笑顔を向ければもう一方もそれを受け笑顔になるような, そんな笑顔のキャッチボールが私の理想です。

　そして②これから歳を重ねていっても常に笑顔であり続けることは私の永遠のテーマでもあります。そのためには物事を前向きに考える力, プラス思考が必要だと思います。どんな些細なことでも達成できたら喜びを感じたり, うまくいかない時はその悲しかったり悔しかったりする気持ちを大切にし, いい意味で感情的になって笑顔につなげていければいいと思います。

　このような"笑顔"に対して私が抱いている夢を前向きに叶えられるような企業に関わりたいと私は思っています。それを考えた時, ③貴社の理念である"ヒューマンヘルスケ

ア"という言葉が私の心に響きました。健康ということは，素直に笑顔になれるような状態のことを指す，と私は思います。そんな人々の健康を考え，愛情を持ってお世話をしていくことを理念として掲げている貴社で，人々を笑顔にする事業に貢献したいと強く願い，貴社を志望いたします。

 人事の目

　①からは問題発見能力が，②からは目標達成意欲が伝わる。志望動機全体からはビジネスの基礎能力が備わっていそうな印象は受ける。ただ，同業他社ではなくこの企業を選ぶ理由を，③の「理念」だけでなく，もっと深く企業分析して述べられれば，採用者への訴求度はもっと増す。

◆自動車・電機・食品・製薬，各種メーカー

化学 三井化学工業 (文系・男子) バランス

　私が三井化学工業を志望するのは，①化学の提供できる幅の広さに興味をもったことと②グローバルに挑戦できる環境があるという2つの理由からです。三井化学工業の素材の技術をより③幅広い企業に貢献できるような用途開発営業をしていきたいです。

 人事の目

　文章は短いが①②③から一貫して，「広い世界で挑戦したい」という熱意は伝わる。できれば，特に化学製品に関心を持った理由も語れると，もっとアピール度が増す。

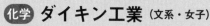

化学 ダイキン工業 (文系・女子)

　私は将来，人々を支え，社会に貢献できる仕事をしたいと考えており，貴社ではそれが可能であると考えたため，志望している。空気という目には見えない面から，世界中の人々の生活をより快適にし，より豊かにしたい。

質問：当社で挑戦したいこと

　貴社のフィールドを活かして，さらなる海外拠点の拡大とシェア拡大に挑戦したい。市場最寄化生産をベースに①海外の生産拠点を構築している貴社だからこそ，現地の人々と真摯に向き合い，ニーズや課題を的確に引き出すことができると考える。そして，貴社の豊富なラインナップを活かし，それぞれの国のニーズに対応した製品をスピーディーに開発することで，さらに多くの国や人々に貴社の製品を広げ，快適な暮らしを提供したい。

人事の目

　①のような海外に生産拠点を構築している企業は多い。あえてこの企業を選ぶ理由と，やりたいことを具体的に書けると，モチベーションがもっと伝わる。たとえば「空気，エアコン，環境」問題の動向を調べて，自分ならこうしたいという考えを聞かせてほしい。

化学 旭化成 (文系・男子)

　私が旭化成でやりたいと思っているのは，旭化成で培われている技術，さらには今後開発されていく技術を用いて，社会に新しい価値を提供していくことです。つまりは，①技術を活かした新規事業の創造を行っていきたいと思っています。特に，異なる事業を組み合わせることが可能な環境で，大きなシナジーも期待できる環境であると思います。こうしたことに挑戦していくにあたって，自分は，②技術とニーズをつないで，新たなビジネスの種を生み出していく架け橋として活躍していきたいと思っています。

　私のセールスポイントである③ニーズを引き出す力・聞き出す力で，確実に社会のニーズをキャッチし，それを好奇心旺盛に調べ上げた技術と融合させ，新たなビジネスを作っていく。もちろん，これをチームでより大きなものとして社会に価値を与えるものにしていきたいと思っています。

**人事の目**

②の志向性はよい。①を具体的に書けばもっとよかった。文章から事業マインドは伝わるので，面接で③のニーズを引き出す力や新ビジネス案を聞いてみたい。

◆自動車・電機・食品・製薬，各種メーカー

食品 カルピス（文系・男子）　バランス

　①世界中どこにいてもいつでもカルピスを飲める環境を作りたいです。②きっかけは旅行で行ったカナダのスーパーマーケットに陳列されているカルピスを見て驚いたからです。輸入品ということで，日本よりも高い定価がついていて，これでは気軽に飲むことができないのではないと思いました。世界中の人にとって，カルピスをより身近な飲み物にしたい。それを，海外のマーケットを拡大して1つ当たりの価格を下げることで実現したいです。③私が40歳になるまでに発展途上国を含めて30か国にマーケットを開拓したいです。それを実現するためには，まず語学力を伸ばさなければなりません。貴社の語学研修制度の活用と，日々の英語の学習で，海外に営業ができる語学力を身につけます。さらに，「あなたとなら仕事がしたい」と社内でも取引先でも言われるような人間力・営業力を磨きたいです。

人事の目

　②のような実体験があるので，①や③の思いに説得力がある。できれば，世界中のマーケットを開拓した後，次にしたいことを具体的に熱く語れれば，もっとアピール度が増す。

Part

6

みんなの内定実例―志望動機編

食品 ポッカサッポロフード&ビバレッジ（文系・男子） バランス

　動機は２つあります。１つは，①セグメントNo.1に向けた貴社の逆境・挑戦への意志を，私なら体現できると思うためです。２つ目は，レモンやクランベリーといった特徴的な商品を持つ貴社でなら，他社とは違う新しい提案ができると考えるためです。②前者に関して，私の経験や特徴が活かせると思います。私はこれまで「まずは行動・失敗は成長の糧」という意識を持つことで諦めず目標を達成してきました。そのため，逆境を糧にセグメントトップの目標に挑戦し，達成できると思います。そして貴社が特に力を入れるスープ，硬水，介護食，デザートでの目標達成に役立つと同時に，トップ商品を１つずつ増やす挑戦を続けようと思います。一方で後者に関しては，貴社の業務用営業の方から，特徴的な飲料ラインナップが強みになっていると伺いました。そのため私はその強みを存分に活かし，他社にはできない新しい美味しさを飲食店の方々に提案していきたいと思いました。

質問：やりたい職種と理由について

　家庭用・業務用の営業として経験を積み，③将来は商品企画を通してセグメントNo.1を獲る商品を増やしたいと思います。なぜなら，貴社のファンを増やすことで，より多くの方に個性的な美味しさを手に取っていただきたいからです。私は④食品メーカー４社の方とともに商品企画会を開催しました。その経験を通して，営業として消費者や各部門と連携を取り，各々の要望に沿う商品の企画に繋げる仕事に惹かれました。また⑤業務用営業には，飲食店の支援に携わってきた経験が活かせると思います。私は支援の過程で，特に名店の予約ができるWEBサイト「○○ナビ」の稼働に注力しました。日々営業やシステム部，さらに直営店や取引先のコンサルタントの方へのヒアリングを重ねました。こうして，不明な点を埋めながら関係者間で対話を繰り返す経験を得ました。こうした経験を活かし，貴社の個性ある商品を武器に，社内の各部署とともに飲食店へ新しい美味しさを提案したいと思います。

人事の目

　①で「自分は会社に貢献できる」と断言し，②ではその根拠を書いているが，①や②から，会社への貢献意欲や，みなぎる自信，熱意が伝わる。ただ①②だけだと「この応募者はビッグマウスでは？」という思いもよぎるが，④⑤のような実績があるので，この応募者の主張には説得力がある。同様に③の内容も，④⑤の実績があるので説得力がある。

◆銀行・証券・生損保

銀行 横浜銀行（文系・男子）

質問：横浜銀行でどのような仕事をしたいか？　またどのように成長したいか？

　私は①昔から金融に興味があり，大学での授業や趣味で挑戦していた株取引を通してその興味はますます強まりました。その中でとりわけ楽しく感じたことがゼミでも専攻している企業の価値を評価することです。財務諸表だけを見るのではなく現場の状況を直接把握し，マーケットから得られるさまざまなデータを活かして企業の実態を客観的に評価するプロセスを魅力に感じました。将来仕事としてやってみたいことはこれらの知識をベースに業務を行う市場営業です。企業価値の評価から得られる企業のニーズを引き出し，それを満たす金融商品の開発を通してマーケットの最先端で活躍できる市場営業は，企業価値の評価プロセスを発展させた私の理想とする職業として非常に注目しています。②御行の強みである地域との密接な関わりは企業のニーズ把握力に直結していますし，地に足の着いた金融商品開発は他の銀行に負けない発展性があると思います。③また融資に加え，企業価値の評価をどう活かして企業の問題点を改善するかが問われる法人渉外も魅力的に感じます。

　④将来そのような分野で活躍できるならば，特に身につけたいのが問題点を見つけられる能力です。企業価値を正しく評価することをベースとし，企業の問題点を把握し，同時に現行金融商品の問題点を洗い出すことで両者の不一致を1つずつ解消できる行員になりたいと思います。

　そのために金融情報を積極的に受信するだけでなく，各種試験にも積極的に挑戦する必要があると思います。⑤現在私は国税専門官の試験勉強をしていますが，将来的にFPなどの資格を取ることで少しでも自分の理想像に近づきたいと考えます。

人事の目

　①のように志望理由に経験的裏づけがあると説得力が増す。②からは，企業の特徴をしっかり理解したうえでこの企業に興味を持っていることが伝わり，評価できる。③のように自分のやりたい仕事ができる職種が他にもあり，それにも興味を持っていることを伝えることで，自分のやりたいことの本気度と企業分析がしっかりできていることが伝わり，評価できる。④からは企業分析と仕事分析，また，求められる能力分析がしっかりできていることが伝わり，評価できる。⑤では，自分の夢の実現に向けてすでに準備・努力をしていることがうかがえ，この応募者の志望意欲の本気度が伝わり，高く評価できる。

Part **6**

みんなの内定実例―志望動機編

◆ 銀行・証券・生損保

銀行 横浜銀行（大学院・理系・男子）

 ハイスペ

　私は①信用リスクや市場リスクを計量化し，リスクを管理する仕事をしてみたいと考えています。それは，リスクを正確に管理することが健全な融資につながると考え，その仕事を通して地域経済の発展の土台となりたいと考えているからです。また，②その仕事に私が研究で学んできた数理の能力を活かしていきたいと考えています。物質のさまざまな性質に対して数理モデルを設計し，シミュレーションを行うことで現象を説明してきた能力や経験を，リスクの計量モデルの構築や，ALMの業務で活かしていきたいと考えています。そしてそれらの仕事を通して，リスクを計量化していく数理の専門家として成長していきたいと考えています。

　また，③渉外業務を通して地域の発展には何が必要なのか，ということを実際にお客様と向き合いながら考えていきたいと思っています。私が御行を志望する理由として，自分が生まれ育った横浜を中心に，地域社会の発展に貢献していき，そのことを通して日本社会の発展に貢献していきたいという思いがあります。地域経済活動を支える御行で働き，銀行として地域社会の発展にはどういうリスクを取るべきなのか，どのような計量モデルを構築すればよいかということを考えていき，それを実現できる専門家となっていきたいと考えています。

人事の目

　①③のようにやりたいことを具体的に言えるのはよい。特に①は②のバックボーンがあるので応募者の活躍イメージが伝わる。③は「横浜は自分の地元だから地元に貢献するために御行を志望する」という主張だが，すでに地域貢献してきた取り組みがあれば③の説得力が増す。

◆ 銀行・証券・生損保

銀行 三菱UFJ銀行（文系・女子）

 ハイスペ

　①大学時代に株式投資に興味を持ったことや，証券外務員の資格を取ったことをきっかけに金融業界に興味を持ちました。中でも中堅中小企業から大企業まで，マスリテール・海外とすべてのカテゴリーにおいて圧倒的な顧客基盤を持ち，統合による相互補完で収益拡大の機会があるなど競争優位性に優れ，グローバルトップ5をめざす大きな目標を持つ御行に魅力を感じました。また，御行は個性を尊重し，知識を身につけながらやりがいあ

る仕事ができ，自分もともに成長をしながら，次々と新しいことにチャレンジができる会社だと思い，大変興味を持ち志望しました。

　リテール部門を選んだ理由は，②大学で投資戦略のセミナーに参加し２か月にわたって他の受講生と研究やディスカッションをしてファンド作りや資産運用について学んだ経験から，③お客様と一緒になって資産運用について考え，自分でさまざまな金融商品のポートフォリオの構築を行うなど，個人のお客様の資産運用のお手伝いをし，プロとして常に情報収集をし最新の商品環境を把握して，それぞれのお客様のニーズに応えていく仕事がしたいと思ったからです。お客様が望まれているサービスの実現と提供をしていきたいと思っています。

 人事の目

　①②のように，金融ビジネスに積極的に関わろうとしてきた経験を持つことをアピールしているからこそ，③の志望動機に説得力がある。

◆銀行・証券・生損保
銀行 **三井住友銀行**（文系・男子）　　ハイスペ

【企業に信頼されるバンカーになりたい】

　私は①大学２年生のときに仲間と家庭教師派遣ビジネスを立ち上げ，企業財務の責任者として運営に関わってきました。まずはエクセルでの現金出納帳の作成から始まり，資金管理や財務運営の難しさを体感したのですが，一方企業にとってそれらの業務は非常に重要でやりがいのある業務であることを学ぶことができました。また，②大学入学時から続けている個別塾の講師の経験から自分の持てる力を人のために使い，その人が成長することの大きな喜びと，③みずほ銀行や三井住友信託銀行のインターンシップの経験から企業の財務戦略をサポートすることの面白さとやりがいを体験することができました。お客様にさまざまなサービスを提供できる御行で，優秀な先輩方・仲間と切磋琢磨しながらお客様に信頼され，お客様にとってベストな財務戦略のサポートを提案することのできるバンカーになりたいと思っています。

 人事の目

　①からビジネスの勘所をわかっていそうな印象を受け評価できる。また，②からよい意識・習慣を備えていることがわかり，③からすでに金融業界に興味を持ち，インターンシップに参加するという行動に出ていることがわかり，高く評価できる。ぜひ，面接に呼んでみたい応募者だ。

◆銀行・証券・生損保

銀行 みずほフィナンシャルグループ（文系・男子） ハイスペ

　御行を志望する理由は，①経営のパートナーとして企業に関わっていきたいと思っているからです。自分自身，②実家が自営業ということもあり，小さい頃から漠然と経営に興味を持っていました。また，③インターンシップを通して，新規事業のチーフも経験しました。そこでの一番の課題が，運転資金をどう回していくかということでした。だからこそ，さまざまな企業経営にパートナーとして財務から関われる御行を志望しました。

人事の目

　①を志望する，その思いの根拠が②や③のようにきちんと説明できているので，志望動機に説得力がある。

◆銀行・証券・生損保

銀行 三井住友銀行（文系・男子） 努力型

　私は仕事の基本は営業だと思います。優れた商品も，その価値を顧客に正確に認識していただけなければ，その商品を購入していただけなかったり，商品の持つ能力を十分に活かせないのではと感じます。そして，商品の本当の価値と顧客の商品に対する認識の間のギャップを埋め，真の顧客ニーズに対応することこそ営業という仕事であると私は思います。また，営業は常に自分を顧客などの社会にさらしているため，常に大きな緊張感の中で，私自身としても成長していけるのではないかと感じております。そこで私は，①真の顧客ニーズに対応し，真の顧客満足を得られるよう，御社のさまざまなスペシャリストの方々を巻き込んで，ジェネラリストをめざし，顧客と御社の橋渡しとして，相互にwin-winな関係を築いていきたいと感じています。

人事の目

　営業職を希望するだけでなく①のように将来のキャリアビジョンも持っており，志望意欲に熱意が伝わる。できれば①をもっと膨らませて具体的にやりたいことを説明できればもっとよかった。

◆銀行・証券・生損保

信用金庫 高松信用金庫（文系・男子）

　私は①地元を離れて生活する中で，仕事を通して地元に貢献したいという気持ちが強くなり，また②大学で会計の勉強をしていたことから金融の仕事にも興味を抱くようになました。貴社は協同組織の金融機関であり，③地域に密着した活動をされています。また合同説明会で出会った社員の方々の人柄に惹かれ，貴社を志望しました。④私が入庫後担当したい事は相談業務です。それは⑤私が大学生活のなかで常に問題意識を持って日々生活していた経験を活かせると感じたためです。しかし，今の私はまだ金融の知識が乏しいため，さまざまな業務を経て担当したいと考えています。

人事の目

　①のように，しっかりした職業観を持っているのはよい。また職業観（①）と，大学でまなんだこと（②）と，企業の特徴（③）に一貫性があるため，志望意欲の本気度が伝わる。また，具体的にやりたい仕事（④）を，その理由（⑤）を踏まえて説明できるのもよい。

◆銀行・証券・生損保

銀行 三菱UFJ信託銀行（文系・女子）

　志望理由は主に４つあります。１つ目は①信託銀行特有の業務で専門性を高められるからです。次に２つ目は，②幅広い業界と関われるからです。資産を持つあらゆる顧客が対象のため，さまざまな業界知識を蓄えつつ幅広く活躍できると思います。３つ目は③グローバル環境があるからです。MUFGグループの中期経営計画でも海外運営高度化を推進するなどさらに海外に力を入れており，海外に挑戦する機会が増える魅力があります。そして４つ目は，社員の方々の仕事への熱意と和やかな雰囲気に惹かれたからです。④インターンシップや座談会での丁寧な応対から，思いやりと挑戦成長意欲を兼ねた方が多いと感じ，一緒に働きたいと強く思いました。そして私の目標は，自分の専門性を活かして⑤お客様の期待を超える独自のソリューション提供によって多くの方を笑顔にすることです。

人事の目

　①②③④から，しっかりと企業分析をしていることがうかがえ，評価できる。また⑤からは，新しい価値を創出しようとする熱意も伝わる。

Part

6

みんなの内定実例—志望動機編

◆銀行・証券・生損保

証券 大和証券 （文系・男子）

①私は「世界に貢献したい」という軸があります。そこで私はファイナンスという切り口で世界に貢献します。そこで私は金融，特に直接金融に着目し，従事することを決意しました。しかし，その上で考慮すべき点がありました。それはコンプライアンスや拝金主義的な業界の意向です。倫理観なしの経営には私の軸と整合性はありませんでした。そこで私の軸に親和性がある貴社の存在がありました。貴社は②マイクロファイナンスをはじめ，社会貢献性を含んだ収益モデルを提供していました。金融を切り口に貧困問題及び社会貢献にも寄与している貴社の存在やそれを可能にするグループの総力も非常に魅力的です。よって私は世界に貢献すべく貴社を志望します。

 人事の目

①からは，自分の職業観，企業選びの基準が確立されており，②からは企業分析もしっりできていることが伝わる。そして①と②は合致すると主張しているとおり，志望動機に説得力がある。

◆銀行・証券・生損保

証券 SMBC日興証券 （文系・女子）

資金的な側面から企業の資本市場での成功のサポートをしたい，というのが理由です。①この考えを持ったのは，大学受験時に読んだ1冊の本がきっかけです。その本には，②アメリカの技術者は積極的に経済や資本について学ぶのに対し，日本では素晴らしい技術を持っていながらも，経済等に興味があまりなく，資本的な要因で失敗することが多い，といった内容が書かれていました。私は，これは③日本にとって重要な課題だと感じました。同時に技術を持った企業が資本市場で活躍できるようにしたいと考えました。そのため，企業のM＆Aや，資金調達などの財務戦略に関わることで，企業の資本市場での価値向上に貢献できるよう尽力したいと考えております。

 人事の目

金融プロフェッショナルの多くが②や③のようなことをモチベーションに仕事をしている。そこに関心を持つ応募者は当然評価されやすい。また，就活準備で慌てて企業・業界分析して②③の考えを持つようになったのではなく，①のようにずっ

と前から興味や問題意識を持っていた点も好感が持てる。

証券 野村證券 （文系・男子）

バランス

　私は①ファイナンスのプロになるためには案件執行に数多く携わる事が不可欠だと考え、②「強固な顧客基盤を有しているかどうか」という観点で就職活動をしています。私は、③貴社が国内上場企業の3分の2以上と取引関係があり、案件に溢れている事を一昨年大学で行われた貴社社員による講演を通じて知り、貴社に興味を持ち説明会に参加しました。

　説明会でお会いした社員の皆様は、業務でモチベートされる事の1つに優秀な同僚や先輩後輩に恵まれている事を挙げておられました。そこで私も切磋琢磨する事にモチベートされる人間であった事を思い返しました。④私は学生アルバイトで尊敬する経営陣の下、就職活動を終えた大学4年生と業務に励みました。立ち上げ当初は会議で意見を持てず、論点を理解できない事に悔しさと申し訳なさに苛まれましたが、負けたくないという一心で私はビジネス書を読み漁ったり、与えられた業務に邁進したりしました。結果、自らプロジェクトの立案や実行する裁量も与えられ、一学生アルバイトとして成長できたと思います。

　よって私は、数多くの案件執行に尊敬する諸先輩・後輩・同僚と切磋琢磨しながら携わりたいと思うようになりました。私は貴社説明会や懇談会、見学会を通じお会いした社員の皆様から、多くの苦難を経験された自信や誇りを感じました。⑤特に貴部門の諸先輩とお会いさせて頂く機会を複数回頂戴し、企業活動の原点に働きかける事のつくり甲斐や強固な顧客基盤に対する自信についてお話を頂き、いつしか私も貴社で諸先輩のように活躍したいという思いを一層強めました。広範な支店網や築き上げられたお客様との信頼ネットワークが他社を凌駕する貴社において、時代の機微を掴むような案件の執行に数多く携わりたいと強く思います。（後略）

人事の目

　全体的によくかけている志望動機だ。この応募者は、確固たるプロフェッショナル志向（①）と企業選びの軸（②）があり、それと合致するこの企業の特徴（③）もしっかりと理解していることがうかがえる。また④から、志の高さやプロ意識、成果達成意欲が本物であることが改めてわかる。また⑤のように、何度も行動を起こしていることから、この企業対する関心の強さも伝わる。

◆銀行・証券・生損保

証券 野村證券 （文系・男子）

 ハイ スペ

　①ベンチャー企業，中小企業の新規株式公開をサポートするIPOに携わりたいと希望しております。ゼミにて，中小企業について研究しておりますが，国際競争力を持つ中小企業ですら，資金調達の術は手薄であり，株式公開によって，市場から資金調達をする事は，事業拡大のチャンスになると思います。有能な中小企業やベンチャー企業が多く生まれる土壌を作ることは，日本経済の活性化を促すことから，その社会的意義も大きいと考えております。具体的にはIPO分野で，上場後成長する企業を見分ける分析手法の作成に携わりたいと考えておりますが，これは株式を発行する御社の事業戦略にも貢献できると考えております。投資銀行業務は，他の企業でも行われておりますが，御社を強く希望いたします。

　理由は２つございます。第一に，②金融業界は，他業界と比較しても特に信用が求められ，その信用力を背景とした規模の経済が発揮されると思います。よって，リーディング・カンパニーである御社に，各業界を左右するようなM&AやIPOの機会は豊富であると思います。第二に，このような機会を多く経験していることから，データや先輩を多く確保されており，実務上のスキルを最も効率的に取得できると思っているからです。

人事の目

　①はゼミで勉強したこととやりたい仕事が一貫しており，志望意欲に説得力がある。②の証券業界内でこの企業を選ぶ理由も的を射ている。

◆銀行・証券・生損保

証券 みずほ証券 （文系・女子）

 バラ ンス

　私は将来，新たな価値を生み出し，社会に貢献できる仕事をしたいと考えています。そのため，さまざまな人の想いを繋ぎ，豊かな社会に導くことができる証券業界に魅力を感じました。なかでも，お客様第一主義を掲げ，お客様の真のニーズを追求したうえで，①One MIZUHOの力で幅広いソリューションの提供が可能である貴社に惹かれました。加えて，社員の方の人柄の良さも魅力に感じました。貴社のインターンシップに参加し，ついてくださったリクルーターの方が，常に私を気にかけ，相談に乗ってくださり，このような人がいる会社で一緒に働きたいと思いました。貴社で，挑戦を続け，新しい価値を生み出し，経済・社会の発展に貢献したいです。

人事の目

　他社・他業界ではなく，志望企業を選ぶ理由がもっと明確だと良かった。たとえば①をふくらませて，幅広いソリューションが提供できるという強みを活かして，何をしたいのかを説明できるともっとよい。

◆銀行・証券・生損保

損保 あいおいニッセイ同和損害保険 (文系・女子) **バランス**

質問：あなたが就職活動で大切にしてきたことと，当社を志望する理由

　就職活動において大切にしてきたことは，①困難に陥った人や企業を助けられること，人や企業の挑戦を後押しすることの両方ができる会社であることだ。私は，幼少期から困っている友人の手助けをすることがやりがいであった。そして，大学受験を機に，ただ手助けをするだけでなく，周囲のやる気を後押しするようなサポートをしたり，自身の行動で周囲に活力を与えられた時の喜びに気づいた。その気づきは，大学時代のサークルやゼミ活動においても「人一倍の努力で，周囲に活力を与えることができた」経験で，確かなものであると確信した。したがって，苦境に陥った人や企業を助け，人々の安心や企業の挑戦をサポートできる損害保険業界は，自身が最も大きなやりがいを感じながら働けるフィールドであると考え志望している。

　また，私はコールセンターのアルバイトで，自身の立場や状況にかかわらず，相手の立場で考え行動する大切さを学んだ。ゆえに，人や企業に安心安全を届けられる損害保険業界でも，「本気でお客様のことを思える企業」で働きたいと考える。その点，貴社は「地域」を一人ひとりのお客様の集まりと捉え，本当の意味で「地域密着」というきめ細やかな保険ビジネスを追求している。そして，海外市場においても同様に「国・地域にとって本当に役立つビジネス」であるかどうかを重視している。貴社であれば，社員一丸となって本気でお客様のことを思い働くことができると考え，志望している。

人事の目

　①のように，企業選びの基準を，自らの経験や人生観と照らし合わせてきちんと説明できるのはよい。ただし，①から，「だから損害保険業界を選ぶ」というのはまだまだ説得力が乏しい。たとえば，自ら損害保険を利用したことがあれば，その時の経験や感じたことを引き合いに出しながら，「自分なら，損害保険ビジネスでこんなサービス，サポート，接客，商品企画をしてみたい」と言えれば，志望意欲の本気度がもっと伝わるだろう。

◆銀行・証券・生損保

生保 日本生命保険（大学院・理系・男子）

　大学で私が属している研究室では，①計数工学系のさまざまな研究が盛んに行われている。そのような環境下において，立てた仮定やデータを数値シミュレーションによって検証するというプロセスを体験したことから，ある程度の計数能力を身につけることができたと考えている。また，②金融工学といった分野の研究についても触れる機会があったことから次第にマーケットに興味を抱くようになった。以上がきっかけとなり，③自身の学んできた計数能力とクリエイティビティをより実践的に活かしたいと考え，その1つの可能性として資産運用部門の中でもマーケットに触れる機会の多い個別資産運用の分野で働くことに挑戦したいと考えている。

人事の目

　③で，具体的にやりたいことが書かれ，②で，③に興味を持つに至った経緯が書いてある。また，①で，③に取り組むために必要なスキル・素養がすでに自分に備わっていることも説明している。文章全体から，この応募者のスキル・志向性と，この企業の現況がフィットする様子が容易に伝わる，模範的な志望動機といえる。

◆銀行・証券・生損保

生保 住友生命保険（文系・男子）

　①3年前の冬，父が脳梗塞で倒れました。この時，保険の必要性を痛感し，万一に備え安心を提供する仕事に魅力を感じました。また，就職活動の軸として「暮らしを支える仕事」「日々スキルアップできる環境」があります。貴社の第3分野での展開や「LiVE ONE」のライフサイクルに応じた最適保障，パイオニア精神は，私の軸と親和性があります。将来的には，②営業として多くの人とお会いして，お客様とWin–Winの関係を築ける人物になりたいです。そのために金融のプロとしての知識は必須であると考えます。自分の理想像に少しでも近づくため，すでに大学では簿記学を最高評価で取得し，現在は③FPなどの資格取得に向けて勉強を進めています。

人事の目

　①の体験があるので保険業界を志望する理由に説得力がある。②の目標に向かって，すでに③の努力をしていることから，②の思いにも説得力が増す。

生保 アフラック生命保険 (文系・男子)

　私が貴社を志望した理由は，貴社が企業理念を非常に重要視しているからです。なぜなら，それにより新たな価値の提案が生まれ，働きやすい風土になると考えるからです。まず具体例として，がん保険や痴ほう介護保険を世界に先立って生み出す発想や，数と多様性を意識した販売チャネル戦略があげられます。これらはお客様第一の企業理念が浸透しているからこその結果だと考えます。リーディングカンパニーとしての現在を維持するだけではなく，「生きるを創る」実現にむけて，何よりもお客様目線で考える事に非常に惹かれました。<u>①私がキャプテンとして団体戦で功績を遺すことだけではなく，サークル員全員のために企画や変更を行ったことにもつながり，貴社でならばこの経験に応用が可能です。</u>またその企業理念に基づいた，社員を大切にする文化から，制度面だけではなく人についても仕事や仲間を大切に思う人が多くいると感じられ，志望しました。

 人事の目

　①のように，自分の強みや関心事と，志望企業の特徴がフィットする部分をアピールするのはよい。この企業を志望する理由や熱意が伝わりやすくなる。

生保 第一生命 (文系・女子)

　私には<u>①「一人でも多くのお客様の暮らしをサポートしたい」という想いがあります。なぜなら私は，今まで人をサポートし感謝をされることで初めて自己成長を感じ，やりがいを感じてきたから</u>です。この想いに最も一致したのは，お客様の一生涯をサポートしている生命保険業界でした。<u>②その中でも貴社は，「お客様を第一」とする柔軟な経営戦略を実現させるために株式会社化しており，その変革を忘れない先進的な社風に大変共感しました。</u>なぜなら，自分自身も仕事を通してさまざまなことに積極的に挑戦し，自己成長させていただきたいと考えているからです。よって，貴社を志望致します。

 人事の目

　①から生命保険業界に興味がある理由はわかった。しかし，生命保険業界でこの企業を選ぶ理由が②だけでは説得力が弱い。この企業でやりたいことを具体的に説明してほしい。そうすれば志望意欲の本気度がもっと伝わる。

Part **6**

みんなの内定実例ー志望動機編

◆銀行・証券・生損保

公庫 **日本政策金融公庫** （文系・女子）

　私が御社を志望したのは，御社の社会貢献度の高さにやりがいを感じたからです。私は，①相手の立場で物事を考え行動し，それが人の役に立った時に喜びを感じるので，この姿勢を活かして仕事がしたいと考えています。②企業数の大半を占める中小企業に融資を行う御社ならば，業務を通じて多くの人の役に立つことができると考えました。唯一の政策金融機関として必要不可欠な存在であることに魅力を感じ，私は御社を志望しています。

 人事の目

　①の自分の価値観と②の企業の特徴がフィットするので志望する」と説明するのは決して悪くないが，これは他の応募者でも言えること。②をもっと膨らませて，自分が中小企業に具体的に貢献したいこと，貢献できることを説明できればもっとアピール度が増す。

◆銀行・証券・生損保

クレジット **大手クレジット** （文系・男子）

　①私はお客様のニーズに応え，お客様の人生に寄り添える人間になりたいと考えています。貴社では，②知名度の高いTポイントを付与するサービスや高齢者向けのラグジュアリーカードを提供しており，よりお客様に満足していただける環境があると感じました。また，次世代決済システムや海外プリペードカードなどにも力を入れており，将来性に魅力を感じました。私は相手の話を否定せず，まずは受け止めることで，相手のニーズを引き出せます。もし，③私のこの能力と貴社の特徴が合わさったら自身の目標は達成できると思い，貴社を志望しました。

人事の目

　②のように他社にはない特徴を述べ，また③のように，自分の目標の達成のために志望企業で働くことが最適だと説明するのはよい。できれば，①をもっと膨らませて，具体的にやりたいことを説明できればもっとよかった。

4　商社

◆商社
商社 三菱商事 （文系・男子）

　私の夢は，自分が考えたビジネスを何か１つでもいいので後世に残すことです。月並みかもしれませんが，私は世のため人のためになる仕事を何か成し遂げたいという想いから就職活動を始めました。その中でもとりわけ①食料や農業の問題に非常に興味を持っており，日本の食料自給率を上げたいと考えております。また②『ガイアの夜明け』というテレビ番組でリンゴ農家が中国の市場へ向け奔走する内容が放送されました。そういったことこそ商社が間に入って世界の食料問題を解決できるビジネスができないだろうかと私は考えております。

人事の目

　全体的に自分の夢を書いているが，もう少し内容を掘り下げて書けばもっとよかった。①のように食料や農業の問題に興味があるなら，たとえば②を掘り下げて，食料ビジネスを手掛ける商社の事例をリサーチし，問題点や自分ならではの事業案を書けばもっと評価される志望動機になる。

◆商社
商社 三井物産 （文系・男子）

質問：三井物産において達成したいこと

　私は①○○株式会社の採用面接の同時通訳をし，某国の内陸のシェールガスに手が出しづらいという企業の悩みを知りました。同じように，世界中の企業にはそれぞれの悩みがあるということも知りました。私は同時通訳という経験を通して，人や企業の悩みを当事者として解決する喜びを実感しました。三井物産に入ることで②世界中の企業の悩みをくみ取り，当事者として一緒に汗をかいて夢を叶えることに私は一生をささげたいです。

人事の目

　①のように，すでに企業の経営課題の深部にまで踏み込み，問題点を共有し解決に向けて行動した経験を備えているのは評価できる。①のような経験があるので，②の思いにも説得力がある。

Part **6** みんなの内定実例—志望動機編

◆商社
商社 住友商事（文系・男子）

　私は，①多くのビジネスアイデアを考えています。だけどそれらは，ただのアイデアです。このアイデアを実行するためには，事業プランに落とし込む必要があると考えて多くのビジネス書を読み，自分なりにビジネスプランを作成しました。ビジネスプランを作成するうえで，欠点などがたくさん見つかりました。

　しかし，実行に際して私には人脈も，資金も，ノウハウもありません。このようなビジネスを実行するのに最もよいフィールドはと考えたときに，商社という選択肢が出てきました。

　なぜならば，商社は，

②「商売になることを常に生まなければいけない」

「過去に多くの商売を生み出したので組織（個人）にノウハウがある」

また「気概が大きい人が多い」

という３点があるので私の思いも実現できると考えるからです。

　また特に御社を選択した理由は，どのような組織にもいえることですが，③「自分の雰囲気と会社の雰囲気がマッチすること」が大切だと考えているからです。

　私は，御社の社員の方と話して仕事をともにしたいというイメージを鮮明に持ちました。それは，OB訪問した社員の方の雰囲気からもそうですし，その方と話をさせていただく中で推測した実際の住友商事の雰囲気からもです。

　以上の大きく２つの理由で志望いたします。

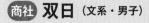 **人事の目**

　　文章全体から，本人には明確なキャリアプランがあり，そのための努力もしており（①），そのために何が必要かも自覚しており（①②），また，本人が商社で働くということがどういうことかをきちんと自覚できており（②），かつ，組織で働く際の注意点（③）も押さえていることがうかがえる。

◆商社
商社 双日（文系・男子）

質問：双日でどのように成長し，どんな夢を実現したいか？

　私は，①BOPビジネスで生産国である途上国に商売をもたらし，雇用を生み出し，生

活を豊かにすることで消費国へと変革させたいと考えております。その理由は，②学生時代に一人旅やボランティアで途上国や被災地を訪ねた際に，自分が生きてきた環境がいかに恵まれているかを痛感したとともに，自分の当たり前を被災地のみならず途上国へと持っていき浸透させたいと強く思ったからです。貴社は，１つのプロジェクトを少数精鋭で行い，年次に関係なく裁量権の大きな仕事を任され，個の力を重視している環境があります。この環境で働くことで，③他社では経験できない圧倒的な成長をし，若いうちに自分のキャリアの確固たるベースとなる仕事観や仕事へのスタンスを磨き，自らの手でビジネスを創出できる力をつけることができると考えます。

人事の目

①のように具体的な志，問題意識があるのはよい。しかも②のような具体的な体験があるので，①の「思い」に説得力がある。また③からは，プロ意識や事業家マインドが伝わり，評価できる。ただし，面接では，①に対して「具体的にどのような商売が可能か？」と突っ込まれるだろう。

◆商社

商社 専門商社 (文系・男子) 努力型

①ファッションビジネスで社会にインパクトを与えるには御社こそ適していると思っています。理由は２つあります。1つは，②御社なら，原材料やテキスタイル，商品の仕入れから販売まで，サプライチェーンの全般に関わることができ，また，多くのメーカーや，販売チャネルと協業することで，より規模の大きなビジネスやトレンドを社会に仕掛けられます。2つ目は，③ファッションサイトの〇〇で長期インターンシップをしていますが，社員さんから，④御社のような専門商社が持つ国内外の取引先とのネットワークこそ，ITやAIを駆使しても容易に築けないファッションビジネスの最大の武器だと学びました。私は⑤御社が培ってこられたサプライチェーンをいかしつつ，ITの新しい仕組みを活用しながら，社会にインパクトを与えられる新しいサービスを作りたいと思い，御社を志望します。

人事の目

明確なビジョン（①）とやりたいこと（⑤），そのためにすでに努力していること（③），そして，この企業を選ぶ理由（②④）もすべて書かれているため，志望意欲が非常に伝わる。

Part

6

みんなの内定実例—志望動機編

◆商社
商社 丸紅 （文系・男子）

質問：丸紅での仕事を通して成し遂げたい夢や目標

　私は①東日本大震災を○○県で経験し，電気，水道，ガスのライフラインがすべて途絶えた中での生活を送りました。この体験から人や企業の活動に，ライフラインがもたらす影響の大きさを実感しました。日本をはじめとする先進国ではライフラインの整備が進んでいることは当然のように感じられますが，発展途上国や後進国では整備が進んでいない国が多いという現実があります。私は②貴社の電力・インフラ部門において，ライフラインの整備が進んでいない国に対して，より良い結果をもたらすために行動する強みを活かし，日本の優れた技術を用いたライフライン設備を届ける役割を担い，世界の人々に快適な生活をもたらしたいです。

 人 事 の 目

　①のような具体的な体験があるので②の「思い」に説得力がある。さらに，ライフラインの整備が進んでいない途上国に貢献するために，すでに独自に調査・準備していることをアピールできればもっとよかった。

◆商社
商社 JFE 商事 （文系・女子）

　私が貴社を志望する理由は，貴社でならば「自分の市場価値と物事の本質を重要視する」という私自身の素質を最大限に活かせると感じたからです。鉄の取引は他の商材に比べ大規模であり，かつ製品自体の差別化が難しい点から，顧客のニーズの神髄に響く提案力が要求されると考えています。これに対し，私のもつ，相手にとって代えの利かない市場価値の高い存在でありたいという意識と，物事を小手先の技術で処理するのではなく，その本質を捉えようとする姿勢が役立つと感じました。加えて，①貴社の持つ川上から川下までの広い事業領域を活かすことで，今後，②鉄の潜在的可能性を具現化していくことに貢献したいと考えています。

 人 事 の 目

　この企業の強みである①の川上から川下までのサプライチェーンに注目しているのはよい。できれば①の特徴を活かし，②の鉄の可能性を具現化した構想・企画を具体的に提案できればもっとよい。

◆コンピュータ・情報通信

情報通信 NTT 東日本（大学院・理系・男子）

ハイ
スペ

　私が貴社を志望した理由は，世の中の暮らしを支える立役者となって社会の発展に大きく貢献できるからです。貴社はICTの力で地域の活性化を図り，豊かな社会を実現しているところに魅力を感じています。そこで私が貴社で成し遂げたいことは，デジタルサイネージを用いて地域を活性化させ社会の発展に大きく貢献することです。魅力ある情報を配信できるデジタルサイネージを駆使することで，地域が抱えているさまざまな問題を解決できると確信しているからです。①具体的には，地域の観光スポットや商店街に人が集まるように，ストーリーを持たせた観光情報を配信することで地域活性化が見込めると考えています。その実現に向けて，私は②現場へ行き自治体から抱えている課題を聞き，解決策を提供したいと考えています。その際は，さまざまな職種の方々と力を合わせ，自分の力を最大限に引き出して活躍していきたいです。

人事の目

　①②のように志望企業でやりたいことや，そのための働き方を具体的に説明できるのはよい。志望意欲が伝わる。できれば，「地域活性化」に関心があるなら，すでに具体的に研究・実行していることも伝えられれば，もっと説得力のある志望動機になる。

◆コンピュータ・情報通信

情報通信 NTT 東日本（文系・男子）

バランス

　私は，光コラボレーションによる販売網を活用したソリューションを開発したいです。①現在貴社からさらに新しい価値を提供するには，回線のみでは対応できないと考えます。回線の利活用も重要ですが，それでは従来の事業領域内に過ぎません。私が考える②貴社の強みの1つは，業種やグループにかかわらず働きかけが可能なことです。③その販売網を利用し，企業や自治体により積極的に関わっていく仕組みを持って作り上げたいです。

人事の目

　①②は鋭い指摘だ。この企業の課題（①）や強み（②）をよく理解している。③のように「企業の強みを活かして自分ならこうしたい」と，現状を変革し，自ら新しい構想を打ち出す気概があるのも評価できる。

Part
6

みんなの内定実例―志望動機編

◆コンピュータ・情報通信
情報通信 NTT 西日本 （大学院・理系・男子）

質問：NTT西日本でしたいこと

　現在，私は「防災」について研究しております。地震を中心としたハザードを原因として発生する人的・物的な被害や社会機能の障害を，ハード的な対策とソフト的な対策とをバランス良く講じることによって，最小限に抑えるための戦略について研究しております。①情報通信の分野において，防災戦略を新たなソリューションとして提供したい，また，②新たなビジネスモデルを構築し，防災戦略ビジネスを活性化させたいと考えております。

 人事の目

　やりたいことが明確で志望企業の特徴とも親和性がある点がよい（①）。また技術者でありながら事業マインドを備えている点も素晴らしい（②）。

◆コンピュータ・情報通信
情報通信 NTT コミュニケーションズ （大学院・理系・男子）

　私は御社で①安心できるサービスの提供をしたいです。数年前，実家のある地域で大地震がありました。私は実家にいる家族のことを心配しました。この経験から，家族の情報を提供することで安心してもらえるようなサービスを作りたいと考えるようになりました。そのためには，監視カメラやセンサー等をつなぎ，それを管理しやすいシステムが必要だと考えます。これにより，たとえば親が子供の状況を家や仕事場から確認することができるようになります。これを実現するにはIPv6の普及が必要です。貴社はIPv6のプロバイダを最初に始めており，また緊急地震速報のようなサービスにIPv6を利用しておられます。私はIPv6において最も先進的な貴社なら，安心できるサービスを実現できると考えております。

　そして，私は②顧客の思いや現場の状況のわかる技術者になりたいです。SEや運用保守を経験することで，シーズにこだわらず，最適な判断ができると考えています。

 人事の目

　①の構想は時流に合い，アイデアの落としどころもイメージしやすく，評価できる。②から，技術者中心の偏った発想に陥らないように，顧客目線や市場ニーズに応えようとする気概も感じられ，評価できる。文章全体から応募者の視野の広さ，思考の柔軟さが感じられる。

◆コンピュータ・情報通信

情報通信 テクノプロデザイン （大学院・理系・男子）

　これからの社会の情勢やニーズを特に強く見据え，それに合った技術で貢献する社風に感銘を受け，貴社を志望しました。私には①「人の生体情報や行動履歴等のデータを活用し，人々の潜在的な思いに答えることができる人物になる」という夢がありますが，その夢が社会に貢献できる形で実現させるためには②将来の技術動向を踏まえて技術を身につける必要があると考えています。貴社は③「社員一人ひとりが能動的に市場価値を高める」ことを大切にする環境であり，自分の夢が明確に定まっている私に最適な環境と考えました。貴社が見据える流行りの技術と，自分の夢の実現に繋がる技術を組み合わせ，「より多くの情報をデータとして活用できる」人物になりたいと考えています。

人事の目

　自分の目標を説明でき（①），そこに近づくために必要な自己研鑽も説明でき（②），それを実現する最適な環境が志望企業にあることも説明できている（③）ため，説得力のある志望動機になっている。

◆コンピュータ・情報通信

情報通信 フォーバル （文系・男子）

　①私が就職先を選ぶ基準「労働に見合った正当な報酬が得られるか」「業務内容が社会に貢献しているか」「その企業の価値観が私と合致するか」が，御社の業務内容，雇用方針が適合しているため御社を志望しております。○○社長のお話の中での御社の雇用方針，真っ当な顧客第一主義，有言実行の社風，②「収入も夢も自由も」「ユーザーバリューとソーシャルバリューの両立」といった言葉に共感し，③私のパフォーマンスが最大限に発揮できる組織だと考えました。また，④仲間と切磋琢磨し，ビジネスパーソンとして成長できる場であると感じたこと，御社の"熱気"に魅せられたことも，私が御社を志望する大きな理由です。

人事の目

　文章全体から，どんなビジネスパーソンになりたいかという自己イメージを明確に持っていることがうかがえる。特に，①②③④のフレーズから，「ビジネスで自己成長したい」という強烈な思いがヒシヒシと伝わり，高く評価できる。

Part **6**

みんなの内定実例―志望動機編

◆コンピュータ・情報通信

システム開発 NTT データ （大学院・理系・男子）

　貴社に共感できるのは①「課題を解決するだけではなく自ら創出する」ところです。貴社が電気自動車を普及させた際には，電気自動車の充電インフラサービスの実証実験を実施するなど，「世の中の常識や人間の暮らしが大きく変わるサービスを提供しよう」という高い意欲を持っています。

　②私は，テニスサークルに入り，指導者もいない中，自分の試合を動画で撮影したり，他人のプレーをじっくり観察することで，自分のプレーの問題点を見つけ出し，大学4年のとき，○○大会でベスト8（大学1年の時は1回戦負け）に入りました。この経験より，高い成果を上げるためには「課題を見つけ出すこと」が重要だと感じており，貴社の姿勢に共感できました。

人事の目

　①に価値を見出せるのは評価できる。②の経験があるので①の主張に説得力もある。できれば，①の「自ら創出する」を膨らませて，自分が創出したいことも語れれば，もっとよかった。

◆コンピュータ・情報通信

システム開発 日立システムズ （理系・女子）

　「Human＊IT」という姿勢に強く共感したからです。①私は，社会の課題をITの力で解決してお客様に驚きと感動を提供したいと考えます。

　たとえば，②貴社のサービスであるビストロメイトに驚きました。③私は飲食店でアルバイトをしていて，効率が悪いと思うことがあります。たとえば，シフト作成はエクセルで行い，発注は個人の感覚で発注個数を決めています。こういった点を一元化し，効率的に情報を扱えるようなシステムがあることに驚きました。このような驚きと感動を与えるようなサービスを私も創りたいと思いました。

　私はアルバイト経験で培った「粘り強さ」を活かして，失敗を恐れずに仕事に取り組み，お客様に驚きと感動を届けたいです。

 人事の目

　②③のような実体験があるので，①のような志望動機も，この企業に興味を持つ

動機にも説得力がある。

システム開発 NTTデータ・フィナンシャルコア （理系・女子）

　貴社を志望する理由は2つあります。1つ目は，私たちが生活するうえで欠かせない金融分野に特化しているからです。その中でも，①貴社の「INFOX」システムに驚きました。アルバイトで，クレジットカードと非接触ICカード両方に対応している「INFOX端末」とそうでないもののどちらも使用したことがあります。INFOXでないものは，それぞれのカード決済用の機械の使用方法を覚えなければならないことが私にとって負担でした。そのため，1台だけであらゆる決済ができるINFOX端末がとても便利であると感じました。機械操作を1台分だけ覚えればいいうえに，POSレジとの連携もしているため，会計を行う従業員の負担を無くすと同時に，金額の入力ミスを防ぐことができる点が素晴らしいと思いました。また，②貴社では決算系と基幹系の2つを扱っていて金融分野に幅広く携わることができるのも魅力の1つです。2つ目は，協調性，堅実性，責任感のヒューマンスキルを大切にしていると，貴社の会社説明会で伺ったからです。私はこれらのヒューマンスキルをアルバイトで培ったので，その力を活かして貴社で活躍していきたいです。

人事の目

　①の実体験があるので，この企業に興味を持つ理由にも説得力がある。また，②からは，この企業に対する理解と，金融分野で幅広い知識とスキルを身につけていこうとする好奇心・向上心が伝わり，評価できる。

Part

6

みんなの内定実例―志望動機編

◆コンピュータ・情報通信

システム開発 日鉄ソリューションズ（文系・男子） バランス

　SEやITコンサルタントとして日本のものづくりを支えたいと思い，志願しました。私は，①作曲活動や個別指導塾講師の経験から，「新しいものを創り出し，それを通して顧客の課題を解決できる」仕事をしたいと思っております。貴社のシステムエンジニア職やITコンサルタントであれば，まさにこのような仕事ができると思いました。そして貴社は，製鉄システムを通して培った高度な技術力を持っており，製造業に対するソリューションに強みがあります。そのため，貴社であれば，高度なスキルと製造業に対する業務知識を身に付けることができると考えています。

人事の目

　①のように，自分の経験を引き合い出しながら，仕事選びの明確な基準をアピールできるのはよい。できれば文章の後半について，製造業に関心がある理由も具体的に説明できればもっとよかった。

◆コンピュータ・情報通信

システム開発 NTT コムウェア（文系・女子） バランス

　私は,ICTを用いて企業を支え，その先にいる人々や社会を豊かにしたいと考えている。NTTグループの通信インフラを支える基盤となる大規模システムの開発を行い，高い技術力と提案力が強みである貴社で，人々の当たり前を支え，社会をさらに豊かにしたい。また，①システムインテグレーターとしてだけでなく，ビジネスインテグレーターとしてお客様と関わることができる点にも魅力を感じた。②システムの開発だけでなく，お客様の真のパートナーとなり，お客様とともに新たなビジネス価値の協創に携わりたいと考えたため，貴社を志望している。

　貴社で挑戦したいことは「お客様にとって必要不可欠な存在」になることだ。チャレンジできる環境の貴社で，自身の強みである傾聴力や視野の広さを生かし，お客様が抱える課題やニーズを的確に引き出し，最適なソリューションを提案することで，③信頼され必要とされるビジネスパートナーになりたいと考えている。

人事の目

　①で，きちんと「企業理解」し，他社ではなくこの企業を選ぶ理由を説明できて

いるのはよい。②③から，この応募者は「ビジネス志向」があり，システム面だけでなく，ビジネス面の課題解決に興味があるからこの企業を選ぶという「ビジョン」と「企業選び」が「fit」しているため，モチベーションがよく伝わる志望動機になっている。

◆コンピュータ・情報通信
システム開発 NEC ネクサソリューションズ （理系・男子） バランス

質問：会社選定で1番のポイントは？

　私の会社選定のポイントは，①自分がスキルアップできる環境と仕事内容であるかという点である。貴社は，お客様の満足を第一と考えており，ただ自社の製品を売るのではなく，お客様と一緒に作り上げることによって，コミュニケーション能力をはじめとした人間としての魅力を高めていけると考えた。さらに，幅広い事業内容とともに教育制度が豊富に整っており，知識・技術の向上も望めると思い志望した。

質問：ソリューション営業でどんな仕事がしたいか？

　②チームを動かす，プロデューサー的な役割の仕事。お客様の依頼からお客様にとって一番よいソリューション・利益など多くのことを考え，周りを動かしていく仕事。お客様の満足を得ると同時に自分も学び成長していきたい。

人事の目

　①から，向上心の強い，プロ志向の強い応募者だという印象を受け評価できる。また②は，よい点に着目しており，評価できる。

Part
6

みんなの内定実例―志望動機編

◆新聞・出版・広告・TV・音楽

広告 博報堂 （文系・女子）

①世界の人々の行動を変えたいです。②高校時代，私は○○を広める活動をし，賞もたくさんいただきました。しかし③認知度を上げただけで人々の行動を変えられたとは思えず，自己満足ではないかと悩みました。しかし④最近ではSDGsの１つとして○○が話題になりました。これは学生１人ではなく，広告会社が中心となりさまざまな企業が協力したから，SDGsの認知度が上がり日本企業の行動を変えたのだと感動しました。そこで高校生の時の悔しさをバネに，⑤今度は私１人ではなく社員としてさまざまな企業と協調し，世界の人々の行動を変えたいと思いました。その際に，⑥今務めている雑誌の編集長の経験が生かせるはずです。⑦編集は，読者の生活を探り，どんな記事がウケるか仮説を立て，それを記事にするという仮説検証と物事の背景（文脈）を作る仕事です。この仮説検証力と文脈を作る力は，⑧博報堂の掲げる「生活者発想」ととても近いものだと説明会を聞いて考えました。

人事の目

非常によく書けている志望動機だ。①は志の高い「ビジョン」だが，②の実績があり，③のようにすでにビジョン実現に向けた考え方・行動を実践しているため，①のビジョンが口先だけでないことがうかがえ，評価できる。また④では，他業界ではなく広告業界に注目する理由も具体例をあげて説明しており，かつ，その理由が①⑤のビジョン実現と「fit」するため，志望動機に説得力がある。また，⑥の経験から身につけた⑦のノウハウが，志望企業の⑧に活かせると伝えているが，実際，非常に説得力のある説明である。文章全体から応募者のモチベーションの高さとレベルの高いバリューがヒシヒシと伝わる。

◆新聞・出版・広告・TV・音楽

広告 マッキャンエリクソン （文系・男子）

①【インパクトある広告を打ち出したい】店で飲み物を飲んでカップの底に広告があれば，その意外性に驚き記憶に残る。このような人に影響を与える広告戦略を打ち出したい。カップの底の広告は広告への手触りを実感でき，その当人だけに発信するという限定方法を使っており，「限定」という言葉に弱い消費者に強く印象付けられると考える。この具体的内容は面接の際に心ゆくまでお話ししたい。②広告の一つひとつを大事にさせる戦略

を打ちたいので御社を志望する。

 人事の目

　①のように広告についていろいろ考えているのは評価できる。また，準大手広告代理店であれば，②のように，どのような広告でも大切に取り組んでいこうという姿勢には好感を持つことだろう。

◆新聞・出版・広告・TV・音楽
広告 大手広告代理店 (文系・女子)

　私は人の心に寄り添い，人の心を動かす御社の広告の作り方に魅力を感じ，志望致しました。入社させていただけたら人の「心」だけでなく人の「足」も動かす広告を作りたいと考えています。どんなにCMやプロモーションが話題になりたくさんの人の心を動かしたとしても，実際の消費者を動かし，心を掴み，ファンになってもらわなければ広告としての意義を果たせていないと思います。だから①実際に消費者が「体験」したくなり「共感」して「拡散」させる体験型の広告が作りたいです。たとえば②「眼鏡」の広告を打つとして，ただ美しいビジュアルのポスターだけではどきりとはするけど買わない。しかしお店に行き，眼鏡をかけてみたら近くにいたイケメンから告白される……！なんて夢みたいなキャンペーンがあったとしたら私はお店に行きたくなり，その感想を面白おかしくTwitterに書きたいと考えると思います。③今の消費者はメディアの嘘に敏感だから，体験して得た本当の気持ちを，レビューを求めています。だから広告で揺さぶり，人の足を動かし，ドキドキを押し売りするのではなく体感してもらい，心から好きになってもらうという仕組みを作りたいです。人の気持ちに寄り添い，より効果的な成果を生み出す御社でならば実現できると信じています。

 人事の目

　①の「体験」「共感」「拡散」や，③の「レビュー」のように，今の広告ビジネスで求められるキーワードを理解しているのはよい。②の具体的アイデアもユニークで評価できる。

広告 大手広告代理店 (文系・男子) ユニーク

某国の格闘技イベント「〇〇〇」の日本開催の企画に関わりたい。

これは, 一①大会で約5000円の有料視聴を約150万件, 金額にして約75億円を叩き出す大ブレイク中のイベントである。スポンサーにはA社, B社, C社などがつき, ファイターがCMで〇〇と共演するなど, 今やこの国のメジャースポーツである。このイベントを日本で観たいと思っており, 仕事として関わっていければと考えていたところ, 御社が日本での放映に取り組んでいることを知り, 自分もぜひお手伝いさせていただきたいと思っている。

また, ②このベントの成功要因として, 選手育成ドキュメント番組の放送があるとされている。御社がオーディション番組の〇〇の制作に関わっていたことからそのノウハウを勉強し, 日本国内での選手育成に取り組み, 日本でのメジャースポーツとしての地位を確立させたい。

人事の目

具体的にやりたいことを熱く語れるのはよい。①からはビジネス的な視点も備え, ②からは分析力も備えていることもうかがえ, 評価できる。できれば, 「やりたいこと」を伝えるだけでなく, 自分が「貢献できること」も説明できればもっとよかった。

TV NHK (文系・女子) ユニーク

志望職種：ディレクター

①広告を出稿してくれる企業が望む情報よりも, 視聴者が欲している情報を届けたいからです。私は②雑誌の編集長をしていますが, 記事を書く際は広告企業に配慮したり, 読者が本当に必要かわからない商品の宣伝を書かねばなりません。仕方のないことですが, 私は「読者のためになる企画・情報を届けたい」という気持ちが強くあります。その点, ③NHKは広告企業が存在せず, 少ないとしても視聴者の求める番組を作っているように感じます。④実際にインターンに参加し, ディレクターだけでなくキャスターの方までもが24分の番組を放送するために朝の10時から放送時間の夜の10時まで, 番組の構成からキャスターのコメントまで一つ一つの情報に真摯に向き合っている姿勢に感動しました。そして社員一人ひとりが自分が発信する情報が視聴者に大きな影響を与えるという責

任の重さ，そして情報によって日本を変えるという使命感を感じて制作していることを確信し，NHKでディレクターとして働きたいという強い思いを持ちました。

 人事の目

　①の「ビジョン」実現に向けて，すでに②④の「アクション」を起こし，また，③④から十分「企業理解」もできていることがうかがえる。文章全体から，モチベーションが強く伝わり，評価できる。

◆新聞・出版・広告・ＴＶ・音楽

新聞 **読売新聞社**（業務職）（理系・男子） バランス

質問：志望職を選んだ理由

「地元で読売新聞の部数を大きく増やす」。この思いを実現させるため販売局を志望します。地元では地元紙であるＡ新聞のシェアが非常に大きくなっています。これは内向的な風土をつくってしまう原因のひとつだと思います。地元の友人が「大学を出て公務員にでもなれれば万々歳だな」という話をしていました。地元の外に目を向ける機会が減っていることを肌で感じた瞬間でした。①地元という小さなフィールドではなく全国規模で物事を考える風土。これを実現させるには，日本で一番多くの支持を得ており，信頼も厚い読売新聞を広める仕組みが必要です。地方の活性化に貢献できるような販売局員をめざします。

質問：読売新聞と他紙を比較しての感想・提言

　②良いところ：紙面のレイアウトが読みやすく配置されているところです。読みなれているということではなく，記事と記事の間隔が他紙よりもすっきりとしている印象を持っています。文字も適度な大きさで読売新聞の書体も読んでいて疲れにくいと思うのが購読している理由でもあります。

　提案：一面にカラーの図を増やしていただけるとより理解しやすいと思います。写真はカラーで入っていますが，図がカラーで載ることは少ないように感じます。今以上に「読みやすい読売新聞」をめざしていただきたいです。

 人事の目

　この応募者の志望動機は①の“地元民の視野を広げたい”の一言に尽きるわけだが，説得力を持たせるにはもう少し説明を加えたい。同様に，②も独自の視点を述べているのは良いので，カラーにすることのメリットを具体的な実証データを基に提案できればさらに評価は高まるだろう。

Part 6

みんなの内定実例―志望動機編

◆新聞・出版・広告・TV・音楽

新聞 毎日新聞社（営業・管理職）（文系・男子） バランス

　多くの人に影響を与える仕事をしたい。自分だけが満足する仕事ではなく，人々も同時に満足する仕事がしたいのだ。御社を選んだ理由は，①文化面でさまざまな大規模な展示会を行っており，私もそれと同じくらい大規模なイベントをやりたいからである。そのような世間に影響を与えることのできる御社に入社したい。入社後は従来にはなかったイベントを企画し，多くの人に感動を与えたい。私が御社に入ることで②自分のしたいことができ，御社も文化事業面で発展し，かつ世間の人も満足するという三方向性のメリットがあるため御社を志望する。

質問：どの部署を志望するか？

　③トレンドドラマの大展示会をしたい！ 事業面において数多くのトレンドドラマを振り返ることのできる展示会をしたいと考えている。人気の作品はパッケージ化されレンタルできるが，すべての作品を網羅してはいない。そこで展示会として大規模にし，作品すべてを歴史順，局別に分けて展示する。会場ではドラマの映像や主題歌を流し，ドラマの中で流行った言葉を集めた本などを売り，当時の感動を呼び戻すことが目的である。ドラマの展示会とは新しい試みで，当時と今とではドラマを見る目が変わり，④それが一度にすべてのドラマを比較できる点でこの企画は面白いと思う。世間が「こんなものがあればいいのに」と思える企画を出していきたいと考えている。

 人事の目

　やりたいを具体的に説明でき（①），それが志望企業に与えるメリットも説明できている（②）点が素晴らしい。またさっそく具体的な企画（③）と企画のポイント（④）まで説明できているのも素晴らしい。志望意欲の本気度が非常に伝わる。

◆新聞・出版・広告・TV・音楽

出版 大手出版（理系・男子） バランス

1．【客観的な視点と，強い思いを持ってプロフェッショナルとして，仕事がしたい】

　御社のインターンシップで，その事業領域の広さと，顧客アプローチなどのマーケティング戦略を体感し，人の成長や節目節目の不安（妊娠・出産など）を取り除く本当の価値

のあるサービス・商品をできるだけ多くの人に手にとってもらいたいと強く感じた。潜在顧客へのきっかけ作りをマーケッターとして行いたい。相手が見える，そして，人の「よく生きる」をサポートできる商品の展開のために，強い思いをもって仕事をできると考える。

2．【この人と一緒に働きたい】

①社員の方々とお話しして，業界1位に満足せず，常に新しいことにチャレンジし，自分がこれだと思ったことは形にしていく姿に感化された。②学生時代に価値があると思ったことに対して一心に取り組んできたため，このような環境で，このような人たちと仕事がしたいと思い志望しました。

人事の目

文章全体から，ビジネスのプロフェッショナルになりたいという志の高さが滲み出ており，評価できる。また，①の思いも，②の実体験が備わっているからこそ，説得力がある。

◆ 新聞・出版・広告・TV・音楽

印刷 大手印刷 （文系・男子）

バランス

私は電子デバイスを扱う企業に興味を持っておりましたが御社も力を入れていることと，電子デバイス事業部の営業も事務系の方が非常に多いということを知り御社に対しても大変興味を持ちました。私は，①新しいもの，便利なものに大変興味があります。その興味は特定のメーカーの新商品ということではなく，新しい技術を用いたという点においてです。そのこともあり，先端の技術を用い，ものづくりに直接かかわっていきたいと思っています。その先端の技術，情報はデバイスメーカーの方がより早く扱うことができると思い志望していました。しかし，②御社のエレクトロニクス分野でもディスプレイ部門であれば次世代ディスプレイとしてプラズマ，有機・無機EL，FEDなど多彩な製品を開発されていること，電子デバイス事業部であれば，フォトエッジング，リードフレームなど先端技術が扱われていることから，私の③やりたいことができると判断したため大変興味を持っております。

人事の目

この志望動機は，この応募者に企業選びの明確な基準があり（①），また，応募企業の特徴もしっかり把握し（②），「①と②が合致するから，御社を志望する」という文章構成になっており，志望理由が採用側に伝わりやすい。できれば③を膨らませて，この企業で具体的に取り組みたいことを提案できれば，もっとアピール度の高い志望動機になる。

7　コンサルティング・シンクタンク

◆コンサルティング・シンクタンク

コンサル　アクセンチュア （理系・男子）

質問：アクセンチュアにおいてどのような貢献ができると考えていますか？

　私が御社で貢献できると考えていることを，

① 1年目の貢献　② 5年目の貢献　③ 10年目の貢献

の順に書かせていただきます。

① 1年目の貢献

　私が初めアナリストとして入社した際には，①主にプログラミングや資料作成，調査等を行うことになると思います。これらの仕事で貢献する際に，求められるものとして次の2点が挙げられると考えます。

（1）システムがどのように動くかを理解する力

（2）ビジネスにおいて通用する資料を作るスキル

これらの点において私は以下のように取り組みます。

（1）将来，マネージャー等になった際に，システムを理解していることがクライアントに安心感を与えます。私にとって，このことはシステムを理解しようと努力する際の動機づけになります。

（2）資料作成はビジネスマンとしての基礎かつ必要不可欠なスキルであり，将来ビジネスマンとして活躍したい私は，読み手が見やすくかつ理解しやすい資料を作るよう心がけます。

②② 5年目の貢献

　5年後，マネージャーとなりプロジェクトの責任を担う立場にいると思います。クライアントに結果を出し信頼されるために，私は5年後までに以下の3点を学びます。

（1）システム構築を始めとしたITについての深い知識

（2）プロジェクトに参加する人のマネジメント

（3）他のマネージャーと差別化を図れるレベルのインダストリースキル

③ 10年目の貢献

　10年後には，自分の専門分野にとどまらない幅広い視野からプロジェクトに携わり，常にいくつかのクライアントを抱えるパートナーとして貢献します。また，変化の多いこのアクセンチュアという企業が，今後どのように変化すべきかについて，方向性を示唆するような貢献も行いたいと考えています。

　文章全体から，自分なりのキャリアデザインを，①②からは，コンサルタントという仕事を理解していることがうかがえ評価できる。

◆コンサルティング・シンクタンク

コンサル アクセンチュア（文系・男子）　バランス

　①私の夢は日本を世界一の大国にすることです。国際競争力を持った経済大国日本を私は作ります。そこで，私にとって夢を叶えるために重要なことは，質の高い，中期的で実践的な経験であると定義づけました。御社の特徴として，厳選採用があります。そこで得られる質や実践的な経験を実践の中で学ぶことができれば私の夢に一歩近づきます。特に，コンサルタントとして御社で実現しなくてはならないことは，日本の数々の企業をより時勢に対抗できる強固な企業にすることです。そこで私が御社に入ることで1つでも多くの企業の経営課題をクリアすることができれば，多くの企業を再生することができます。

　また現在，②日本企業の国際競争力は低下しています。その原因の1つとして，企業における国際ビジネスでのノウハウが不足していることが挙げられます。また国際競争力を勝ち得るための経営戦略を施せば，その企業は新鋭の国際派企業となることが可能です。③私たちが打ち出す戦略によってその企業の新たな未来像を提案できることは，この上ない達成感であります。

　④日本を国際競争力を持った経済大国にする私の夢とコンサルタントである御社で実現したいことは親和性があります。私の夢は御社の経営方針とベクトルが同方向であります。また，これらの経験は夢を実現するために求められている成長とも親和性があります。

　つまり，若年期から経営を左右するような経営課題を任され，対処することはコンサルティング会社である御社でなくては実現できないことです。また私は御社を通じ，中長期的に日本企業を救うことで夢を実現したいです。

人事の目

　①のようなスケールの大きなことを書いているが，文章全体から，この応募者はスケールの大きなことを日頃から考え，そのための自己鍛錬にも励んでいる様子がうかがえ，評価できる。また，②から経済や日本企業の問題点を自らの問題として取り組み，③からは，そんな問題点を解決するイメージを自らもう描いている様子がうかがえる。さらに④では，志望企業の特徴と自らの特徴がフィットすることも示しており，説得力のある志望動機になっている。

Part
6

みんなの内定実例―志望動機編

◆コンサルティング・シンクタンク
コンサル フューチャーアーキテクト （文系・男子）

 バランス

御社は以前からコンサルティングファームの中でも「技術力」を大切にしていることに興味を持っていました。①冬のインターンシップを通して，②御社が独自にコンポーネントやフレームワーク，ツールを開発している事を知り，その技術力の高さを改めて感じました。私自身も③技術力を今以上に身に付けたいと考えており，④システムの設計からコーディング，テキストまでを手がけ，また独立系であるため特定のベンダーの製品やアーキテクトに固執することない御社の開発スタイルに魅力を感じております。現場で働いている社員の方々から，仕事に対する向上心や主体性を非常に強く感じることができ，成長できる現場であることを強く体感できました。⑤成長のため最も必要なのは私自身の意思ですが，御社でそれを促進できるような方々と働けることはこの上ない環境であると考えています。

人事の目

インターンシップに参加することで（①）会社の強み（②④）を理解し（②），その強みが自分のこだわり（③）と重なっているため志望する，という伝え方をしているため，志望動機に説得力がある。⑤もよいことを言っている。

◆コンサルティング・シンクタンク
コンサル マッキンゼー・アンド・カンパニー （文系・女子）

 ユニーク

トップレベルの人材や多様な価値観と関わる中で知識を深め，私「個人」が市場価値のある存在になりたいからです。多くの人は「大企業に入ること」がリスクヘッジだと考えていますが，その企業がなくなり「個人」になった際のリスクヘッジは考えていません。私は①大学・会社という後ろ盾がなくなっても私個人がビジネスの世界で戦える存在になりたいと考え，高度な思考力や経営スキルを身につけることができる貴社を志望しました。

人事の目

①のように，めざす「ビジョン」が明確なのはよい。①のビジョン実現のためにすでに取り組んでいることを説明できれば，もっとモチベーションを感じさせる志望動機になる。

◆コンサルティング・シンクタンク

コンサル 山田コンサルティンググループ（文系・男子）　[バランス]

　私が①就職活動で重視する軸は，その企業で実際に働いたときにやりがいがあるかどうかという点です。②私にとってやりがいとは，自らが成長でき他者のためになることができることです。また，③私にとっての成長とは，さまざまな知識を吸収して自ら考え，できなかったことができるようになること，さらにその成長経験を活かして新たな他者のためになることができることです。よって④私がやりがいを感じるためには３つの環境が必要だと考えます。それは，自分が知らない知識を多く吸収することのできる環境，言われたことをするだけでなく自ら考えることができる環境，さらに自らの考えを評価し必要に応じてフィードバックやリードをしてくれる環境です。そのうえで，これらの要素を持ち合わせているコンサルティング業界を志望しています。加えて，クライアントに対して貢献することで，クライアントを通じてその顧客，社会にも貢献できる経営コンサルティングを志望しています。

質問：山田コンサルティンググループは他の志望企業とどのように異なるのか

　御社を志望する理由は，前述の私の就職活動における軸に当てはまっていたからです。また，多くのコンサルティングファームの中で選んだ理由は３つあります。１つは，⑤税理士や会計士の方など自分と異なるバックグラウンドを持つ方々がグループ内にいらっしゃり，より多くの知識を身につけることができると考えたからです。２つ目は，日本の従業員数の約７割を占め，日本を支えている中小企業に貢献し，そのクライアントを通じてさらにその先にいる顧客や社会のためになりたいと考えたからです。この点について，御社のクライアントは中小企業が多く，信頼も置かれている企業であるため適切であると判断しました。最後に，⑥御社のインターンシップを通じて社員の方の献身性や働き方が自分に当てはまっていると感じたからです。

人事の目

　応募者の「企業選びの軸」は①の「やりがい」であり，「やりがい」とは②の「自己の成長と他者のため」であり，しかも「自己の成長」を③のように説明し，「やりがいを感じる環境」を④のように説明している。また，企業選びの軸と志望企業がフィットするからコンサルティング業界を志望すると説明している。全体的に文章が論理的で説得力があり，評価できる。同業他社ではなくこの企業を選ぶ理由も⑤⑥のようにきちんと書けているのもよい。

◆コンサルティング・シンクタンク

コンサル 日本経営 (文系・男子)

努力型

　自ら志望したというよりも，御社に求められていると感じています。なぜなら,HPにある求める人材「旺盛な知的好奇心」の項目に合致したためです。日本料理店でアルバイトで3年間日々努力し，知識・技術の探求を続けてきました。御社において，貪欲過ぎる知的好奇心を最大限に発揮したいと思います。

 人事の目

　大雑把な志望動機だが，相当な自信家なのは伝わり，面接に呼んでみたいという気にはなる。

◆コンサルティング・シンクタンク

シンクタンク 大和総研 (文系・女子)

バランス

　①「お客様の気づいていないニーズをくみ取り，最適なソリューションを提供したい」
　貴社のシステム部門は，直接お客様と対話をしながら業務を行うため，私の経験を活かして，貢献できると感じています。
　②成人式の前撮り写真を売るアルバイトをしていた時，営業成績がなかなか上がらないという壁にぶつかりました。それは，提案内容が他のアルバイトに比べて乏しく，お客様に選択肢を提案できていないためだと分析しました。この状況を改善するために，以下の3点を心がけました。
　①表情，家族間の会話などをすべて情報として収集する
　②お客様の視点に立った提案を3つ以上出す
　③成績上位の人の接客を見聞きし，吸収する
　次第にお客様から満足のお声をいただくことも多くなり，③営業成績も店内2位になりました。
　この経験で得た「多くの解決策を持ったうえで，お客様の一歩先を行く提案をする力」を存分に活かせる貴社をフィールドとして，さらに成長をしていきたいです。

 人事の目

　やりたいこと（①）が明確で，そう思うに至った経験（②）と成果（③）もすでに持っているのは評価できる。ただ，同業他社ではなくこの企業を志望する理由が説明さ

れていない。そこも言及できるともっとよかった。

シンクタンク 野村総合研究所 （大学院・理系・男子）

　貴社のアプリケーションエンジニアは，お客様の漠然とした要望から，本質を見抜き，システムを論理的に構築していく仕事であり，私が受験勉強や研究を通して身につけた分析力を活かせる職種だと考えました。また，「トータルソリューション」を提供できる貴社は，お客様との距離が近く，お客様の反応をじかに感じることができるため，高いモチベーションを持って仕事に取り組めると思いました。貴社の豊富なノウハウを活かし，さらに多くのお客様に満足してもらえるシステムを作りたいと思い，貴社を志望しました。入社後は，まず小規模案件に携わり，システム開発の一連の流れを理解し，業務知識やITスキル，提案力を身につけていきたいと思います。その後，大規模案件に携わり，お客様の期待以上のシステムを提案し，お客様の業務を改善できるようになりたいと思います。貴社では，①セブン＆アイグループのデリバリーサービスの実現に取り組みたいと思います。インターネットから，欲しい商品や作りたい料理（カレーなど）を注文すると，自宅に配達してくれるサービスです。このサービスを実現し，特に一人暮らしの高齢者の方の役に立ちたいと思っています。

人事の目

　①のように具体的に取り組みたいことを書くと，採用者の関心を引く。ただ①は単なる思いつきで書いている印象を受けなくもない。たとえば「デリバリーサービスに注目した理由」「この分野ですでに研究をしていること」「自分ならではの工夫や貢献できること」を書けば，採用者は「思いつきではなく，本気で新しい構想に取り組もうとしている」と評価するだろう。

Part

6

みんなの内定実例―志望動機編

8　百貨店・コンビニ・小売り

◆百貨店・コンビニ・小売り

ショッピング施設 イオンモール（文系・男子）

質問：イオンモールでどのような仕事がしたいですか？

　入社後，地域に愛される商業施設を作りたいと考えています。私は大学の入学とともに，○○県で暮らしました。ある時，貴社の商業施設に行くと，①地域住民の方や○○県各地の方が多く訪れていました。しかし，シニアからファミリーといったあらゆる世代が買い物を楽しみ，笑顔で過ごせる場というものが限られています。そこで，地域の人々にさまざまなライフスタイルを提案したいと考えるとともに，地域の人々が幸せな時間をおくることができ，愛される商業施設を作りたいと考えました。特に，貴社では②ショッピングモール専業であるとともに，テナントの一部を地域からの出店にする等，地域に密着した事業を行えるという点で，私のしたい仕事ができると考えています。人々の笑顔を生み出し，その地域だからこそできる地元の魅力や伝統を融合した開発をしていきたいと考えています。

人事の目

　②のように，同業他社ではなくこの企業を選ぶ理由が説明できているのは良い。可能ならば①をもっと膨らませて，具体的にどのようなテナント，サービス，お店づくりをしたいかも説明できればもっとよかった。

◆百貨店・コンビニ・小売り

コンビニ ファミリーマート（文系・女子）

　商品に対するお客様のニーズを，リアルタイムで満たしていきたいと考え，貴社への入社を志望しています。貴社のオリジナル商品の展開速度は，他業種・同業他社と比較をしても，非常に速いと感じています。高校時代に貴社の加盟店舗でアルバイトを行った際にも，商品展開の速さに日々驚きを覚えていました。この商品展開の速さを活かして，お客様のニーズをリアルタイムに満たしていくことが可能であると私は思います。「リアルタイム」を重視するのは，日々移り変わるニーズをその時々で満たしていく必要があると考えるからです。定番商品によってニーズを満たしていく必要性とともに重要であると考えます。そして，それが実現可能であるのは貴社であると思います。

　私が①商品によってお客様のニーズを満たしたいと感じたきっかけは，某専門商社のイ

ンターンシップでした。インターンシップでは，お客様に商品をお届けする喜びを感じました。そして同時に，お客様から希望する商品案が明確に提案される可能性は稀有（けう）であり，ニーズの切れ端から全体をかたちにし，提供する難しさも実感しました。私はこの両方を実感したことで，自らの行動でニーズをかたちにし，お客様の喜びを演出したいと強く思いました。以上，自らの考えと過去の経験から得た「やりたいこと」を実現するために，貴社を志望しています。

👤 人事の目

　志望動機の前半は，誰もが書きそうな文章だが，①を読んで初めて，前半に登場する"リアルタイム云々"という文章に説得力が増してきて，この応募者を面接に呼ぼうという気になる。実体験が伴っていることを文章の最初に持ってきたほうが，よりアピール度が増す。

◆百貨店・コンビニ・小売り

［ホーム用品］ニトリ （文系・女子） 〔バランス〕

質問：希望勤務地について

1：「関東エリア」

　理由は2つです。1つ目は，①時間に追われがちな都会に住む社会人や，一人暮らしの方が多く集まる都内でこそ，快適な生活空間を提供したいと考えるからです。2つ目は，現在，親と妹と暮らす実家が○○県にあるからです。可能であれば実家から通える範囲，または関東内で家族に会いやすい勤務地を希望します。

2：「アメリカ」

　将来，空間のトータルコーディネーターが定着していない地域に対して，貴社の製品でのトータルコーディネートを発信していきたいです。そのために，海外であれば，貴社のロマンでもあるアメリカで働いてみたいと考えたからです。そこで身につけた情報や知識から，まずは②国内での課題を見つけ，世界へと発信していきたいです。

👤 人事の目

　希望勤務エリアを述べる際，個人の都合を伝えるだけでなく，①のように，採用者が「なるほど」と納得するような理由を説明できているのは上手い。②もよい発想だ。

◆百貨店・コンビニ・小売り

百貨店 大丸松坂屋百貨店 （文系・女子）

 バランス

　私は将来，さまざまな業種の方との関わりを通して自己の見聞を広め，また常にたゆまぬ挑戦心を抱き続けることができる環境に身を置きたいと考えております。その点につき，価値観の多様化による消費者の消費行動の変化に対応すべく，昨今大きな転換点にある百貨店業界に興味を持ちました。なかでも「豊富な品揃え」や「丁寧な接客」といった百貨店が今後も保持し続けるべき理念を劣後させることなく，それらに並行して店舗内ミュージアムでのギャラリー開催や「うふふガールズ」といったコンセプトフロアを展開するなど，常に新たな可能性へ挑戦を続けておられる貴社の姿勢に強く共感致しました。従来の百貨店のイメージに囚われない，さまざまな切り口からお客様に愛され続ける店舗づくりに挑戦できると感じるので，貴社への入社を志望致します。

 人事の目

　文章全体から，百貨店に興味・関心があるのは伝わるが，「百貨店で自ら働いて何かを成したい」という思いがなかなか伝わってこない。それは，百貨店を傍から観察して気づいた点は書いているが，自分がやりたいことを具体的に書いていないためである。自分がやりたいことを熱く語れれば，もっと説得力のある志望動機になる。

◆百貨店・コンビニ・小売り

百貨店 大手百貨店 （文系・男子）

バランス

　①私という一顧客にとって，御社のサービスは魅力的なものであった。そこで御社に興味を抱き，夏季インターンシップに参加した。その経験を通じ，御社の「顧客第一」の企業理念実践を徹底している従業員の方々を見て御社で働くことのやりがいを感じた。企業理念を明確に実践していること。また，②私の愚直な意見に耳を傾けていただけたこと。それが私が御社を就職先として志望する大きな理由である。

 人事の目

　①のように，興味を持ったことを確かめるためにアクションを起こしている点，また，②から，インターンシップでも積極的にディスカッションしている点に注目したい。面接に呼んでいろいろ話をしてみたい気になる。

◆ファッション・ビューティー

ファッション モエ ヘネシー・ルイ ヴィトン・ジャパン (文系・男子) バランス

　貴社の洗練されたブランド力とその力を維持し続けている組織力の強さは魅力的で，また貴社が保有するブランドへの単純な憧れが私の志望動機の根幹となっています。①それを後押しする根拠としてwebから貴社へコンタクトを取り，パリへの旅行の際に訪問することができました。その時私が抱いた気持ちは，「ここで自分のパフォーマンスを発揮したい。」この思いが志望動機を後押しするキッカケとなり，貴社を志望する強い理由となります。

人事の目

　この企業に対して興味・関心を抱いたことを，実際に①のように行動に移して確かめようとしているのは評価できる。旺盛な好奇心や行動力に加えて，この企業に対する関心度の高さが伝わる。

◆ファッション・ビューティー

ファッション ファーストリテイリング (文系・男子) バランス

　私の企業選択の基準は以下の3つです。まず1つ目は若いうちから大きな責任を与えられること。私は自分自身に，市場で評価される実力をつけたいと考えています。そのような観点から，若いうちから店長として自分を磨き上げていきたいです。2つ目は多くのお客様と直に触れ合える仕事だということ。私は接客が大好きでアルバイトも接客業を中心にやってまいりましたので，ぜひ接客業を一生の仕事にしたいと考えています。最後は若い企業であるということです。硬直した古い会社でなく，日に日に進化していく新しい会社で働きたいと考えています。以上の3点が私の企業選びの基準であり，御社はこの3つを満たしていると考えます。

人事の目

　文章全体から，職業観がきちんと確立されており，その志向性が，この会社の特徴とも上手くマッチしている。あとは，もう少し，経験に裏づけされた独自の視点がアピールできていればもっとよい。

Part **6** みんなの内定実例―志望動機編

◆ファッション・ビューティー

ファッション **ファーストリテイリング**（文系・女子） バランス

【世界一のカジュアル企業を本気でめざしたい】

　ビジョン，NYで感じた働く人の熱意，商品を通じて世の中をリードしていく御社の本気さに共感し，世界へ挑戦するチームのメンバーとして，「安くていいモノ」を世界のどこでも提供できるようにしたいと感じています！　入社後は，<u>①国内でお客様とのコミュニケーションを大切に，究極の店舗を作り上げることに貢献し，それを活かして海外フィールドでも日本のユニクロを魅せていきたいです。</u>

 人事の目

　①のように，入社後に取り組みたいことについて，先々の目標まで描けているのは良い。キャリアビジョンを描ける応募者という印象を受ける。

◆ファッション・ビューティー

ファッション **サマンサタバサジャパンリミテッド**（文系・女子） 努力型

　志望動機は３つです。第一にサマンサの商品・人のファンだということ。第二は，<u>①キラキラしている販売員さんも店舗もとても素敵だということ。お店にいるだけでこんなにも楽しい時間を過ごせるんだ，といつも驚きます。特に販売員さんの丁寧な接客は，いっそう商品を魅力的にさせ，お客様一人ひとりのニーズも見事につかんで提案されていて感動します。第三にプロモーションが他社より秀でていること。有名人や媒体とのコラボなど，積極的な経営姿勢に共感できます。</u>きっともっともっと成長する会社だと確信し，志望します。

 人事の目

　①から，この企業の店員，ショップ，経営をよく観察している様子がうかがえ，評価できる。文章全体から志望意欲の高さが伝わり，好感が持てる。

化粧品 大手化粧品 （大学院・理系・女子） ユニーク

①コスメが好きで，「手作りコスメ倶楽部」を立ち上げました。雑誌にも取り上げられたおかげで，OLさんや主婦の方からも倶楽部に入りたいと多数問合せがあり，コスメイベントでの講師の依頼もいただきました。この倶楽部活動を通じて，いろいろな世代の方とコスメについて話をしたり，さまざまな肌質の方にコスメ作りを教えてきて私が感じたのは，②これからのコスメ産業で重要なことは〈ワントゥーワンコミュニケーション〉だということです。これまでのコスメ産業は，「化粧品＝夢を売るもの」ということを前提に，おしゃれでキラキラしたイメージ広告を大量に発信してきたと思いますが，今，女性は，イメージ広告よりネットの口コミを信用する時代です。また，大人の女性の多くが「どのコスメがいいのかわからない」という悩みを抱えており，自分の肌・顔に本当に合う自分だけの一品を一緒に親身になって探してくれる美のカウンセラーを求めています。そんな時代の変化に，柔軟に適応していける会社でないと，お客様からそっぽを向かれてしまうと思います。私は，この③「柔軟性のある会社かどうか」という視点で，志望企業選びをしています。御社は，オンラインショップへの取り組み，自然派化粧品への取り組み，医療分野への取り組み，環境問題への取り組み，さらには女性が働きやすい人事制度への取り組みなど，いろいろな分野で，時代の変化に合わせるように，柔軟に，そしてスピーディに取り組んでこられました。御社でなら，今後も時代のニーズにあった新商品や新サービスをどんどん企画し，実際にかたちにできると信じ，御社を志望します。

人事の目

①のような実績があるのは評価できる。また①の実績があるため，この文章全体に説得力がある。②のように，志望業界の現状の課題を自らの視点で論じられるのはよい。またその論調も的を射ており評価できる。③の企業選びの基準や，志望企業に対する着目点からも，この業界に対する問題意識や化粧品ビジネスに主体的に取り組んでいこうとする志の高さが感じられ，高く評価できる。

化粧品 コーセー（文系・女子）

バランス

　私は，①人生を楽しんでいる女性がとても好きで，そんな女性を応援したいと思い御社を志望しました。女性の「美しくなりたい」という気持ちの強さが女性のさまざまな行動を後押しすることを自分の経験も踏まえてよく知っています。「美」への願いの強さがたくさんの女性を変えるのだと思います。だからこそ，②女性の「美」を支える化粧品を扱う立場から女性を応援する仕事がしたいと思っています。人の気持ちに寄りそった製品作りをモットーとしている御社でならば，たくさんの女性の輝きをつくるお手伝いができると思っています。

人事の目

　たとえば①や②を膨らませて，女性を応援するために具体的に取り組んだことや，化粧品が誰よりも好きなことを証明できる具体的なエピソードも交えて書くと，もっとアピール度の高い志望動機になる。

10　物流・運輸・エネルギー

◆物流・運輸・エネルギー

ガス **東京ガス**（文系・男子）　バランス

　川上から川下まですべてを網羅したエネルギー開発を行いたいと思っており，さらには，人々の暮らしや社会を支え，より豊かな生活を作るために貢献したいと思い，ガスに興味を持ち，御社を志望します。また，御社では，①次世代型社会を作るためのさまざまな取り組みを行っており，若いうちからやりがいのある仕事を任せてもらえる点にも惹かれます。特に私は海外でのガス田開発事業に挑戦したいです。②新しい環境技術を導入し，地球上のさまざまな地域の暮らしだけでなく，開発地域の発展にも寄与し，同時に，地球環境にも優しい開発を行い，社会全体の利益に貢献できるエネルギー開発を，長期的な視野を持って取り組んでいきたいと思います。

人事の目

　文章全体から日頃からエネルギー産業の問題点や可能性をしっかり勉強しているのだろうと好感が持てる。特に①では，ガス事業を新技術開発や環境問題，国際貢献といったグローバルかつ多様な視点から捉えている様子もうかがえ，評価できる。

◆物流・運輸・エネルギー

ガス **地方ガス**（理系・女子）　努力型

　私はA市に在住しており，貴社から供給されている都市ガスを使った生活の快適さを実感しています。貴社の供給エリアは千葉県の中でも特に成長が見込まれる地域です。さらに増える供給エリアのお客様に，1人でも多く都市ガスの快適さを伝えたいです。そして私は①自分の生活に大きく関われる仕事をしたいと考えています。貴社での業務内容は人々の生活の衣食住のうち，食と住に関わっているので，仕事のやりがいを身近に感じることができると思います。私は大学で②マーケティングを勉強しており，この知識を活用し，ガスの営業に関わる仕事をしたいと考えています。

人事の目

　この志望企業でなら，①のように，自分の住んでいる生活エリアの生活に密着し，②のようにマーケティング知識を活かせる仕事ができるだろう。シンプルだが素直に思いを伝えている好感の持てる志望動機である。

Part **6** みんなの内定実例―志望動機編

◆ 物流・運輸・エネルギー

石油 **大手石油** (文系・女子) 努力型

　私は①被災経験により②暮らしに不可欠なエネルギーの安定供給に貢献する仕事がしたいです。御社に興味があるのは，③石油だけでなく幅広い事業を展開している点と，脱炭素社会に向けた変革期にある点。そして，地域に密着している点です。④エネルギーを取り巻く変化に挑戦しつつ地域に貢献できる，やりがいのある仕事ができると思い，志望します。

 人事の目

　①の経験があるため②の思いに説得力がある。また企業や仕事の特徴（③④）もきちんとおさえている点からも志望動機の本気度が伝わり，評価できる。

◆ 物流・運輸・エネルギー

電力 **大手電力** (文系・男子) ハイスペ

　社会にインパクトを与えられる仕事をしたいと考えた時，その答えが電力サービスだった。人々全員が必ず毎月購入するのは「電気」だ。つまり，電力サービスは，インパクトのある新生活サービスを提案する上での最高の媒介装置になる。電気とクレジットカード，電気と健康，電気と住まい，電気と車など，電気を他のさまざまな生活サービスとセットで人々に提案しインパクトを与えたい。①そんな新しい仕組みを企画したい。

人事の目

　着眼点が面白い。この応募者は，電力会社をエネルギー産業ではなく，生活支援サービス産業ととらえて志望している。是非面接に呼んで①について詳しく話を聞いてみたくなる。

◆ 物流・運輸・エネルギー

空運 **全日本空輸** (文系・女子) バランス

　①私はいつも御社の飛行機を利用しています。多くの航空会社がある中で，当たり前のように御社の飛行機を選んできました。その「当たり前」の理由を自分で探すと，私が接する，御社の社員の皆さんのチームワークや，温かさ，自社に対する誇りなどを肌で感じ

ることができ，こちらも安心感と心地よさで満たされてきたからだと思います。また，御
社のお客様を大切にする取り組みは，多くのマスメディアや社員さんから見聞きしてきて，
いっそう，御社に惹かれる気持ちは強まってきました。私は，お客様に温もりと感動を提
供できる仕事に就きたいと常々思って参りました。そんな思いを，御社の素晴らしいチー
ムワークやサービスの中で果たしたいと思い，志望しました。お客様からのクレームも宝
の山に変えて，温かさ，優しさと感動をお客様に伝えられる存在をめざし，また，いつも
お客様から選ばれるANAであり続けるための，大きな戦力になっていきたいと思います。

人 事 の 目

　　①からは，他社ではなくこの会社を志望する理由がきちんと書かれており，評価
できる。また，文章全体から，航空サービスおよび，この企業の仕事に従事したい
という強い思いが伝わり，好感が持てる。

◆物流・運輸・エネルギー

海運 商船三井（文系・男子）　バランス

　　海洋国家である日本にとって物流，なかでも海運は生命線であり，社会に影響の大きい
仕事がしたい私はぜひ海運業を男子一生の仕事にしたいと思うようになりました。また社
会人になったら自分を厳しい環境に置いて鍛えたいという欲求が強く，少数精鋭で必然的
に仕事がハードなため若いうちから大きな責任を任される御社にはまさにこのような舞台
があると考えました。さらに純粋に広い世界を見たいという思いが強いです。会社説明会
で会った社員の方々の雰囲気も，この人たちと一緒に仕事がしたいと思うものでした。そ
して①将来は息子を巨大なLNGタンカーに乗せたいという夢，ロマンがあります。　以上
のことから私は御社に入社したいのです。

人 事 の 目

　　企業分析や志望動機をもう少し掘り下げ，具体的な視点があればもっとよかった
が，①のように，海運業にロマンを感じているのは本心のようなので，面接に呼んで，
いろいろ質問してみたい気にはなる。

鉄道 大手鉄道（文系・女子）　　　　バランス

希望職種：駅・乗務員

　人と地域に密着する仕事に魅力を感じており，お客様と一番近い所で人と地域をつなぎたいと考えたからです。これは，①アジアの某国でのホームステイを経験し，日本人は人と人とのつながりや住んでいる地域への誇りや愛着があまりないのでは，と考えるようになったことがきっかけでした。貴社の鉄道・駅は，日々多くの人が利用しており，人々の生活になくてはならないものです。その中でも駅・乗務員の仕事はお客様と直接関わる仕事であるため，特に重要であると感じています。私は駅・乗務員として，②多くの人が毎日利用する鉄道・駅をもっと便利に，もっと快適にする提案をし，お客様によりよいサービスを提供することで，私の夢であるたくさんの人の笑顔を作るということを実現したいです。以上のことから，私は地域に密着し，人々の生活をより快適にして，自分の夢を実現したい，と考え，貴社を志望致します。

 人 事 の 目

　全体的によいことを言っている。今後日本でますますクローズアップされるであろう，地域おこしやローカリズムの問題を，この応募者は，「鉄道・駅」を起点（ハブ）として，解決していきたいという主張である。その思いを持つに至った実体験（①）を備えているのもよい。②からも「鉄道・駅」に対する思い入れが伝わり，この応募者なら，本当に「鉄道・駅」に新たな価値を付加できるような人材になってくれるのではないかと，期待が持てる。

◆物流・運輸・エネルギー

鉄道 JR 東日本（文系・女子）　　　　バランス

　就職とは，社会と双方向であるためのツールであると思います。今まで教育等を通じてほぼ一方的に恩恵を受けてきましたが，就職することで初めて社会に影響をあたえることができるのだと考えています。そのために自分の能力を十分に発揮し社会に貢献できるところで働きたいと思いました。私の職業観は上記のように①社会貢献であるので，②社会への影響力が大きく，世の中をよりよくでき，地域との密着度の高い鉄道会社に魅力を感じました。その中で御社は言うまでもなく輸送人員や保有線路でも最大手であり，③大きなことができそうな会社だと感じました。実家が地方であるということもあり，大学入学

時まで電車といえばJRという環境で育ってきたというのも一因です。

 人事の目

　　この応募者の，企業選びの軸が社会貢献（①）で，社会への影響力が大きく，地域と密接な関わりがあり（②），大きなことができそう（③）という理由でこの企業に関心があるというのは，嘘ではないだろう。ただし，この企業を表面的な印象でしか見ていない印象を受ける。もっと深く企業分析していることや，具体的にどのような社会貢献をしたいのかも説明できれば，もっと志望意欲の本気度が伝わる。

◆ 物流・運輸・エネルギー

物流 ANA Cargo （文系・男子）

　　モノを必要な所に届けるという価値創造役を担う物流業界で，特に航空貨物業界を志望した理由は「速さとネットワーク」にあります。なぜなら，飛行機の速さに勝るキャリアは存在せず，また世界中に貨物を運べるので，世界中の人々に最も速くモノを届けられるからです。そして貴社を志望した理由はＡＮＡグループと貴社の理念にあります。

　　ＡＮＡグループは「お客様と共に最高の喜びを創る」という理念，貴社は①「世界の人々に夢と感動を届ける」という理念を持っています。これらの理念を持つ貴社でこそ，本当に歓ばれるサービスをＡＮＡグループのネットワークを活かして世界中の人々に届けられます。これは「多くの人に歓びと貢献を届ける」という私の夢を「世界中の人々に真の歓びと貢献を届ける」というより高いレベルで実現することにもなります。

　　私にとって，生活に不可欠な物流業界で，②最も速く，また③世界中にモノを届ける航空貨物業界に属し，「お客様と共に最高の歓びを作る」と「世界の人々に夢と感動を届ける」という理念を持つ貴社で，世界中の人々の生活を支えるとともに，夢をより高いレベルで実現する以上の幸せはありませんので，貴社を志望しています。

 人事の目

　　この応募者が，"もし本当に"物流ビジネスに関心があるなら，この企業の①の理念や，②の「最も速く」，③の「世界中にモノを届ける」ことができるこの企業の強みは，この応募者がやりたいことを実現するには最適な企業だろう。ただ，この志望動機には，肝心の「なぜ物流ビジネスに興味があるのか」という部分が書かれていない。物流ビジネスに対する思い入れや，すでに研究していることなども書けば，もっと説得力ある志望動機になる。

11　建設・不動産

◆建設・不動産

不動産 ゴールドクレスト （文系・男子）　 体育会

　私には①「人々がつながる街を作る」という夢があります。私は近隣住民同士のつなが りがある環境で育ちました。その後大学に入学し，一人暮らしを始めると，街の人との関 わりがないことに驚きました。このような②地域コミュニティの希薄化は，都心ではより 重大な問題だと考え，住まいを軸とした街作りを通して，人々のつながりを生み出したい という思いからデベロッパーに興味をもちました。なかでも御社はマンションを専門にし ており，一人ひとりの社員の方が熱意とやる気をもって働いているという姿に惹かれまし た。御社で，人々が自然に集まれるコミュニティによって付加価値を与え，よりよい暮ら しを提供したいと考えています。

人事の目

　①②の「人々がつながる住まいづくり」は，実際，不動産ビジネスのトレンドであり， ここに関心を持つのは評価できる。できれば，これから人気が出そうな住まい方の 具体的な提案もできるとよかった。

◆建設・不動産

建設 東急建設 （文系・女子）　 バランス

　私が貴社を志望する理由は①貴社であれば「オンリーワンが提供できる」と感じたから です。私は幼い頃から友人や家族への贈り物やサプライズを考えることが好きで，大学時 代もイベントや合宿の企画に携わりました。このように自ら生み出したものは１つとして 同じものはないため，毎回違った反応が得られることが喜びだと感じています。このよう な思いから"お客様１人ひとりの夢を共に育む"ことを理念として掲げている貴社で，お 客様１人ひとりにとって「オンリーワン」となるようなものづくりに関わりたいと強く思っ ています。

人事の目

　①のように「オンリーワン」にこだわりがあるのは評価できる。ただし「オンリー ワンの商品，サービスを提供したいから御社を志望する」というのは説得力に欠け る。採用担当者からすると，「なぜ建設業界なのか？　なぜ当社か？」と疑いたくな

る。建設業界に興味を持つ理由や将来取り組みたいことも説明できればもっと評価される志望動機になる。

◆建設・不動産

不動産 三井不動産 （文系・男子）

　私は①「自ら価値を創造する」ことを常に重視して，学生生活を送ってきました。価値を創出することで得た多くの人に影響を与えることの喜びを，社会へ出た後でも主体的に体感したいと希望しています。そんな②私の希望と，貴社は非常に親和性があります。なぜならば，貴社のセミナーで体感した付加価値創造というビジョンはその土地の周辺を巻き込み活力を与えること，つまりは日本にインパクトを与えたいという私の志に通じます。そして，③実際に貴社が手がける物件に触れたことが私の動機を後押ししました。私は学生団体の幹部として企業との折衝をする際，クライアント先にプラナ東京ベイがありました。独自の世界観を表現し，たった数時間しかいなかった私に大きな衝撃を与えました。宿泊する人だけでなく，訪れた人をも虜にするその空間作りに非常に興奮を覚えました。そして，その興奮や刺激を与え，新たな価値を創造する側に立ちたいと純粋に思い貴社を志望致しました。

人事の目

　①から，この応募者のよい考え方，および職業観が伝わり評価できる。また②のように，自分のこれまでの経験と，志望企業の業務に重なる部分があるとアピールするのもよい。さらに，③のように，この企業に興味を持つに至った経緯も書かれている点もよい。文章全体から，めざすビジネスパーソン像や，志望理由が明快に伝わってくる。

Part

6

みんなの内定実例ー志望動機編

◆建設・不動産

不動産 **三井不動産**（文系・男子）

①夢は信頼できる仲間とともにもう一度泣くことです。人を巻き込んで新たな価値を創造し，涙が出るほどの達成感を得たいです。以下の３点の理由から三井不動産でそれを達成できると思い志望を決意しました。1．チャレンジする風土。フロンティアスピリットを持って，タフで実現困難と思われることに一生懸命取り組みたいと考えます。2．アツい人。これまで達成感から泣いたときは信頼できる仲間が隣にいました。お会いした社員の方はみな，信念を持ち生き生きとしていらっしゃいました。3．プロフェッショナルな人々の力を借りながら達成する仕事。デベロッパーの仕事は一人では何もできないと聞きました。さまざまな立場，価値観を持った人々を巻き込む仕事がしたいです。②大学時代の部活では，100人の部員はそれぞれが異なる価値観，バックグラウンドを持っていました。そんなメンバーが一つの勝利に向かって一丸となる感覚は忘れられません。

①をアピールする応募者は少なくない。この応募者は②の実体験が伴っており，この文章で伝えている「思い」に説得力がある。

◆建設・不動産

不動産 **野村不動産**（文系・男子）

質問：不動産業界を志望する理由をご記入ください

①私の父は建築家で，以前幼少から家族ぐるみで親交のあった友人宅を設計し，その家の新築パーティーに伺う機会があり，その際に空間が人のモチベーションを変えることを幼心に実感したことを覚えています。この経験から，今度は私自身が空間を創り提供する仕事に興味を持ちました。また多数の利害関係者が存在し，そのすべてのWin－Winの関係をめざす不動産業界では，意見をまとめながらも個性を出すことが求められ，その中でさまざまな人と深く付き合うことで多くを吸収し，人間的に成長できると考えました。

質問：野村不動産を志望する理由をご記入ください

私は②貴社のコンペティションに参加させていただき，その際に社会人では当然なのかもしれませんが，「アイデアを広げる→絞る」というプロセスの有効性を体感し，「考える」ことを非常に重要視するという印象を受け，共感しました。また，③私にはさまざまな部署を経験して不動産のエキスパートになりたいという目標があり，④若いうちから大きな

責任を伴う仕事を与え，人材を育てるという貴社の方針の下でならば，自分が意欲を持って仕事に取り組むことが成長という結果につながる環境が揃っていると考え，志望しました。

質問：野村不動産でやりたいことをご記入ください

　まずは⑤さまざまな部署を経験して不動産のエキスパートになりたいと思います。そしていずれは，⑥日本橋野村ビルプロジェクトのように，貴社のシンボルとなる複合ビルの開発に携わりたいです。かつては外国人のたまり場というイメージがあった六本木が，六本木ヒルズの登場でビジネス，文化の中心として変貌をとげたように，人の流れと街の機能に新たな付加価値を与える仕事で，貴社にそして社会に貢献したいです。

人事の目

　全体的によく書けている志望動機だ。まず①のような家庭環境，実体験があること，また，②のように実際に行動を起こしていることで，志望動機の説得力は一気に増す。③や⑤のように具体的に目標があり，かつ，文章全体からその目標が心の底から思い描いている目標であることが伝わるのも，評価できる。さらに④では企業研究をきちんとしていることが窺え，また⑥では具体的にやりたい仕事のイメージも描けていることがうかがえ，評価できる。

◆建設・不動産
建設 一条工務店 （文系・男子）　バランス

　①お客様の一生の記憶に残る仕事がしたいという思いがあり，お客様の一生に寄り添うことができる「家」を扱う住宅業界に興味を持ちました。「家」は一生に一度の買い物であるからこそ，真剣にお客様に寄り添い，その将来像をともに考え抜き，お客様の一生を創ることができると感じました。また②社員の方々との懇親会を通し，「お客様より，お客様の家づくりに熱心であろう」を真に実行していると感じました。免震住宅や夢の家，夢発電システムなど，将来を見据えた家を開発され，またご入居訪問や宿泊体験会を通してお客様とともに将来像を描かれています。お客様のため挑戦し続ける貴社の風土は，私の粘り強く取り組む性格と合致すると考えました。

人事の目

　①の「思い」や②の「感じた」ことは悪くないが，家へのこだわりを「行動」で示せばもっと説得力ある志望動機になる。「行動」とは，家について調査・学習していることややりたいことの企画を示すことだ。

◆人材・教育
人材 **ジェイ エイ シー リクルートメント** （文系・男子） バランス

　３点の理由から入社を志望いたします。１点目は，向上心を発揮できる仕事だと感じている点です。私の向上心は，誰かに理想を現実化する喜びを提供できると感じた際に発揮されます。そのため，①相手の明確かつ高い期待に個で応える機会が必要であり，貴社での人材紹介業務がそれを生むと考えております。２点目は，当事者意識を持つことができると感じている点です。それは，②個の介在価値が試される環境で生まれ，その環境は，③貴社の両面型から経営視点に立ったコンサルタント業務を通じて得られると考えております。３点目は，誇りを持って仕事ができると感じている点です。誇りは，業務の充実度と④組織への満足度によって生まれます。それらは，実績への評価・理念に基づいた一体感が必要であり，貴社の制度と風土によってもたらされると考えております。以上の３点から貴社への入社を志望します。

人事の目

　文章は全体的に概念がつらつらと書き並べられていて読みづらい。ただ，「人材紹介業務」の特徴をきちんと理解していることは伝わる。理解していないと①②③④のようなフレーズは出てこない。

◆人材・教育
人材 **パソナ** （文系・男子） バランス

　貴社を志望する一番の理由は御社代表に惚れてしまったからです。また，説明会の時にお会いした先輩社員の方の目が皆さん輝いていたことも大きな魅力です。このヒトたちと一緒に仕事をしたいと心から思いました。

　貴社に入ってやりたいことは，一人でも多くの方から『ありがとう』をいただくことです。

　具体的には，コーディネーター職に強い興味を持っております。というのは私はヒトの話を聞くことが得意で，そこに私なりの考え方，私らしさを加えることにより，Win－Winの関係が生まれたら嬉しいと考えているからです。

　そして何よりも，仕事を「楽しむ」気持ちを持って取り組みたいと考えています。

人事の目

　代表に対する思いや説明会の印象に加えて，同業他社と比べたパソナのビジネス的な強み，魅力を見つけ出し，志望動機に盛り込めれば，採用者への訴求度はさらにグッと増す。ただ，文章全体から誠実さや人のよさは伝わる。

◆人材・教育

【人材】**ヒューマンホールディングス** （文系・男子）　バランス

　私が人材業界を志望しているのは，「ヒト」という答えの決まっていない商品を扱うことに魅力を感じているからです。それというのは「ヒト」を扱うということは，各個人の仕事次第で商品の価値を大きく変えることができる，と考えているからです。その中でも教育をベースとしたうえでの人材サービス業というヒトの価値に重きを置いている貴社の考え方に大変共感を抱いております。

人事の目

　"ヒト"に関わるビジネスに興味があるなら，その興味の強さと根拠を盛り込めば，もっと評価の高い志望動機になるだろう。

◆人材・教育

【人材】**ビズリーチ** （文系・男子）　バランス

　①大手の弱点である，就職活動のブラックボックス化を可視化することで，情報の非対称性をなくし，各々が公平で満足いく就職活動，転職活動ができるようにしていきたいです。また，アプリ製作などクリエイティブな仕事にまで幅広く携わりたいと思います。その中でも特に関心を持つ領域として，②食品業界全般において，飲食店の調理場や工場の技術者などをターゲットに人材不足を解消する事業を立ち上げてみたいと思います。というのも，近頃"食"における技術系の人材が不足し，多くの企業で人材獲得競争の過多に陥っている現状があるためです。

人事の目

　①②のように，独自の構想を具体的に提案できるのはよい。しかも①②とも着眼点がユニークで興味深い内容である。企画構想力やビジネスセンスがある応募者だと期待できる。

情報メディア　マイナビ（文系・女子）

バランス

　自分の成長＝会社の成長となる働き方をしたい。貴社で働くうえでのキーワードは「成長意欲」だと認識している。会社に頼るのではなく，自分自身の力をつけたい。若いうちから，自由と責任のもとで挑戦させてもらえる貴社は，私がめざす働き方とマッチすると感じた。その中で具体的には，プロモーションメディア事業に携わりたいと考えている。自分の発想次第で①業界問わず，あらゆるところにビジネスチャンスが広がっている点に魅力を感じる。自分だからこそ価値を提供できるような営業をしたい。②WEB上だけのプロモーションではなく，リアルを融合させるイベントを企画してみたい。その際，好奇心旺盛で何事にも食らいつく【アンテナ力】や【情報感度】といった私の強みを活かして貢献できると考える。そして貴社のコア領域である人材サービスと同じくらいの規模までメディア事業も盛り上げていきたい。そのために③常に高い目標を持ち，そこから逆算して今すべきことを考え，成長し続けたい。

人事の目

　文章全体でチャレンジ精神や自己向上意欲をアピールしており，それは決して悪いことではない。ただ，“あれもやりたい，これもやりたい”と，すでにあるものの中でやりたいことを書くだけなら誰でも書けるので，企業からは評価されにくい。②も，自らそのようなことをやった成功体験があるなら評価できるが，ただ“やってみたい”というだけなら，評価はされにくい。むしろ，①をもっと突っ込んで，自ら新たに創出したいビジネスチャンスについて具体的に書くと，企業から評価されやすい。③のように，自分に足りないものを直視し，それを補っていこうとする姿勢は評価できる。

13　旅行・アミューズメント・飲食

◆旅行・アミューズメント・飲食
旅行 クラブツーリズム (文系・男子)

私の志望理由は以下の3点です。
①（1）旅の経験を一人でも多くの人に提供したい
（2）学生時代の私の経験が活かせる
（3）ターゲットがはっきりしている
　まず，「旅というものは目的ではなく手段であって，そこで何を経験するか」と御社の説明会でお伺いしました。まさに，そのとおりだと思うとともに，私も旅の経験で大きく成長してきたと感じました。そして今度は，一人でも多くの方に旅の経験を提供する側に回りたいという気持ちが湧き出ました。
　2点目に，②ゼミでの海外研修旅行委員長（リーダー）の経験を生かせるとともにさらに成長できると思ったからです。フライトなどの手配を旅行会社の方と二人三脚で進め，現地でも常にサポート役に徹しました。
　3点目に，③御社のターゲットが同業他社と比較して，はっきりと絞られている点です。無駄なコストを省き，「アクティブシニア」に絞った「テーマのある旅づくり」に惹かれました。

人事の目

　①のように，志望理由を箇条書きで説明するのも悪くない。伝えたいことがわかりやすい。また，②のような志望職種の疑似体験があるので，志望動機の本気度も伝わる。③のターゲットを絞った旅作りに興味があるなら，自分ならどんな旅を企画したいかも説明できれば，もっと評価される志望動機になる。

Part

6

みんなの内定実例ー志望動機編

旅行 大手旅行会社 （文系・女子）

努力型

　私が貴社を志望する理由は，①【企画から添乗まで，旅のすべてに関わることができるから】です。私は旅行が好きで，いろいろな観光地について情報を仕入れています。また，②自分自身でもいろいろな所に旅行に行ったり，友人達との旅行では率先して企画を立てたりしています。旅をする中で出会ったものに感動したり，友人達の笑顔や，「へぇー，知らなかった」という声が聞けたりした経験から，私は多くの人に旅の楽しさや喜びを伝えたい，と思うようになりました。お客様の笑顔を，直に見たいと思ったのです。ですが多くの旅行会社では，社員が添乗に携わることはほとんどありません。しかし，③貴社は違います。自分が企画したものに添乗する，といった経験ができます。上記に述べたような想いを抱いている私にとって，貴社はまさに理想の会社です。貴社で働くことができたなら，私は自分の夢を叶えることができます。このことから，私は貴社を強く志望しております。

人事の目

　①③のように「企画」と「添乗」の両方に携わりたいからこの企業を志望すると書いているが，②のような実体験があるので，①③の思いに説得力があり，志望意欲の本気度が伝わる。

飲食 KUURAKU GROUP （文系・男子）

バランス

「独立のため」

　私は「出会いの場」をコンセプトとしたお店を創りたいと考えています。そのための修業として貴社の①「一人一人が経営者意識を持つ」という環境の中で経験を積みたいと考えています。②小さな組織を自分の力で成長させる，という感覚を味わいたいと考えています。また，福原社長の「仲間を大切にする」という考え方に大変共感を抱いております。

人事の目

　飲食店を切り盛りするうえで重要な①と②の能力を自覚している点は評価できる。しかし，それはウソでも言えることなので，面接では，本当にそう思っているのかをいろいろチェックされるだろう。

◆旅行・アミューズメント・飲食

飲食 大戸屋ホールディングス (文系・女子)

質問：大戸屋でやってみたいこと

　専門を活かし，人として生活するためには必要不可欠な健康をさらに向上させるために，商品部で商品開発・衛生管理を行いたいと考えています。そのためには，①お客様と直に接する店舗で問題点や求められている物などの情報を収集することが大切です。これらを改善し，現場での経験を将来に役立てていきたいです。②商品開発では，症状に対応したメニューを作りたいです。例は，貧血ぎみの人に鉄分の多いセットを提案することです。

 人事の目

　①のように，商品開発をするうえで現場を知ることの重要性を自覚しているのは評価できる。②のように具体例を提案しているのもよい。あとは，大戸屋について，自ら頭と足を使っていろいろ深く調べたことを引き合いに出して，大戸屋を選ぶ理由をアピールできれば，もっとよかった。

◆旅行・アミューズメント・飲食

飲食 ダイナックホールディングス (文系・男子)

「マネジメント力」

　私は①35歳までにレストラン経営者として独立したいと考えております。それまでの時間を「マネジメントの学習と実践」の場として捉えております。貴社にはこれに存分に取り組むことができる環境があると感じましたので志望いたしました。また，研修制度が充実している点にも大変魅力を感じております。

 人事の目

　①のように，独立志向をアピールするのは悪くない。ただし，採用者には"すぐに独立しないか（退職しないか）？"といった不安がつきまとう。志望動機には，"独立するまではいろいろな知識，スキルを身につけ，会社の成長にぜひ貢献したい"という献身性も併せてアピールできれば，採用者に与える印象はもっとよくなるだろう。

Part

6

みんなの内定実例—志望動機編

14　ITベンチャー・その他サービス

◆ITベンチャー・その他サービス
IT 楽天（文系・女子）

質問：事業を選んだ理由

　私がフィンテックグループカンパニーを選んだ理由は，主に2つあります。1つは，より幅広い業界の人や企業に影響を与え，その挑戦を支えたいからです。どんな事業を始めるにもお金が必要であり，そのみんなの挑戦のスタート部分をフィンテック事業によってより安心で便利に変えていきたいと思いました。また2つ目は，①今後決済方法などの多様化・変化に対応して先陣を切っていけるのは貴社だと考えたからです。②金融業界ではまだまだ紙媒体での作業が多く，デジタライゼーションの進行も遅いです。そんな中，近年はPay等のさまざまな手段でお金をやり取りすることができるなど，キャッシュレス化そして今後はカードレス化も進み，スマホ決済が主流になる時代が訪れようとしています。そこで，貴社のフィンテックグループカンパニーで③金融業界の時代の流れを自分たちで作りながら，人の生活をより豊かにしたいと考えたからです。

人事の目

　この応募者は②のように金融ビジネスの動向を理解しつつ，①のように金融ビジネスの今後の成長要素が志望企業にあるから志望すると説明している。金融ビジネスに対する着眼点やビジョン，また，この企業を志望する理由も的を射ており，すばらしい。③もよいことを言っている。文章全体から，自ら金融ビジネスの新しいカタチを作ろうとする気概が伝わり，好感が持てる。

◆ITベンチャー・その他サービス
IT 楽天（文系・男子）

　私は将来，①どんな人とでも信頼関係を構築し，高い付加価値を生み出せるグローバルな人材になりたいと考えています。そのうえで，私が貴社を志望する理由は2点あります。1点目は，②ECCというビジネススタイルです。ECCは，Amazon.comやヤフーといった競合他社にはない優位性を持った業務であり，顧客と二人三脚で店舗経営に携わり，売上拡大に直接的に貢献できる業務であると考えます。2点目は，若いうちからグローバルに働くことができる環境があることです。貴社は海外展開を急速に進めており，今後世界中にビジネスチャンスが広がると考えます。また，楽天主義の下，③若いうちから裁量権

を持って働くことで，圧倒的なスピードで成長できると考えます。

 人事の目

①③からは，ビジネスのプロをめざそうとする意欲や向上心が伝わる。②では，他社とは違う，志望企業ならではの特徴を述べて「御社だからこそ，自分がなりたい人材像に近づける」と説明しているが，IT業界を自ら深く調査したり，WEBやアプリを使いこなしている様子が書かれていないため，IT業界への熱意が伝わらない。第一志望の企業は他では？　と採用者に疑われる可能性はある。

◆ITベンチャー・その他サービス
IT ソフトバンク （文系・男子）

バランス

　私は世界中のどのような人でもPCやウェブサービスを簡単に利用できる社会に変えたいと考えています。たとえばお年寄りや子供，教育を満足に受けていない人です。コンピュータを自在に操れる人はその大きな恩恵を受けていますが，環境の不公平さやさまざまな要因でコンピュータを満足に扱えない人はたくさんいます。この先テクノロジーが進化していくにつれてこの差はますます大きくなってしまうのではと思いますが，私はその差をゼロにしたいと考えます。具体的には①通信インフラを世界中余すところなく張り巡らし，コンピュータツールの価格を抑え普及率をあげ，誰にでもPCを簡単に扱えるようなソフトを提供することなどです。コンピュータの処理速度や容量といった最先端テクノロジーは劇的に進化していくでしょうが，それが有効活用され人々の生活をどのように変えるかが重要だと思います。つまり，最先端をさらに進ませるだけでなく誰もがその技術を「当たり前」だと思って利用できる環境作りがついてこなければ意味がありません。今までコンピュータを満足に扱えなかった人が公平な環境下でテクノロジーを利用できる社会を実現する，という目標に私は挑戦したいと考えています。

 人事の目

　文章から志の高さや問題意識は伝わる。ただ，「情報格差を改善したい」ということはウソでも言える。本気度を伝えるには，①だけではなくそのための活動や研究を開始していることもアピールするとよい。

IT ヤフー（大学院・理系・男子）

　私は①ウェブによる人と人との繋がりを提供し，人々や社会に貢献したいと考えています。②貴社のめざす「ライフ・エンジン」を実現し，繋がりを提供できるサービス開発に携わりたいです。「Yahoo! JAPAN」の集客力と知名度は日本最大級を誇り，「ウェブの玄関」であるため非常に多くの人が利用します。③特に知恵袋やブログなどのサービスは人と人との繋がりを大いに提供しており，今後も多くの繋がりを創っていくと考えています。貴社では，エンジニアとして④繋がりを創るウェブサービスを支え，発展させる立役者になりたいと考えています。

 人事の目

　自分がやりたいことがあり（①），それを実現するために最適な環境（③）とやりたい仕事（②）がこの企業にあるから志望すると伝えている。志望動機としてわかりやすく説得力もある。さらに言えば，④を膨らませて，「自分はこんなサービス・仕組みを作りたい」というところまで語れればもっと評価される。

IT サイバーエージェント（文系・女子）

　私はもっと人の可能性を広げたい，と考えています。ネットによって情報格差は小さくできると確信しています。しかし，知らないために，自分にベストな選択ができていない現状はまだ変わりません。たとえば，①社会問題を知ることで活動家を支援するという選択肢が生まれたり，広告で自分に合った商品と出会えれば，ベストな購買ができます。この信念を持つようになったのは，②特に受験期に自分が情報格差に苦しめられたからでした。それと同時に知ることによる大きな可能性も感じました。だから③メディア・広告によって一人ひとりが必要としている情報を届けることは，世界に莫大な影響を与えられると考えており，広告・メディア業界を志望しています。

 人事の目

　②のような経験があるため，③の「ビジョン」に説得力がある。①のように関心があることを具体的に説明できるのもよい。③のビジョン実現のためにすでに取り組んでいることを説明できれば，志望意欲がもっと伝わる志望動機になる。

◆ITベンチャー・その他サービス

道路 **首都高速道路** （文系・女子）

バランス

　「車を使わない人にも親しみが持てる地域に溶けこんだ高速道路」にしたいです。その実現のために，「周りのために行動できる力」を活かしていきたいです。①車を使わないが，高速道路の近くに住む人のことを考えたときに，きっと何かマイナスなイメージを持たれているのではないかと感じます（音や景観など）。一番縁遠いと思われる人にもファンになってもらいたいので，身近に利用できる施設をつくりたいと考えています。

　たとえば，②PAを階ごとに役割を分けて，一般道からも入れる階をつくり，商業施設や展望室を入れる等です。街の中や近くを走る貴社の特性を活かし，地域の方の声を取り入れた"コミュニティーの場"になりうる場所をつくりたいです。より多くの人が首都高に接する機会ができるように挑戦していきたいと考えています。

人事の目

　この応募者は，この企業の課題（①）を見事に突いているだけでなく，その解決策の提案（②）も具体的かつ非常にユニークで高く評価できる。

◆ITベンチャー・その他サービス

サービス **エムケイ** （文系・女子）

努力型

　私は，①人を笑顔にすることができる企業か，ということを最大のポイントとしています。笑顔であることで，同時に満足感も得られます。これは，私が京都で御社のタクシーを利用した時，改めて思ったことです。②ドアの開け閉め，挨拶，雑談，すべてが素晴らしく，私は笑顔で「ありがとうございました」と言えたのです。運転手さんも，終始笑顔だったのを覚えています。その日はずっと幸せな気分でした。これが，御社にエントリーを出すきっかけとなりました。③御社に入り，私は人を笑顔にするためのサービスを提供できると確信しております。

人事の目

　①の「笑顔」にこだわり，②からこの企業に興味を持ったと説明しているが，それだけでは説得力に欠ける。たとえば③を膨らませて，（MKタクシーは営業拠点が国内外と幅広く，タクシー以外の事業を手がけていることを踏まえて）新サービスを提案できれば，企業理解度や志望意欲の本気度がもっと伝わる。

Part **6**

みんなの内定実例―志望動機編

サービス ベネフィット・ワン（文系・女子）

　人と人の交流を生み出す事業を行いたいです。ベネフィット・ワンがめざす「サービスの流通創造」を実現させていくなかで，私は①さまざまな人が交流できる場を提供したいです。「出会い」は大きな力を持つと考えています。通常交流する機会のない人々が出会うことで化学反応をおこし，新しいものが生まれるかもしれません。ベネフィット・ワンの営業先は業種を問いません。まずは私自身がお客様から信頼の厚い営業パーソンになり，どんどん人脈を広げていきます。②その人脈をフルに活用して交流イベントなどを開催したいです。人と人を繋ぐ出会いの場をつくることで，パソナグループ全体でめざす「人が中心の社会」を実現させます。そして，③世の中のニーズとマッチングさせ，Win–Winの関係をつくり出し，社会に貢献していきたいと考えます。

人事の目

　①のようにやりたいことを具体的に言えるのはよい。しかも①は着眼点も良く，事業に付加価値をつけようとする姿勢も評価できる。②のように，どのように①を実現するのかを言えるのもよい。③もビジネスの勘所を押さえたよい考え方である。文章全体から事業を構想するセンスが伝わる。

サービス 大手生活サービス（文系・女子）

　私は貴店も貴店の製品も大好きでよく購入させて頂いています。ただ，もっと個性的で尖った製品があってもよいと思います。①たとえば，海外のクラウドファンディングと提携したり，YouTuberとコラボしてはどうでしょうか。私は高品質低価格の生活用品，雑貨，インテリアを多数企画し，販売方法もお店とSNSを活用した新しい売り方を企画したく，御社を志望します。

人事の目

　①のように，やりたいことや構想を具体的に説明できるのはよい。実際，着眼点も素晴らしく，採用担当者に刺さったはずだ。

特別資料

企業が評価する
「経験談・強み」一覧

　活躍イメージを感じさせる「コンピテンシー一覧」を紹介します。

　これは，採用選考で企業が高く評価する「経験，能力」の一覧リストです。

　ES でも面接でも，ここに書かれている経験，伝え方を意図的に伝えるだけで

　採用者は，必ずあなたを採用したくなります。

「自分を変える力，順応力」
を発揮した経験

この強みの他の言い方
- 状況に応じて，自分の考え方・やり方を変えられる力
- 過去のやり方を捨て，新しいやり方に順応できる

この強みにマッチするエピソード例
- すべての機会をチャンスと捉え，状況に応じて臨機応変に対応し，成果を上げた経験
- 過去の考え方・やり方を改め，新しい考え方・やり方を受け入れて成果を上げた
- 新たな状況や苦手な状況に適応するために，自分の考え方・やり方を変えた経験

「自己向上力」
を発揮した経験

この強みの他の言い方
- より高い目標に向けて努力・挑戦できる力
- 自分の弱みや課題克服に向けて，努力・挑戦できる力

この強みにマッチするエピソード例
- 現状レベルに満足することなく，より高い目標に向かって努力・挑戦した経験
- 高い目標を設定し，それを実現するための行動計画を設定し，実践した経験
- 自分の弱点や課題を克服するために，積極果敢に努力・挑戦した経験

「チャンレジ精神」
を発揮した経験

この強みの他の言い方
- 困難な状況，高い目標に挑戦できる力
- 失敗・挫折しても，その理由を反省し，次に活かせる力

この強みにマッチするエピソード例
- 自発的に，困難な状況，高い目標に挑戦した経験
- 挑戦した結果，失敗や挫折をしても，その理由を反省・分析し，次に活かしている
- 小さな挑戦でも目標設定→挑戦→結果分析→再挑戦のサイクルが身に付いている

「成果への執着心・限界突破力」
を発揮した経験

この強みの他の言い方
- 困難が多くても，成果達成まで絶対に諦めない執着心
- 不可能を可能にするための方法を見つけ，成果をあげる力

この強みにマッチするエピソード例
- 目標達成まで困難が多くても諦めずに行動し続け，目標を達成した経験
- 自分に限界を設けず，不可能を可能にする方法を模索し，成果を上げた経験
- 安易に妥協せず，より高レベルの成果を求めて工夫・努力し続けた経験

評価される強み・経験 05

「イノベーション力，変革力」
を発揮した経験

この強みの他の言い方
- 既存のやり方，仕組みの問題点を変革・改善する力
- 既存のやり方，仕組みを刷新し，成果をあげられる力

この強みにマッチするエピソード例
- 既存のルールや仕組み，組織など，何かを変革した経験
- 既存のやり方に固執せず，新たなやり方，ルールを立案，実行した経験
- 既存のやり方を望む人に，新たなやり方のメリットを伝え，納得させた経験

評価される強み・経験 06

「課題解決力・戦略的思考力」
を発揮した経験

この強みの他の言い方
- 課題解決に向けて状況を俯瞰し，最善の策を立案する力
- 何をすべきか，どうやってすべきかを論理的に考えられる力

この強みにマッチするエピソード例
- 課題を要素分解し，課題解決の糸口を見つけ，実行し，成果をあげた経験
- 「目標設定→計画→実行→検証→再実行」というサイクル（PDCA）を発揮した経験
- 課題解決のための必要作業（タスク）を洗い出し，実行計画を立てて成果をあげた

評価される強み・経験 07

「情報収集力・多様な視点」
を発揮した経験

この強みの他の言い方
- 質・量ともに十分な情報を集めてくる力
- 独自の情報収集術を身に付けていること

この強みにマッチするエピソード例
- 判断を下す際，少ない情報や自分の主観だけで判断せず，広く情報を集める行動
- 常識を疑い，常に違った意見や多様な視点も尊重し，最善策を導き出す行動
- 一見すると無関係な領域，ジャンル，関係者からも情報を集め，成果を出した経験

評価される強み・経験 08

「学習の速さ・立ち上がりの速さ」
を発揮した経験

この強みの他の言い方
- 新たな分野のこともすぐに理解し，短期間で習得できる力
- 初めての分野でも吸収が速く，早急に期待に応える力

この強みにマッチするエピソード例
- 勉強，スポーツなど，新たなことに短期で理解・順応し，得意分野にできた経験
- 周囲の状況を察知し，自分がすべきことを把握し，早急に期待に応えられた経験
- 身につけた知識，スキルを短期で応用し，独自性のある成果物をアウトプットした

Part 7 特別資料

「分析力，計数感覚」
を発揮した経験

**この強みの
他の言い方**
- 情報やデータを詳細に調査し，理解し，問題を解決できる力
- 社会や仕事など，身の回りの状況や変化を数字で表す力

**この強みに
マッチする
エピソード例**
- 普段の活動，身の回りの状況や変化を，数字やデータで管理し，数字で説明できる
- 統計分析，財務諸表分析，経済指標分析や，各種指標分析に慣れている
- ExcelやBIなどの分析ツールを使いこなしている

「発想転換力・柔軟性」
を発揮した経験

**この強みの
他の言い方**
- 思い込みにとらわれず，発想を転換してアイデアを出せる力
- 不確実性に対処し，さまざまな状況や環境に適応し，変化に対応する力

**この強みに
マッチする
エピソード例**
- 自分の思い込みに固執せず，発想を転換して新しい考え方，やり方を打ち出した
- 困難や逆境に直面した際，別の方法・解決策を考え，乗り越えた経験
- 1つの問題，課題に対して，解決策をいくつも考えられる

「情報処理能力・几帳面さ」
を発揮した経験

**この強みの
他の言い方**
- ミス，ムラなく業務を効率良く安定して行える
- 整理整頓が得意で，細かい作業や単調な作業もミスがなく行える

**この強みに
マッチする
エピソード例**
- ミス，ムラなく，定められた作業を効率良く安定して高い精度で行ってきた経験
- 整理整頓が得意で，細かい作業や単調な作業を長時間してもミスがない
- 何かを行う時，常に効率の良い方法，手順を考えて行動する

「メンタルタフネス・逆境力」
を発揮した経験

**この強みの
他の言い方**
- 逆境や困難に陥ってもへこたれずに克服できる力
- ストレスや重圧の中でも成果をあげるコツを心得ている

**この強みに
マッチする
エピソード例**
- 修羅場，逆境に陥っても，冷静に対処策を練り，実行し，逆境を克服した経験
- 失敗や挫折を経験しても，それを糧に成長できた経験
- ストレス，ハイプレッシャーな状況で成果を上げるための独自のコツを持っている

評価される強み・経験 13 「旺盛な好奇心」を発揮した経験

この強みの他の言い方
・新しい知識，情報，経験を探求し，どんどん吸収する力
・幅広いことに関心を持ち，何でもまずはやってみようと行動にうつせる

この強みにマッチするエピソード例
・経験・学習・吸収してきたことが多方面にわたっている
・博識であり，かつ，自分の足で確かめようという姿勢

評価される強み・経験 14 「クリエイティビティ・企画力」を発揮した経験

この強みの他の言い方
・ユニークなアイデア，作品，企画を創造できる力
・何事もオリジナリティを追求しようとするマインド

この強みにマッチするエピソード例
・ユニークなアイデア，作品，企画を創造した経験
・創作時には，常にオリジナリティを追求しようとする姿勢

評価される強み・経験 15 「新たな構想を打ち出す力」を発揮した経験

この強みの他の言い方
・自ら新しい構想，仕組み，組織を立案，実行できる力
・構想を形にするために周囲の人を巻き込み統率できる力

この強みにマッチするエピソード例
・創造力とリーダーシップに長け，プロデューサー的な活動をした経験
・自ら新しいプロジェクト，構想，組織，仕組み，サービスを立案し，実現した経験
・自らの構想を形にする際に，周囲の人間を巻き込みながら，構想を実現した経験

評価される強み・経験 16 「コミュニケーション力」を発揮した経験

この強みの他の言い方
・立場，世代，価値観の異なる人でも理解できるようにて効果的に情報を伝える工夫ができる
・円滑なコミュニケーションを図るためのコツを備えている

この強みにマッチするエピソード例
・立場・世代・価値観の異なる人にも，自分の意見を受け入れてもらった経験
・自分と反対の意見を持つ人に，衝突せずに自分の意見を受け入れてもらった経験
・円滑なコミュニケーションを図るために独自のコツ，ノウハウを備えている

Part 7 特別資料

「人間関係構築力，対人感受性」
を発揮した経験

**この強みの
他の言い方**
- 利害や考え方が異なる人と Win−Win な関係を構築できる力
- 組織をまとめながら，イニシアチブを発揮できる

**この強みに
マッチする
エピソード例**
- 立場，世代，価値観の異なる人とも，良好な関係を構築した経験
- 自分と反対の意見を持つ人とも良好な関係を構築し，自分の意見に従ってもらった
- バラバラだった組織をまとめ，皆が同じ目標に向けて活動するように主導した経験

「交渉力・調整能力」
を発揮した経験

**この強みの
他の言い方**
- 対立する利害関係者がいても状況に応じて適切に調整を行える力
- メンバー間の異なる意見を取りまとめながら統率できる力

**この強みに
マッチする
エピソード例**
- 自分と利害が対立する相手に，自分の主張を受け入れてもらうことに成功した経験
- 意見の異なる相手と，意見が衝突しないように Win−Win な結論を導き出した経験
- 相手の要求や主張，反応を事前に予測し，対応方法も想定して，交渉に臨んだ経験

「サービスマインド」
を発揮した経験

**この強みの
他の言い方**
- ホスピタリティマインドを備えている
- 自分と関わる人たちの満足度を高めるような対応ができる

**この強みに
マッチする
エピソード例**
- 最高のサービスを提供しようとする姿勢，ホスピタリティマインドを発揮した経験
- 顧客や仲間，同僚たちの満足度を高めるような応対ができる
- 接客に慣れており，接客のコツ，ノウハウを理解し，説明できる

「チームプレーカ」
を発揮した経験

**この強みの
他の言い方**
- チーム内での自分の役割を理解し，チームに貢献できる
- チームに貢献しながらチーム全体の生産性を高めている力

**この強みに
マッチする
エピソード例**
- チーム内での自分の役割・働き方を理解し，チームのために貢献してきた経験
- 自分より「フォー・ザ・チーム（チームのために）」精神でチームで成果をあげた
- チームを積極的にサポートし，チーム全体の生産性を高めるコツを備えている

「指導力，人材育成力」
を発揮した経験

**この強みの
他の言い方**

・組織やチーム，個人が成果を達成するように適切な指示ができる
・相手が自分の指示に素直に従うような信頼関係を構築できる

**この強みに
マッチする
エピソード例**

・他人を指導し，やる気と能力を引き起こし，成果をあげた経験
・相手が素直に指示を聞き入れるように，自分の感情や伝え方をコントロールできる
・相手のレベルに応じて能力を伸ばせるコツやノウハウを備えている

「リーダーシップ・組織を動かす力」
を発揮した経験

**この強みの
他の言い方**

・他の人を導き，共通の目標やビジョンに向かって行動を促す力
・組織のメンバーやリソースを効果的に調整し，推進する力

**この強みに
マッチする
エピソード例**

・リーダー経験の有無にかかわらずリーダーシップを発揮し，チームを牽引した経験
・チームの中で率先して，メンバーと協力しながら課題改善を行って成果をあげた
・チームを動かすコツ（目標設定，行動管理，やる気の引き出し方等）を知っている

「営業力・商売センス」
を発揮した経験

**この強みの
他の言い方**

・顧客になりそうな人をいち早く見つけ，サービスを効果的に販売し，顧客を獲得できる力
・ビジネス，商売の勘所を理解し，売上を増やせる力

**この強みに
マッチする
エピソード例**

・顧客第一主義を理解し，実践し，成果を上げた経験がある
・何よりビジネス・商売が好きで，営業経験や商売経験がある
・協賛金を集めたり，物を販売し，お金を稼ぐ楽しみを知っている

「起業家・事業家マインド」
を発揮した経験

**この強みの
他の言い方**

・新たな事業，サービスを立ち上げようという開拓者精神
・起業に関心が強く，新しいビジネスチャンスを追求できる力

**この強みに
マッチする
エピソード例**

・自ら，新たな事業，サービスを立ち上げようというフロンティアスピリット
・起業したいという強い意欲と，そのための準備・勉強をすでに開始している
・型破りな成功体験や，何かを強力に推し進めてきた経験を持つ

人気企業内定者たちも活用したシークレット情報満載！

「キャリアデザイン＆就活」攻略情報を配信中

メールマガジンにて，夢の扉を開き，第一志望内定を果たすためのお得情報を配信中です。無料会員登録するだけで本書では書ききれなかったさまざまな就活・実践テクニックや，以下のような各種セミナー，実践プログラムなど，有益な情報をゲットできます。※メルマガの配信は予告なく終了する場合があります。

● 「1 Day 就活塾」開催告知
CDPリーダー松永夏幸の特別ワークショップ。あなたのセールスポイントを戦略的に組み立て，ES＆面接であなたの魅力を最大限に引き出し，効果的に伝える「自己ブランディング術」を伝授します。たった1日で驚くほどの効果を実感できるはずです。

● 「デキる就活生に変身するためのスキルアップ情報」配信
マスコミ，コンサル，商社，メーカーなど，人気企業内定の近道！「就活生に特に身につけておいてもらいたいスキルアップ情報」を配信します。ChatGPTの実践的プロンプトをはじめ，ロジカルシンキング，マーケティング戦略，企業分析，プレゼンテーション術，フェルミ推定，エクセル活用術etc.。就活でも大いに役立ちます。

● 「無料メール相談」告知
CDPリーダー松永夏幸，及び，人事プロフェッショナルたちが，就活生の悩みに個別にお応えします。詳細は，メールにてお知らせします。

● 1，2年生〜内定学生向け，各種プロジェクト情報
ビジネス体験プログラムや，各種インターンシップの募集情報をお知らせします。1，2年生のうちから，早期に社会やビジネスの現場で自分を磨きたい学生や，内定後に早速，自分の能力試しをしたい学生には魅力的なお知らせ満載です。

無料会員登録はこちら

 https://www.cdproject.jp

本書を読まれた皆様へ

eメールにて，あなたの氏名，連絡先，会社・部署名もしくは大学・学部名，年齢，及び下記のうちご協力いただける内容をお知らせください。折り返し詳細をご連絡いたします。

 cdp1@dearjapan.co.jp

〈個人情報の取扱いについて〉
お知らせいただいた個人情報は，キャリアデザインプロジェクト事務局（株式会社 Dear Japan 内）の管理のもと，希望される事項の実現のためのみに活用し，その他の目的に利用されることは一切ありません。また，当該個人情報の第三者への開示・提供・預託は，一切行いません。

内定者の皆様へ

●内定者の「ES＆面接再現」募集！

　内定者の方で，本書『内定勝者』に掲載するためのESや面接再現レポートを提供していただける方，また，あなたの就活体験談をお聞かせいただける方を募集しています（謝礼あり）。

人事関係者の皆様へ

●「キャリアカウンセリングスタッフ」募集！

　キャリアデザインプロジェクト主催のキャリアデザイン講義で，就活生たちに，「企業の仕組み」や「ビジネス人生」「デキる社員像」などについてお話しいただける方を募集。また，就活生たちの自己ＰＲや志望動機の添削にご協力いただける方も募集しています。

大学就職部，教員の皆様へ

●「学生のキャリア教育研究会員」募集！

　キャリアデザインプロジェクトでは，学生に最適なキャリア教育，就職力向上ノウハウを提供するために，大学の就職担当者，教員の方々のご意見を積極的に取り入れていきます。「大学のキャリア教育の課題」や「就職支援＆キャリア支援の成功事例と問題点」などについてお話をお聞かせいただける方を募集しています。

〈編著者紹介〉
キャリアデザインプロジェクト
キャリアデザインプロジェクト（CDP）とは「学生の就職力向上と夢実現」のための企業と学生の共同プロジェクト。同プロジェクト・リーダーを，戦略コンサルタント松永夏幸が務める。プロジェクトメンバーは，企業の人事関係者，ビジネスプロフェッショナル，及び，日本中の大学生たち。活動内容は，学生向けキャリアデザイン講義，大学への各種コンサルティング，課題解決型・価値創出型の産学協同プログラムの開発等。

〈監修者紹介〉
松永 夏幸（まつなが・なつゆき）
戦略コンサルティングファーム，株式会社Dear Japan代表。
人・組織・事業のインキュベーションを手がける戦略コンサルタント。
企業価値向上に直結させる人事組織戦略・キャリア開発戦略・リクルーティング戦略立案のエキスパート。CFP認定者。新卒採用，中途採用での面接官としての経験に加え，採用者への面接指導の経験も豊富。かつてはビジネス雑誌，ファッション雑誌編集長として活躍した経験を持ち，メディアクリエーションやブランドクリエーションも得意とする。講演依頼多数。大学生へキャリアデザイン講義も行う。大学生向け「キャリアデザインプロジェクト」リーダー。美大生向け「卒展JAPANプロジェクト」製作委員長。
著書に『転職で目指せ1000万円プレーヤー』（ダイヤモンド社），『絶対成功する 転職の面接・キャリアアピール』（成美堂出版）などがある。

●本書の内容に関するお問い合わせについて

本書の内容に誤りと思われるところがありましたらまずは，小社ブックスサイト（jitsumu.hondana.jp）中の本書ページ内の訂正表をご確認ください。訂正表がない場合は，書名，発行年月，お客様のお名前，連絡先と該当箇所の具体的な誤りの内容・理由等をご記入のうえ，メールにてお問い合わせください。
実務教育出版第二編集部問合せ窓口　e-mail：jitsumu_2hen@jitsumu.co.jp
【ご注意】
＊電話での問い合わせは一切受け付けておりません。
＊内容の正誤以外のお問い合わせ（詳しい解説・就活の指導等のご要望）にはお答えできません。

2026年度版
内定勝者 すごい就活術 エントリーシート編

2024年2月10日　第1版第1刷発行

編著者	キャリアデザインプロジェクト
発行者	淺井 亨
発行所	株式会社実務教育出版
	〒163-8671　東京都新宿区1-1-12
	編集 ☎03-3355-1812
	販売 ☎03-3355-1951
	振替　00160-0-78270
印　刷	株式会社文化カラー印刷
製　本	東京美術紙工
ＤＴＰ	Isshiki

© Career Design Project 2024　※本書の内容の無断転載を禁じます。
ISBN978-4-7889-8365-6　C0030　Printed in Japan
乱丁・落丁本は本社にてお取り替えいたします。